田口聡志［著］
Taguchi Satoshi

実験制度会計論

未来の会計をデザインする

中央経済社

はじめに

　本書は，近年，会計制度の性質ないし位置づけが大きく変容しており，人間の意図や行動が極めて重要になっているとの認識のもと，このような新しい制度環境に対処する新しい制度会計論の構築を目的とするものである。具体的には，人間の意図や行動を捉えるための分析ツールとして，近年大きく注目されている（そして，ノーベル経済学賞などでも高い評価を受けている）ゲーム理論と経済実験を用いて，会計制度をめぐる人間の意図や行動に踏み込んで分析を進めていく。

　特に，本書で取り上げる課題は，現在早急に解決すべき喫緊のものといえる以下の2つである。第1は，会計基準のコンバージェンスの問題であり，そこでは，全世界でどのような基準セットを選ぶのかという制度選択の問題（「制度を選ぶ」という視点）が重要となってきている。また，第2は，会計不正をはじめとする制度の失敗の問題である。特に近年の制度の失敗の問題は，経営者が単に不正をするというだけでなく，不正をチェックすべき立場にあるはずの監査人がそれを意図的に見逃してしまう（監査人自らによる意図的な監査制度無効化）というレヴェルで発生していることが特徴的といえる。

　以上のことから，両者の重要課題を解明するには，会計をめぐる人間や経済主体の意図や行動を分析する作業が必要不可欠となり，そしてそのためには，それを得意とするゲーム理論と経済実験を用いて制度を分析する新しい制度会計論（筆者はこれを「実験制度会計論」，ないし「実験比較制度分析」と名付ける）を構築することが必要不可欠となるのである。

　以上のように，本書は，喫緊の課題に対して，既存の議論とは異なるルートからアプローチすることで，その解決を図ろうとする点が大きな特徴といえる。

　そしてそれは，本書で主に用いる「実験」という（社会科学では比較的新しい）手法の強みに大きく依存している。ここで，実験の強みは2つある。まず第1の強みは，事前検証性である。すなわち，実験の前提となる設定やデータ環境を自由にハンドリングできるため，制度が作られる前にその制度の有用性や経済的帰結を検証できるという点である。たとえば，会計基準のコンバージェンス問題についていえば，全世界がある1つの会計基準セットのみを採用する（た

とえば，すべての国が国際会計基準を採用する）という状況は，（少なくとも本書執筆の段階では）未だ現実には達成されていないが，このように「世界に１つだけの会計基準セット」となりうる状況を実験室に創出することで，本当にそうなるのか，どうなったらそうなるのか，また，もしそうなった場合は何が起こるのかを事前に確かめることができる。また第２は，人々の意図や行動をデータとして採ることができることである。上述のとおり，近年の制度の失敗の原因は主に人間のこころにある。つまり人間のこころに接近することがその解決の糸口として重要になるが，実験によれば，こころを捉えることで制度の失敗の現代的要因への切り込みが可能となるのである。

　なお，本書の裏のテーマは，「フューチャー・デザイン」である。これは，終章で述べるように，現在の実験社会科学領域における大きなムーブメントのひとつであるが，本書もこのムーブメントの中から「未来をデザインする会計」を提示することにしたい。すなわち，会計情報は主に過去の情報であることから，それを扱う会計研究は，（特に会計以外の領域の研究者や実務家等からすると）ともすれば「後ろ向き」なイメージを持たれることが多かったように思われる。それに対して本書は，将来をデザインするいわば「前向き」な会計の新しい姿を提示したい。これこそが，現代の，そして今後の制度会計論に必要とされる要素であると筆者は考えるのである。そして，「会計なのに未来を語れるのか？」という懐疑的な視点を，「会計だから未来を語れるのか！」という新しい発見へと変えさせるべく，多くの読者を新しい制度会計論へ誘（いざな）いたいと考えている。

　本書は研究書であり，その内容（およびそのもととなる論文）自体は，すべて学術的なものであるが，しかし，上述した「想い」から，できるかぎり広い層の方に啓蒙書ないし「テキスト」としても本書を読んでもらいたいと考えている。対象とする読者としては，経済・金融・経営・会計などに携わる研究者，実務家，大学院生，学部生，高校生だけではなく，他領域の（たとえば，政治学，法学，心理学や社会学など，経済社会における人間のこころや行動に興味を持つ）研究者や実務家，学生等も想定している。特に，会計にあまり馴染みのない他領域の方には，（やや邪道かもしれないが）まず終章から入り会計のイメージを変えていただいてから（かつ，全体の要約を読んでいただいてから），序章以降の個別論点

に触れてもらうのがよいかもしれない。

　いずれにせよ，多くの読者にとって，本書がこれまでの会計のイメージを少しでも変えるきっかけとなれば幸いである。

　なお，本書には，上記で語ったもの以外のもうひとつの(そして極めて私的な)意義がある。実は筆者は，本書を前単著『デリバティブ会計の論理』(税務経理協会，2005年)執筆後の，自分自身の直近約10年間の研究の集大成として位置づけている。

　前単著との学術的な関係の詳細については，本書終章補論で論じているので，ここではその「想い」をひとことで述べるならば，「無菌室のH_2Oから，現実の混沌へ」ということになるかもしれない。すなわち，2005年に世に出した『デリバティブ会計の論理』は，会計構造論(計算構造論)から，デリバティブという新しい経済事象を会計に取り込むことができるか否かを検討したものである。会計構造論は，企業会計特有の複式簿記機構をその拠り所として，現実の「水」(多くの利害関係者に囲まれた会計制度や会計実務)ではなく，そこからさまざまな「混ざりもの」を除去した純粋な「H_2O」(いわば，無菌室における会計の骨格部分といえる「会計等式」)を検討する領域であり，筆者は，会計の「H_2O」と新しい経済事象との関係を考える研究をしていた。そしてその研究が一段落したあと，今度は，逆に，現実の「水」，つまり，そのような「H_2O」にさまざまな現実的な「混ざりもの」を入れたらどうなるのか，探求してみたいと考えたのである。その意味で，本書は，(前単著とは，両極端な場所に位置するものであるが，しかし実は)少なくとも筆者の中では首尾一貫した関係を有しているのである。

　しかし，本書のそもそもの構想自体は，この10年間にではなく，実はそれよりも前にさかのぼる。具体的には2002年，筆者は，インドで開催された地球環境問題に係るCOP 8 (8th session of the Conference of the Parties) という国際会議にて研究報告をする機会をいただいたのだが，その同じセッションで，排出権取引を経済実験により分析した研究を目の当たりにしたのである。しかも，ある条件ではバブルが起こる危険性があるため，当該条件を上手く排除するような制度が必要であるといった政策提言もおこなうなど，制度設計に真正面から向き合った研究であった。当時，「なんだこれは！」と大きな衝撃を受けたの

と同時に,「これを会計でやってみたら…!」と考えたのが,本書執筆のそもそものきっかけであった。ちょうどこの前後は,時価会計導入をはじめとして会計制度がドラスティックに変革を遂げていた時代であり,そのような大きな変革をリアルに感じながら,しかし何もできない自分自身に筆者は悶々としていた。経済実験には,そんな悶々としたものを打ち破るパワーがある。そう感じたのである。

　それから2005年となり,前単著の研究に一区切りがついたあと,現状の会計における実験研究についてさまざまなリサーチをしてみると,(詳細は序章で述べるが)海外を中心にそれなりに研究数はあるものの,そのほとんどが人間(監査人や投資家など)の心理バイアスにのみ注目したもので,制度との関係をダイレクトに取り扱っているものはごく少数であることに気がついた。世界と戦えるような,そして誰もやっていないような研究をしたいと(ここでも!)悶々としていた筆者は,会計制度と経済実験とを組み合わせた研究なら,それが達成できるかもしれないと考えた。

　そして,2005年以降のこの約10年間は,両者を融合させる研究にひたすら取り組んできた。そこでは,以下の2つのことを常にこころがけながら研究を進めてきた。

　第1は,会計の「外」に積極的に飛び出すことである。すなわち,会計に軸足を置くものの,しかし会計にとらわれないように,いつもこころがけていた。折しもその頃から,日本の社会科学全体でもゲーム理論や実験経済学をはじめとして,領域横断的な人間研究(終章でも述べる「実験社会科学」)が注目を集め始めたこともあり,筆者は,その輪の中で,他領域の同世代の若手研究者との交流を深める機会にも多く恵まれた。その触れ合いの中で,研究者としての思考(研究の原動力)が大きく変わったこともこの10年での大きな財産である。すなわち,10年前は,ひたすら「会計とはなにか」を探求したいという一心で研究をしていたのだが,この10年間で,「社会全体をしあわせにしたい」ということが,自分自身の研究者としての大きな目標(強いモチベーション)へと変わっていった。この変化は,他領域の研究者との対話や触れ合いによるところが大きい。もちろん「会計とはなにか」を探求したい気持ちはいまでも強くあるが,しかし,それはゴールではなく,あくまで社会全体をしあわせにする過程ないし手段としてである。そのように思考が当時とは変わってきていることが,こ

の10年の大きな出来事のひとつである。

　また，第2は，他領域と交わるなら，その領域でも本物とよばれるような研究をこころがけることである。これは筆者の指導教授の笠井昭次先生（慶應義塾大学名誉教授）に大学院在学中から言われてきたことであるが，「他の領域の概念や手法を援用するなら，中途半端なことはするな。その領域の人にも本物だと思ってもらえるような研究をしろ」という笠井先生の言葉を，(結果的にそれがすべて達成できていたかは別として，しかし気持ちとしては)いつも忠実に守ってきたつもりである。筆者の研究手法は，主に実験経済学に依拠しているが，その世界の人にも「こいつは門外漢だから仕方ないな…」と笑われないような研究を絶えずしたいと考えてきた。会計学者であるということは意図的に忘れて，自ら他領域の世界に飛び込んで，この一連の研究をおこなってきたつもりである。

　なお，これらのこころがけのさらなる背景には，(恐らく!?) 2005年前後に，ある先生が酒席で仰っていた「いろいろやったけど，おれには，最後には会計しかないんだということにやっと気がついた」という言葉があったのかもしれない，と最近になって何となく考える。その先生は，他領域にも造詣が深い方なのであるが，それは，いろいろやったからこそ言える含蓄深い言葉だった。しかし，当時の筆者には，まだそのような体験・経験がなかった。その言葉の「むこうがわ」にある世界をみてみたい。素直にそう感じた。そんな言葉を言えるだけの経験，そして，そのめぐりめぐった体験でみた「何か」。それがあって初めて，そんな言葉を呟くことができるのだろう，と。そして，そのように考えると，これまでの筆者の約10年は，その「何か」を探す旅だったのかもしれない。

　しかしながら，本書をまとめた今でも，まだその道は途中なのだろうと感じる。まだこの先に，「何か」があるはずであり，まだ自分自身はその「何か」をつかんではいない気がする。であるから，これから先の10年も，さらにその「何か」を探す旅に出たいと筆者は考えている。

　最後に，本書については，編集者の田邉一正氏(㈱中央経済社・会計編集部副編集長)との関係にも触れておきたい。田邉氏との関係は，ここ10年で何ら変わらない。筆者が10年前から呟く（ぼやく？）「いつか業界を変える仕事をしたい！」

という秘めた野望（妄想!?）を，この間ひとつも否定することなく全て前向きに受け止め，励ましてくださった。まさに「編集者なくして研究書なし」である。2012年に上梓した監訳書『心理会計学』出版に続き，また一緒にお仕事ができたことを嬉しく思う。

これから先の10年に思いを馳せて
筆者記す

謝　辞

　本書執筆にあたっては，多くの先生方からのあたたかいご高配を賜った。
　まず本書の大きな原動力として，実験経済学の世界のトップランナーである西條辰義先生（高知工科大学）に，深く御礼申し上げたい。先に述べたとおり，インドで開催された COP 8 にて目の当たりにした西條先生の排出権取引に関する実験経済学的分析との衝撃的な出会いがなければ，筆者のこの一連の研究はなかった。研究者としての大きな方向転換のきっかけを作ってくださったことに御礼申し上げたい。
　筆者の研究者としての生みの親である笠井昭次先生（慶應義塾大学名誉教授），京都での育ての親である瀧田輝己先生（同志社大学）からは，師匠の故山桝忠恕先生のお話も含め，会計研究への深い愛情，そして，研究者とは何たるかを教えていただいた。その教えが，研究者としての筆者のコア部分にあり，いまもマグマのように熱く燃えたぎっている。
　また，日本の実験会計学のパイオニア的存在であり常にあたたかく見守ってくださる山地秀俊先生（神戸大学），ダニエル・カーネマンがノーベル経済学賞を受賞した年の大学院講義で，今後このような研究が重要となることを示唆してくださった黒川行治先生（慶應義塾大学），筆者の良き兄貴分でありロールモデル（！）でもある友岡賛先生（慶應義塾大学）にも最大限の敬意を表したい。
　さらに，この10年間は，実務との接点も欠かせない。実務の第一線から常に厳しくもあたたかいお言葉をかけてくださる恩田勲先生（㈱GTM総研代表取締役社長，元新日本有限責任監査法人常務理事），ビジネスにおける人間の重要性を日々教えていただき，あたたかく応援してくださる㈱スペースの加藤千寿夫代表取締役会長，若林弘之代表取締役社長，林不二夫代表取締役専務にも心から御礼申し上げたい。
　また，この10年間は，かけがえのない多くの同世代の研究仲間にも恵まれた。筆者にとってこれは貴重な財産である。まず筆者が主宰する実験会計学研究会（DEAR）メンバーとして一緒に戦ってきた「戦友」である上枝正幸先生（青山学院大学），三輪一統先生（中部学院大学），水谷覚先生（帝塚山大学）には，これまでの相互協力と利他的行動に心から御礼申し上げたい。さらに，DEAR のコア

メンバーでもあり，経済学者や心理学者でありながら領域を超え日々熱いエールを送ってくださる上條良夫先生（高知工科大学），三船恒裕先生（高知工科大学），後藤晶先生（山梨英和大学），和田良子先生（敬愛大学），竹内あい先生（立命館大学）にも深く感謝申し上げたい。異領域の経済学者・心理学者との対話は，筆者にとって大きな刺激となり，そして研究へのさらなる好奇心へと繋がっている。

この10年間において，「分析的会計研究会」という「黒船軍団との遭遇」は，筆者の「重大事件」のひとつに数えることができる。主宰者である太田康広先生（慶應義塾大学）はじめそのメンバー諸氏，特に，その中で共同研究へと至った山本達司先生（大阪大学），村上裕太郎先生（慶應義塾大学）との日々は刺激に満ち溢れている。

筆者の「ちょっと上の憧れの先輩」である坂上学先生（法政大学），中野誠先生（一橋大学），浅野敬志先生（首都大学東京），福川裕徳先生（一橋大学）には，いつもやさしく背中を押していただいている。さらに，勤務校の同僚である諸先生方，特に上田雅弘先生（同志社大学）には，統計的手法や経済学的思考もさることながら，何よりも熱い思いを共有していただいていることに御礼申し上げたい。

田口ゼミの第1期生である廣瀬喜貴氏（同志社大学大学院後期博士課程）には，本書のアイディア段階から，多くのディスカッションをつうじて有益なコメントを賜った。

なお，本書は，上枝・上條・三輪・水谷・福川先生との共同研究の成果も一部含まれている。掲載を了承してくださった諸先生方に御礼申し上げる。

本研究は，科研費若手(A)（課題番号：24683015），挑戦的萌芽（課題番号：26590080，23653118），基盤(C)（課題番号：25380627），全国銀行学術研究振興財団2013年度助成の研究成果の一部が含まれていることも付言し，御礼申し上げたい。

目　次

序　章　新しい制度会計論を目指して
　　　　── 人間の意図と選択とが織りなす制度環境への対処 …1

　1　本研究のねらい／1
　2　会計制度研究の重要性 ── コンバージェンス問題と会計不正問題／3
　　2.1　グローバル・コンバージェンス問題と会計制度選択 ── 制度を選ぶ・3
　　2.2　大型会計不正と「制度が予想する人間行動」からの乖離 ── こころと制度・5
　3　意図と選択とが織りなす制度の分析 ── ゲーム理論と実験による分析の強み／8
　　3.1　ゲーム理論と実験による分析の特徴・8
　　3.2　ゲーム理論と実験による分析と制度選択・10
　　3.3　ゲーム理論と実験による分析と制度の失敗・12
　4　従来の「制度会計論」と「実験会計学」／13
　　4.1　従来の「制度会計論」── 人間不在と事後検証・13
　　4.2　従来の「実験会計学」── 私的選択と1人意思決定問題・15
　5　両者の融合，そして新しい制度会計論へ／18
　補論　方法論的基礎 ── 社会科学における実験の意義と他の方法論との関係・19

第Ⅰ部
制度を選ぶ

第1章 グローバル・コンバージェンス問題のゲーム理論分析
―― 「世界に1つだけの基準」は成り立つか？ …………27

1 はじめに／28
2 IFRSをめぐる賛成論・反対論／30
3 基本思考―― 会計基準選択のモデル化／32
 3.1 コーディネーション・ゲーム ―― 株価バブルの例・33
 3.2 ネットワーク外部性と会計基準・34
 3.3 コーディネーション・ゲームとしての会計基準選択・35
 3.4 先行研究の拡張 ―― 初期保有システムの導入・36
4 グローバル・コンバージェンス・モデル／38
5 基本モデルの均衡とその解釈 ―― 基準間で品質や移行コストに差がないなら？／41
 5.1 場合分け・41
 5.2 基本モデルの均衡 ―― 基準間で品質や移行コストに差がないモデル・42
6 派生モデルの均衡とその解釈 ―― IFRSが世界で唯一高品質なら？／44
 6.1 派生モデルのセッティング ―― 唯一高品質な会計基準が存在・44
 6.2 ナッシュ均衡とそのインプリケーション・47
7 本章のまとめと次章に向けて／48

第2章 コンバージェンス問題の実験的検証
―― 「IFRSが世界で唯一高品質」となるなら，IASBの野望は達成されるか？ …………51

1 はじめに／52
2 基本モデルの実験デザイン ―― 基準の質と移行コストが一定の場合／53

2.1　実験でのパラメータおよび仮説・53
　　　2.2　経済実験の概要・54
　3　実験結果とその解釈（1）── 基本モデルの検証／56
　　　3.1　各国の意思決定 ── 多くが自国基準のままでいる！・56
　　　3.2　マッチング ── コンバージェンス自体が成立しない！・57
　　　3.3　結果の解釈・58
　4　派生モデルの実験デザイン ── 高品質の新たな会計基準を作ればそれで足りるか？／61
　　　4.1　実験でのパラメータおよび仮説・61
　　　4.2　経済実験の概要・62
　5　実験結果とその解釈（2）── 派生モデルの検証／62
　　　5.1　各国の意思決定・62
　　　5.2　マッチング・63
　　　5.3　結果の解釈・65
　6　本章のまとめと次章に向けて／68

第3章　「基準作りの基準」のパラドックス
── コンバージェンスのためにはダイバージェンスが必要か？ …………71

　1　はじめに ── コンバージェンスを安定的に進めるためには？／71
　2　分析ツールの概要 ── 相関均衡／75
　　　2.1　調整の失敗・75
　　　2.2　相関均衡・76
　3　会計基準設計と「基準作りの基準」── 斎藤（2011）を手がかりとして／80
　　　3.1　会計基準設計の変遷 ── 斎藤（2011）に依拠して・81
　　　3.2　メタルールの整理・82
　　　3.3　小　括・84
　4　「基準作りの基準」のゲーム理論 ── 相関均衡による比較制度分析／85
　　　4.1　グローバル・コンバージェンス・モデルにおける混合戦略・86

4.2　相関均衡によるIFRSのジレンマ問題の解決・89
　5　モデルの解釈――会計基準多様性の確保とIASB・米国・日本の会計戦略の評価／92
　6　本章のまとめ／94

　補論　「基準作りの基準」に対する信頼――経済実験のフィードバック・97
　1　指示に従うのが合理的なのは相手が指示に従うからか？――相関均衡実験のサーベイから／97
　2　相手の違いによる行動の違い――ロボット vs. 人間／98
　3　メカニズムそのものに対する信頼／100
　4　「基準作りの基準」の担い手は誰か――IASBではなく，米国の存在感に注目／101

第II部　こころと制度

第4章　情報開示をめぐる信頼と互恵性　――会計不正の源流を探る …………105

　1　はじめに／106
　2　信頼ゲーム／106
　3　開示オプション付き信頼ゲーム――情報の非対称性の導入と2つの情報開示システム／108
　4　仮説――ゲーム理論の均衡／111
　5　実験デザイン／113
　6　実験結果――情報開示の主導権の違いは株主の信頼と経営者の互恵に影響を与えるか？／114
　　　6.1　開示オプションの行使行動・114
　　　6.2　株主（送り手S）の投資行動――株主は経営者を信頼するか？・117
　　　6.3　経営者の返戻額K決定行動――経営者は株主に対して互恵的に振

　　　　　舞ったか？・120
　　7　本章のまとめと次章に向けて／123

第5章　記録と記憶が生み出す信頼
　　　　——脳と会計制度 ……………………………………127
　　1　はじめに／128
　　2　会計研究と脳——2つの方向性／129
　　　　2.1　企業会計の意思決定支援機能と神経科学研究・130
　　　　2.2　企業会計の契約支援機能と神経科学研究・135
　　3　経済発展と記録——脳の補完としての会計制度／137
　　4　本章のまとめと次章に向けて／140

第6章　ガバナンス規制のあり方に関する理論と実験
　　　　——どのような規制が望ましいのか？ ……………143
　　1　はじめに／144
　　2　倫理規程の理論と実験——どのような規制が「実効力ある規制」
　　　　なのか？／146
　　　　2.1　問題意識——倫理規程の比較制度分析・146
　　　　2.2　「倫理規程」付きの信頼ゲーム——理論と実験・147
　　　　2.3　実験結果とその解釈——規制における「situational cues」
　　　　　　（「ひとひねり」）の重要性・148
　　3　内部統制監査制度の理論と実験——内部統制に関する規制は
　　　　効果があるか？／151
　　　　3.1　問題意識・151
　　　　3.2　内部統制監査制度に関するモデル分析——監査人と経営者の内部
　　　　　　統制＆不正ゲーム・152
　　　　3.3　内部統制監査制度の経済実験——2条件の比較・154
　　　　3.4　実験結果——規制は効果があるか？・155
　　4　会計不正に適切に対処し得るガバナンス規制を設計するため
　　　　には——研究と実務との間の「距離感」を埋める／157

4.1 違和感と不信感が生み出す「距離感」・158
4.2 研究サイドで必要となる3つのポイント・159
4.3 「距離感」を埋めるための手段としての実験研究・159

5 本章のまとめと次章に向けて／161

第7章 監査の品質管理体制と社会的ジレンマ問題
── 規制の運用主体のあり方をめぐって …………………163

1 はじめに／164
2 品質管理のしくみ── 米国の事例／165
　2.1 従来の私的自治のしくみ・165
　2.2 PCAOBの登場・166
　2.3 PCAOBがおこなう検査のしくみ・166
3 自主規制と第三者規制に関する監査のアーカイバル研究のサーベイ／168
4 監査人の自主規制に関する実験研究── 先行研究のサーベイ／170
　4.1 自主規制と公共財供給ゲーム・170
　4.2 先行研究から得られるインプリケーション・172
5 エッセンスの再吟味── 社会的ジレンマ問題解決のための私的懲罰と第三者懲罰／174
6 比較衡量の基本的考え方── 自主規制と第三者規制の比較はそもそも可能か？／180
　6.1 存在意義の次元が異なる可能性・180
　6.2 規制の歴史性の考慮・182
7 本章のまとめと次章に向けて／185

補論1　共同規制の可能性── 現実的な解決策をめぐって（その1）・186
補論2　「リワード」の可能性── 現実的な解決策をめぐって（その2）・188

第8章 会計専門職教育制度のデザインとジレンマ
――優秀な人材の公認会計士試験離れを解消するには？……189

1 はじめに／190
2 職業的会計士に関する教育制度の論点整理と日本の現状／191
- 2.1 職業的会計士に対する会計教育の全体像・192
- 2.2 資格取得とアカウンティング・スクール――資格試験との接続の問題・196
- 2.3 日本の公認会計士試験合格者の未就職問題・203
- 2.4 事後の会計教育制度・206

3 会計教育制度のジレンマ――アメリカ型制度と欧州型制度の比較制度分析／208
- 3.1 会計教育制度のモデル分析――国際比較のために・208
- 3.2 関連する先行研究から得られるエッセンス――専門職の社会的収益率・209
- 3.3 「アメリカ型」制度における個人の意思決定――「先にある合格」タイプで起こり得る個人の「あいまいさ回避」現象・210
- 3.4 「欧州型」制度における個人の意思決定――「後にある合格」制度で起こり得るホールドアップ問題・216
- 3.5 小括――会計教育制度のジレンマとその解決の方向性・222

4 本章のまとめ／223

＊

終 章 未来の会計をデザインする
――会計を超えて会計を考えることの意義……227

1 はじめに／227
2 第Ⅰ部の要旨――「制度を選ぶ」／228
3 第Ⅱ部の要旨――「こころと制度」／229
4 本研究の貢献と「限界」／232
5 今後の実験制度会計論の可能性と方向性――未来の会計をデザインする／237

6　会計を超えて会計を考える意義／241

　補論　本研究の相対化・243
　　1　相対化／243
　　2　「会計処理や仕訳を考える」研究の3つのタイプ／244
　　3　会計構造論に「情報利用者の有用性」の視点は不要／246
　　4　会計処理や仕訳をめぐる望ましい「補いあい」のかたち／247

参考文献・249
索　引・265

■初出文献一覧

序　章	田口（2011a；2012c；2013a；2015b），上枝・田口（2012）をベースに，大幅に加筆修正
第 1 章	田口（2009a；2011a；2012c）をベースに，大幅に加筆修正
第 2 章	田口（2011a；2012c），Taguchi, Ueeda, Miwa, and Mizutani（2013），Taguchi, Ueeda, and Miwa（2014）をベースに，大幅に加筆修正
第 3 章	田口（2012a；2014a）をベースに，大幅に加筆修正
第 4 章	田口・上條（2012），Taguchi and Kamijo (2014) をベースに，大幅に加筆修正
第 5 章	田口（2010）をベースに，大幅に加筆修正
第 6 章	田口（2014b），田口・福川・上枝（2013）をベースに，大幅に加筆修正
第 7 章	田口（2013e, f；2015c）をベースに，大幅に加筆修正
第 8 章	田口（2013b）をベースに，大幅に加筆修正
終　章	田口（2009a, c；2015a, b）をベースに，大幅に加筆修正

序章

新しい制度会計論を目指して
―― 人間の意図と選択とが織りなす制度環境への対処

Summary

現在，会計制度をめぐる環境が大きく変化し，「制度選択」および「人間のこころ（意図）」という2つの視点が極めて重要になってきている。このような中で，会計制度研究は，ゲーム理論と実験というツールを得て，より深化していくだろう。

Keyword　新しい制度会計論，グローバル・コンバージェンス，会計不正，制度の失敗，意図ある失敗，ゲーム理論，実験，比較制度分析，事前検証性，私的選択，社会的選択

1　本研究のねらい

　本研究は，会計制度とは一体何かという点について，人間の判断や意思決定ないし行動に着目したうえで分析することを目的とするものである。その意味では，これまで長い年月の，そして数多くの研究蓄積のある「制度会計論」や「会計制度論」に対して，新しい視座を提供することを試みるのが本研究の大きなねらいである。つまりは，新しい制度会計論なるものの構築を目指したいというのが本研究の背後に秘められた野心である。

　ではなぜ，そのような新しい制度会計論を構築しなければならないのだろうか。その必然性は一体どこにあるのか。「新しい」とは一体何か。いや，そもそも一体なぜ，いま，会計制度を論じる必要があるのか。

まず，いま，会計制度を論じる必要性，ないし，論じるべき理由は，端的にいえば，近年，会計制度の重要性が今まで以上に高まっており，そのような中で，会計制度の性質ないし位置づけが大きく変容しているからである。たとえば，企業経営や金融市場のグローバル化などを背景に，これまで各国によって異なっていた会計基準の調和化ないし統一化が叫ばれているが，このような中では，「会計制度は，複数の選択肢の中から選ぶもの（もしくは，選ばれるもの）」という視点が重要になってきているといえる。また，大規模な会計不正事件や金融危機などを背景に，会計制度のあり方やその信頼性が大きく問われているが，ここでは，制度が本来期待されていた効果を発揮できないという「制度の失敗」現象が起こってしまっている。そして，その失敗の中身を詳細に見てみると，実は，人間由来の失敗，特に，「『制度が本来予想していた人間行動』に意図的に反した人間行動」がその原因となっていることがわかる。このように，制度と人間との関係が，これまで以上に重要になってきているのが現状といえる。このような状況を 2 で論じる。

　では，そのような会計制度を，一体どのように分析することが求められるのだろうか。その有効な方法論は何か。結論的には，近年の会計制度をめぐっては，①複数の中から選ぶ（または選ばれる）視点が重要であること，また，②単に会計処理の中身だけではなく，それを用いる人間心理の問題が大きく問われていることを鑑みるに，それらの視点からの分析を得意とする手法，具体的にはゲーム理論や実験といった手法が極めて有効であると筆者は考えている。この点を 3 で論じる。

　そこで次に問題となるのは，逆に，これまでの「制度会計論」や「実験会計学」では，一体どのようなスタンスで研究がなされてきたのかということである。つまり，まず一方，これまでの会計制度を射程とする会計研究（これを広く「　」カギ括弧つきの「制度会計論」や「会計制度論」とよぶことにする）では，一体どのようなスタンスで研究がなされてきたのか，また他方，実験的手法を用いた会計研究（これを便宜上「　」カギ括弧つきの「実験会計学」とよぶことにする）では，一体どのようなスタンスで研究がなされてきたのかを，4 で概観することにする。そこでは，まず一方，従来の「制度会計論」は人間不在のまま研究がなされてきており，他方，従来の「実験会計学」では，人間に注目するとしても，あくまで人間の心理バイアスにのみ注目した研究がなされており，人間と

制度とのかかわりにはあまり重きをおいてこなかった現状が明らかにされる。つまり，両者の融合が図られてこなかったミスマッチ現象が示される。

最後に5では，そのようなミスマッチが解消され，「制度会計論」が「実験会計学」と出会い有機的に結合することで，現状の会計制度の本質を捉えた新しい研究がなされる可能性が示唆される。そして，このような融合こそが新しい制度会計論の真髄ともいえる。

以上，本研究では，現在の会計制度をめぐる問題の本質が「選択」と「人間のこころ（意図）」にあると捉えたうえで，これらの分析を得意とするゲーム理論や実験を用いて，会計制度設計のあり方ないし会計研究のあり方を考えることにしたい。よって補論では，この分析ツールそのものについても，社会科学全体の動向も踏まえて若干の補足説明をすることにしたい。

2　会計制度研究の重要性
―― コンバージェンス問題と会計不正問題

本節では，いま，一体なぜ会計制度を分析しなければならないのか，その必然性，ないし，重要性について述べる。その理由は，端的にいえば，近年は以前にも増して，会計制度の重要性が高まっており，また，そのような中で会計制度の捉え方ないし位置づけが大きく変容しているからにほかならないが，その背景には大きく2つの問題がある。1つは会計制度のグローバル・コンバージェンスの問題，そしていま1つは大型会計不正などにみられる制度の失敗の問題である。

2.1　グローバル・コンバージェンス問題と会計制度選択 ―― 制度を選ぶ[1]

第1の点について，現在，国際会計基準（以下，単にIFRS（International Financial Reporting Standards）という）を中心に，会計基準の調和化（convergence）ないし統一化（adoption）[2]が進んでいる。国際会計基準審議会（以下，単にIASB（International Accounting Standards Board）という）は，世界で1つ（1セット）

---

[1] 2.1のグローバル・コンバージェンスに関する記述は，主に田口（2009a；2011a）の一部を参考にしている。

だけの高品質な会計基準を構築することを目指しており，また，現状では，100を超える国がIFRSを何らかの形で受け入れているといわれている。特にEU (European Union) は，域内の上場企業に対して全面導入するなど，その動きに積極的である。

他方，このようなIFRS推進の流れに対して，たとえば米国は，いったんはIASBと米国財務会計基準審議会（以下，単にFASB (Financial Accounting Standards Board) という）との合同プロジェクトの発足をきっかけに[3]，2011年までにIFRS受入れを最終決定するはずであったが，現在，その決定自体が暗礁に乗り上げている状況にある。同様に，日本も，2007年の東京合意以降，IFRSへのコンバージェンスの流れを加速させ，一時は上場企業へ強制適用という方向で議論が進んでいた[4]ものの，その後，そのような強制適用の方向性は暗礁に乗り上げている感がある。そして，このコンバージェンスの問題は，学界・実務界いずれにおいても賛否両論あり[5]，今後の方向性については，未だ決着がつかないような状況にある。

そして，このようなグローバル・コンバージェンス問題において，特に，制度の位置づけ，ないし，捉え方というものが大きく変容している点に注目したい。それは，大きく2つある。まず第1は，多様性に対する捉え方の変容である。すなわち，従来は，会計基準が各国によって異なり，そのような国ごとの多様性が認められる経済環境にあったのだが，近年は，企業経営や金融市場のグローバル化により，会計基準の統一化ないし調和化が求められる状況になってきている。このように，制度の多様性をめぐって，大きな変化が起こっているという点がまず重要である。またそのように，世界的な多様性を放棄し，どれか1つの会計基準に収斂していくということになると，では一体どのような会計基準に収斂するのか，どのような会計ルールを選ぶのか，という制度選択の問題が重要となる。これが第2の点であるが，従来のように，経営環境が安定し，かつ各国ごとに経済活動が分断されていた状況では，会計制度を選択す

2　IFRSをめぐっては，「調和化（harmonization）」，「収斂（convergence）」，ないし，「採用（adoption）」などさまざまな用語が，微妙なニュアンスの違いで用いられることが多いが，この点については，第1章で確認することにする。
3　米国の会計戦略については，たとえば，杉本（2009）に詳しい。
4　当時の日本の状況については，たとえば，平松（2009）などを参照。
5　この詳細は，第1章で議論する。

るという視点はそれほど重視されていなかったといえるが[6]，このように経営環境が不安定化し，かつそれが各国間でリンクしていくようになると，どのような制度を選ぶのか，という制度選択の問題が重要となってくる。このように，近年のグローバル・コンバージェンスの問題を踏まえると，「会計制度は，複数の選択肢の中から選ぶ（選ばれる）ものである」（制度は普遍ではない）という視点が必要不可欠となってくるのである。

2.2 大型会計不正と「制度が予想する人間行動」からの乖離
―― こころと制度

また，第2の点について，近年，特に大規模な会計不正が経済社会を揺るがせており，そこでは，会計制度のあり方やその信頼性が大きく問われているといえる。もちろん，会計不正それ自体は古くから存在していたのだが，特に近年の会計不正は，従来のそれとは大きく異なるように思われる。なぜなら，近年の制度の失敗の背後には，従来なかった（そして制度が予期していなかった）「人間の意図」というものが存在しているように思われるからである。具体的には，たとえば，米国のエンロン事件[7]や日本のカネボウ事件では，本来会計不正を厳しくチェックするべき立場にある監査人が，そのようなチェックを意図的に怠っていたことが大きくクローズアップされ，監査を請け負っていた会計事務所（監査法人）は解体へと追い込まれた。つまりは，本来機能すべき役割が，特に人間の意図によって無効化ないし破壊されてしまうという点が，近年の制度の失敗にみられる大きな特徴である。

ここで，上記の話を整理してみよう。本来，制度が企図している主たる人間行動（制度が予想ないし予定する人間行動）というものを考えてみると，それには大きく2つのレヴェルがある。第1は，制度が防止すべき人間行動である（①と

6　ただしもちろん，これまでも，局地的・部分的なレヴェルにおいて，どのような会計基準を設定するかということが議論されてきたことはいうまでもない（たとえば，それは「会計の政治化」（politicization of accounting）や「会計政策論」（Accounting policy）などとして議論がなされてきた。詳細は，たとえば，大石（2000）などを参照）。しかし，現在問われているのは，1国内の1会計処理に係る局地的・部分的なそれではなく，国家レヴェルでの全体的な会計基準セットを前提とした選択問題であり，その点，大きく選択の次元が異なっているといえる。

7　エンロン事件の詳細については，たとえば，Benston, Bromwich, Litan and Wagenhofer（2003）やBrewster（2003）などを参照。

する)。先の例でいうと，企業経営者による会計不正がこれに該当する。また第2は，そのような①を防止するために必要となる人間行動である（②とする)。先の会計不正の例でいうと，監査人による会計不正への対処がこれに該当する。このように，制度は，大きく2つの人間行動を予想ないし予定しており，まず①を予想したうえで，それへの対処のために②をルールとして設計・運用していくことになる。

ここで，もし①が発生した際[8]に考えうる「制度の成功」(①が生じても，②が上手く機能して①をカバーしうる場合)と「制度の失敗」(①が生じたにもかかわらず，②が上手く機能せず①をカバーできない場合)の原因を，特に人間行動に着目して，従来の制度環境と現在の制度環境とに分けて整理してみると，以下の**図表序.1**のようにまとめることができる。

図表序.1 人間行動に着目した制度の「成功」と「失敗」の整理：従来と現在

		従来の制度環境	現在の制度環境
① 制度が防止すべき人間行動 (ex. 経営者による会計不正)		予想どおり発生	
② ①を防止するために必要となる人間行動 (ex. 会計監査)	制度が「成功」するケース(「制度の成功」)	当初予定どおり，①への対処成功	当初予定どおり，①への対処成功
	制度が「失敗」するケース(「制度の失敗」)	①への対処失敗(意図なき「失敗」)	①への対処失敗(意図ある「失敗」)

図表序.1に示されるとおり，まず，従来・現在を問わず，①が予想どおり発生してしまったとしても，②によって①への対処が上手くなされるのであれば，制度は当初企図したとおりに運用できたことになる(「制度の成功」)。しかし，ここで注目したいのは，②が上手く機能せず「制度の失敗」へと繋がってしまうケースである(図表序.1太線・網掛け部分)。この点は，従来の制度環境と現在の制度環境とでは決定的に異なる。すなわち，まず従来の制度環境において「制度の失敗」が生じた場合(②により①に対処できなかった場合)，その主な原因

---

8 もちろん，そもそも①が起こらなければそれに越したことはないし，①を未然に防ぐ(①を発生させない)ということも制度の牽制効果として極めて重要であるが，ここでは特に①が発生した時の②の役割に注目して議論を進めるため，このような点は当面考察の対象外とする(つまり，ここでは差し当たり，①が実際に発生した場合に限定し，以下議論する)。

は，意図的なものではなかったといえる。たとえば，先の監査の例でいうならば，監査人の能力の欠如や，意図せぬ心理バイアスによるものが主な原因となり，監査人が経営者不正を意図せずして見逃してしまっていた，というのが従来の制度環境における②の特徴といえる（意図なき「失敗」）[9]。

しかしながら，他方，現在の制度環境においては，「制度の失敗」が生じた場合（②により①に対処できなかった場合），その原因には，人間の意図が介在している可能性が高い。監査の例でいえば，たとえ経営者不正を発見したとしても，それを監査人が意図的に見逃してしまうというのが現在の制度環境における②の特徴といえる（意図ある「失敗」）[10, 11]。

このように，現在の制度環境においては，②の人間行動が，人間自らの意図によって無効化されてしまい[12]，そのことにより制度の失敗が生じてしまっているという点が，大きな特徴といえる。

以上のように，会計制度を分析しなければならない理由は，端的にいえば，近年，会計制度の捉え方ないし位置づけが大きく変容しているからであり，また，その背景には，会計制度のグローバル・コンバージェンスの問題，および，大型会計不正などにみられる制度の失敗の問題が存在する。ここでは，「制度は選ぶ（選ばれる）ものである」という視点と，「制度の失敗に人間の意図が大きくかかわっている」という視点とが極めて重要となる。なお，ここで確認した2つの視点は，換言すれば，現在の会計制度を分析するうえで求められる視点ともいえるが，この点については3で検討を進める。

---

9 よって，従来の（特に欧米の実証的・行動科学的な）監査研究においては，会計不正に対する監査人の認知能力やパーソナリティ，ないしそれらに起因する心理バイアスが主たる研究対象となっていたものと考えられる。つまり，監査人の1人意思決定問題における認知バイアスが主な研究対象となっていたのである。この点については，福川（2012）や田口（2012b）を参照。

10 よって，このような「意図」に対処するために，監査研究としても単に個人単体の能力やパーソナリティを対象とした監査人の1人意思決定問題をその対象とするのではなく，人間の意図や，人間同士の相互依存的な意思決定状況をその対象とする必要が出てくる。この点については，後の節でより詳細に論じる（また，あわせて田口（2012b）も参照のこと）。

3 意図と選択とが織りなす制度の分析
—— ゲーム理論と実験による分析の強み

では，これらの点を踏まえると，我々は会計制度を一体どのように分析したらよいだろうか。その有効な方法論は，一体何だろうか。結論的には，これらの視点からの分析を得意とする手法，具体的にはゲーム理論や実験といった手法が，現在の会計制度を分析するうえで極めて有効になるものと思われる。その理由は，2 に即したかたちで2つあるが，その前に，ゲーム理論と実験の特徴について，ここでごく簡単に整理しておこう[13]。

3.1 ゲーム理論と実験による分析の特徴

まず，ゲーム理論は，複数プレイヤーによる相互依存的な意思決定問題の帰

---

11 なお，このような現在の会計不正の特徴を，本書のように「意図ある『失敗』」と見ずに，あくまで従来の「意図なき『失敗』」の延長線上で（監査人の1人意思決定問題における認知バイアスの論点として）捉える見解も存在しないわけではない。たとえば，Bazerman, Morgan and Loewenstein (1997) によれば，人間は，無意識のうちに自分に有利な行動をとってしまう自己奉仕的バイアス（self-servicing bias）を有するため，企業から報酬を得るしくみになっている監査人が，もし会計不正を見逃したとしても，それはあくまでこのバイアスによるものである（つまり，監査人に意図はなく，無意識のうちに見逃してしまっている）可能性が示唆されている。このように，現在の会計不正に関する制度の失敗に（監査人側に制度を破ろうとする）意図があるのかないのかについては，実証マターとして興味深い問題であるが，ここでは，①人間自体に自己奉仕的バイアスが存在するか否かということと，監査の場面においてそれが存在するかどうかを峻別しておくべきであること（たとえば，Bazerman らの研究では，監査の状況を想定した実験がおこなわれているわけではないし，逆に，King (2002) では，より監査の場面に近い状況で自己奉仕的バイアスが生じるか経済実験により検証されており，特にグループで監査をする場合は，自己奉仕的バイアスは生じないことが示されている），②個別の会計不正の事例を観察するに，やはり従来とは次元の異なる状況が起きてしまっているように思われることなどを勘案し，ここでは，あくまで「意図ある『失敗』」として，従来の「意図なき『失敗』」とは別個の原因が存在するものとして捉えることにする（また，もしたとえ万が一，自己奉仕的バイアスが監査の場面で効いていたとしても，そのような自己奉仕的バイアスが生じない制度設計を目指すことが重要となるため，いずれにせよ，人間心理に則した制度設計をおこなうことの必要性へと繋がるものと考えられる）。
12 このような現象は，「人間の意図が制度を飛び越える」とも表現できる。
13 なお，後の補論で，特に実験についてより詳細にまとめることにする。

結を均衡として予測ないし解明する分析ツールであり，経済学や政治学においても，制度選択や制度比較の分析をするのに用いられている[14]。というのも，ゲーム理論は，ある社会のしくみを抽象化し，かつ多くの選択肢の中の1つとして捉えることで，制度比較を容易になしうるという特徴を有しているからである（ゲーム理論の制度比較可能性）。たとえば，複数の経済システムが存在しこれらを比較するとして，結局何がその決定的な違いなのかを比較するのは困難な場合が多いが，しかしながら，ゲーム理論を用いて，この問題のエッセンスを捉えることで，その決定的な違いが見えてくるし，またそのことによりそれぞれのシステムがもたらす経済的帰結の予測も可能となる。もちろん，単に将来の予想をするだけでなく，経済システムにどのような要素を加えれば（もしくは，差し引けば），またプレイヤーのインセンティブ設計をどのように変更すれば，均衡が変わるかという分析をすることで，より望ましい社会的しくみを構築する処方箋作りをすることもできる。この点，Camerer（2003）は，ゲーム理論は，予測し（predict），説明し（explain），そして処方する（prescribe）ために有用なツールであると述べている（p.5）。

　ただし，ゲーム理論の均衡は，あくまでさまざまな仮定や抽象化の中から導かれる1つの理論的な予想（仮説）にすぎず，これが現実にも成り立つかを別途検証する必要があるが，これが実証分析である。実証分析にもさまざまなものがある[15]が，たとえば，アーカイバルデータを用いた分析（以下，便宜的に「アーカイバル分析」という）では，ゲーム理論のモデルに直接即した条件ないし前提でのデータが得られない可能性があるし，また得られるデータがそもそもモデルで検証すべき変数の代理変数として相応しくない可能性もある。また，実際の制度が現実に存在しなければアーカイバルデータは得られないため，制度の成立・運用前に，そのパフォーマンスを検証することは不可能である。さらに，プレイヤーの選択プロセスや行動心理についてのデータを直接的に採ることも難しいため，制度の帰結と人間心理との直接的な関係を分析することは困難で

14　たとえば，Aoki（2001）のほか，青木・奥野編（1996）や河野（2002）などを参照。なお，Aoki（2001）は，ゲーム理論を用いた経済制度の比較分析を比較制度分析（Comparative Institutional Analysis）とよんでいる。本書が最終的に目指すのも，この比較制度分析の企業会計版である。

15　詳細は，田口（2013a）を参照。

あることが多い。

それに対して，同じく実証分析の1つである実験によれば，上記のようなアーカイバル分析が直面する困難を克服することができる。すなわち，実験では，実験者がある程度自由に実験条件等を構築できるので，モデルに忠実な設定を構築し，また検証すべき変数も実験の設定に上手く組み込むことで，必要なデータを直接的に採取することも容易である。つまり，ゲーム理論のモデルを直接的に検証することが可能となる。さらに，実験は，アーカイバル分析と異なり，実際の制度成立・運用前にも，当該制度に関するパフォーマンスを測定することもできるという強みを有する(実験の事前検証性)。また，プレイヤーの選択プロセスや行動心理についてのデータを直接的に採ることが比較的容易であるため，制度の帰結と人間心理との関係を直接的に分析することも可能となる(人間心理に踏み込んだ分析可能性)。

このように，実験は，ゲーム理論による予測と説明，そして処方という強みを，実証サイドから強力にサポートする分析ツールである。特に，あとの記述との関係でいえば，実験のもつ事前検証性と人間心理に踏み込んだ分析可能性は，会計制度分析においても大きな強みとなる。

3.2 ゲーム理論と実験による分析と制度選択

以上を踏まえたうえで，当初の問題，つまり我々は会計制度を一体どのように分析したらよいか，という点に戻ることにしよう。先に述べたように，結論的には，ゲーム理論や実験といった手法が極めて有効になるものと思われるが，その理由は2つある。

第1の理由は，現在の会計制度分析に求められる「制度は選ぶ（選ばれる）ものである」という視点は，ゲーム理論や実験が得意とする「何かを複数の選択肢の中から選ぶ」，「複数プレイヤーの相互依存的な意思決定状況の中で選ぶ」という分析にフィットしているからである。そしてこれは，先の 2.1 でいうグローバル・コンバージェンス問題に関係する。

たとえば，ある国Aが会計基準セットを選ぶという場合，通常は，複数の選択肢の中から自国にとって最適なものを選択するということになる。具体的には，自国で独自に会計基準を開発していくのか，それとも他の既存の会計基準セット（たとえば，国際会計基準，米国会計基準，もしくはその他の国の会計基準）

を何らかのかたちで受け入れるのかなどの選択肢が考えられる。

　また，その選択は，相互依存的なかたちとなることも重要である。すなわち，国Aの意思決定は，必ず他国の動向などを踏まえてなされるだろうし，さらには，他国の動向や意思決定（たとえば，国Aの主要取引国Bがどの会計基準セットを採用するのかということ）が，国Aの経済状況や意思決定にも少なからず影響を及ぼす（逆に，国Aの意思決定が国Bにも影響を及ぼす）ことになる。つまり，この場合の国Aの意思決定は，他国との相互依存的な関係性の中でなされることになる。

　このように考えた場合，次に問題となるのは，そのような相互依存的な意思決定が一体どのような帰結に繋がるかということであるが，この点がまさに，ゲーム理論や実験が得意とする領域である。ゲーム理論は，このような相互依存的な意思決定問題の顛末を均衡として予測する。つまり，ゲーム理論により，問題を数理的に抽象化し，均衡を求めることで，ある状況の経済的帰結の説明や予測も可能となる。さらに，実験研究によれば，このようなゲーム理論の予測と説明の妥当性を，直接的にデータで検証することができる。

　また，現状に対する処方という点でも，ゲーム理論と実験は大きな強みを有するため，制度分析にも大きな力を有する。たとえば，現状のグローバル・コンバージェンス問題について，何らかの望ましくない経済的帰結が予測される場合，それをどう変えていくかは制度設計上大きなポイントとなるが，ここで，ゲーム理論と実験は，その処方箋作りにおいても大きな強みを発揮する。つまり，新たに制度を変えていこうという場合に重要となる点は，ある制度を作った場合，当該制度から一体どのようなパフォーマンスが得られるのか（新しい制度を構築した場合，現状よりも望ましい帰結が本当に得られるのか）という点であるが，このような検証は，アーカイバル分析では困難が伴う。しかしながら，まず一方，ゲーム理論によれば，新しい制度を構築することの効果を，他の制度との比較により測ることが可能となる。また他方，実験は，事前検証性を有するため，実験を用いてモデル化された新しい制度の検証をおこなうことで，実際の制度成立・運用前にも，当該新制度に関するパフォーマンスを測定することが可能となるし，さらにはモデルでは完全に予期しえなかった「意図せざる帰結」を観察することができるかもしれない。

　以上の具体的な考察は，第Ⅰ部でおこなうが，いずれにせよ，現在の会計制

度分析に求められる「制度は選ぶ（選ばれる）ものである」という視点を上手く料理するためには，ゲーム理論や実験を用いることが必要不可欠となるのである。

3.3 ゲーム理論と実験による分析と制度の失敗

また第2の理由は，現在の会計制度分析に求められる「制度の失敗に人間の意図が大きくかかわっている」という視点は，ゲーム理論や実験が得意とする「人間心理に踏み込んだ分析可能性」という点に特にフィットしているからである。そしてこれは，先の 2.2 でいう近年の制度の失敗に関係する。

たとえば，「制度の失敗に人間の意図が大きくかかわっている」という状況を分析する際には，そもそも制度をめぐるプレイヤーが誰であり，どのようなインセンティブを有しているのかという整理が必要となる。また，その中心となる制度が，たとえば，Aというしくみから B というしくみに変わった場合，各プレイヤーのインセンティブ構造がどのように変化し，また，得られる経済的帰結がどう変わるかを整理することが求められるが，これらはまさにゲーム理論が得意とするところである。また，先に述べたとおり，特に現在は，制度が当初予想し得なかった意図的な人間行動に対処するべく人間心理の奥底にまで斬り込んだ分析が必要となるが，たとえばアーカイバル分析では，このような問題に接近しようとする際，そもそもデータをどのように収集するかという点で大きな困難に直面するし，人間心理や個人の意思決定などを細かに分析することなども難しい。しかしながら，ゲーム理論や実験により仮想的な「社会」をいくつか構築し，それらを比較分析することで，我々は，そこにおける人間の振る舞いや心理にまで踏み込んだ分析が可能となる[16]。特にここでも重要となるのは，実験の事前検証性である。つまり，制度設計が実際になされる前に，仮想の制度空間を作り，その中での個人の振る舞いや制度が社会にもたらすパフォーマンスを測定することで，当該制度の有用性や意図せざる帰結を検証することが可能となるのが，実験研究の大きな強みであるといえる。

---

16 なお，このような人間の振る舞いや心理に踏み込んだ分析が可能となる点で，実務へのフィードバックやインプリケーションも，これまでの研究以上に豊かになるという点は重要である。この点は，実務との距離感が比較的近い会計学や監査論においては特筆すべきポイントとなろう。

このように，近年の制度の失敗の大きな特徴（人間のこころとの密接な関係性）に対して，ゲーム理論と実験による分析は，他の方法論にはない大きなアドバンテージを有するといえる。この具体的な考察は，特に第II部でおこなう。

　以上のように，**2**で整理した現在の会計制度をめぐる2つの視点（制度選択の視点，人間心理とのかかわりの視点）を踏まえると，ゲーム理論や実験により会計制度を分析する必要性が見えてくる。ここで特に重要なのは，ゲーム理論による制度の比較可能性や処方箋作りの有用性，さらには，実験の事前検証性である。

4　従来の「制度会計論」と「実験会計学」

　以上を踏まえて，次に問題となるのは，逆に，これまでの伝統的な「制度会計論」や「実験会計学」では，一体どのようなスタンスで研究がなされてきたのかということである。結論的には，まず一方，従来の「制度会計論」は，人間不在のまま研究がなされていたり，また，分析上も制度の有用性を事後的にしか検証できないという限界を有していた。他方，従来の「実験会計学」では，人間に注目するとしても，あくまで「私的選択」を中心に，人間の心理バイアスにのみ焦点を当てた個人単体の意思決定問題に注目した研究が数多くなされており，人間と制度とのかかわりはそれほど重視されてこなかった。つまり，両者の融合が図られてこなかったという現状（ミスマッチ）が存在していたものと思われる。

4.1　従来の「制度会計論」──人間不在と事後検証

　まず前者について，伝統的な「制度会計論」，「会計制度論」と一口にいっても，その方法論はさまざまである[17]が，たとえば，日本で中心的な位置を占めてきた記述的・規範的なもの[18]を振り返ってみると，人間のあり方との関係性を見据えた研究はほとんど皆無であったといえる。つまり，人間のこころの問題は

　17　たとえば，徳賀・大日方編（2013）では，「制度会計論」にかぎらず日本のこれまでの会計研究についてのサーベイが，方法論別に広くなされている。

捨象されてしまっているか，もしくは，人間が考慮されているとしても，非個性的で無色透明かつ中立的な人間の存在を暗黙の前提としたうえで議論がなされてきていたように思われる[19]。

　これは特に，会計不正等のいわゆる「制度の失敗」に直面した場合に，これまでの伝統的な「制度会計論」がどのような方向性でこれに対処してきたかを考えればよく理解できる。ここで，伝統的な「制度会計論」では，制度の失敗の原因を，会計情報の精度の問題として捉えていたように思われる。つまり，制度の失敗が起こってしまうのは，会計情報の精度（目的適合性や信頼性など）が低いからであり，失敗を解消するためには，会計情報の精度を上げるべく，会計の中身，つまり，会計処理方法や会計測定の精緻化を図る必要があると捉えてきたのである。このように，伝統的な「制度会計論」は，制度の失敗に対して，いわば「会計の内側」に向かって事態を解決しようとしてきたように思われる。しかしながら，この方向性は，先に述べたような現状を踏まえると，必ずしも的を射たものではないことがわかる。すなわち，現実世界を観察するに，会計制度をめぐっては，多くのプレイヤーが存在し，それらが相互作用を及ぼし合いながら意思決定をおこなっているし，また先の考察のように，現在

18　なお，そもそも「制度会計論」といった場合に，単に会計基準の中身を解説するもの（解説書）や，現行制度に対する自身の不満や主義・主張を根拠なくおこなうもの（主観的文章）もそこに含められてしまうこともあるが，本書ではそのようなものは（伝統的な「制度会計論」としても）とりあえず除外しておく。

19　なお，従来の伝統的な記述的・規範的「制度会計論」における代表的な手法として，仕訳例による説明や分析が挙げられるが，このような仕訳による考察を，さらにより計算構造的に純化すると（つまり，会計目的や会計機能論的な視点から分離していくと），それは「計算構造論」ないし「会計構造論」（笠井2000）として位置づけることができる。つまり，一般的には，伝統的な「制度会計論」の中に「計算構造論」や「会計構造論」が含められて理解されているように思われるが，それは誤解であるため，本書ではこれらを峻別しておくことにする。すなわち，①本来的には，「従来の伝統的な記述的・規範的『制度会計論』における仕訳例による説明や分析」は，あくまで会計目的（たとえば，意思決定有用性概念）など会計機能論の側面から仕訳を考察するものであり，他方，「計算構造論」は，それ（会計機能論）とは切り離して，会計等式の側面から仕訳を考察するものであり，厳密にいえば，両者は，（同じく仕訳を説明や分析に用いているが）次元の異なるものであること，②「制度会計論」（「従来の伝統的な記述的・規範的『制度会計論』における仕訳例による説明や分析」）の主眼は，あくまで現実の制度にあるのに対して，他方「計算構造論」や「会計構造論」の主眼は，あくまで会計等式にある（現実の制度からは，一定の「距離」をとっている）ことには，くれぐれも留意されたい。なお，この詳細は，終章補論を参照。

の制度は，特に人間心理とのかかわりが大きくなってきているといえる。よって，伝統的視点のように，「人間不在」のまま，もしくは，人間の存在を想定するとしても無色透明で中立な人間を想定したまま，現在の会計制度の本質を捉えようとすることには限界があるだろう。つまり，制度の失敗の原因を，会計情報に係る人間の意図にあると捉える視点が求められる。

また，近年は，アーカイバル分析により，制度をめぐる人間行動に一定の仮定を置き，いくつかの代理変数を用いて会計制度を分析する研究も数多く存在するが，アーカイバル分析では，先に述べたとおり，①人間心理や個人の意思決定などのデータを集め細かに分析することには限界があるし，②実際の制度が現実になければデータが得られないため，制度の成立・運用前にそのパフォーマンスを検証することは不可能である。

このように，伝統的な「制度会計論」においては，まず一方，記述的・規範的な研究では，そもそも人間不在という限界があり，他方，アーカイバル分析では，人間の心理や行動に関するデータ収集の限界や，制度の有用性を事後的にしか検証できないという限界があったといえる。この点，現代の会計制度の本質を捉えるうえでは，これまでの研究の限界を補うような，新たな研究が求められることとなる。

4.2 従来の「実験会計学」——私的選択と1人意思決定問題

では，それに対して，肝心の「実験会計学」は，これまで一体何をしてきたのだろうか。「実験会計学」は，（日本ではまだ目新しい存在かもしれないが，欧米などを見回すと）実は何も新しい領域ではなく，Bonner（2008）などにも示されるとおり，実は1970年代ぐらいからその研究の蓄積がある。そこでは，主に人間の心理バイアスに焦点を置いた，個人単体の1人意思決定問題に注目した研究が中心的になされてきた。他方，人間と制度とのかかわりについては，あまり重視されてこなかったように思われる。

そして，このことを検討するために，そもそも企業会計上の判断や意思決定は，一体どのような場面で生じるのか考えてみよう。黒川（1999；2011）によれば，会計情報の需要と供給のプロセスにおいては，ある主体がさまざまな選択肢の中から何かを選択するという行為があるが，このような企業会計上の選択

には，2つのレヴェルがあるという。

まず第1は，「社会的選択」である。ここで社会的選択とは，適用可能な会計処理方法の集合から，会計ルールとして何を選ぶか（何が選ばれるか）という選択問題（基準設定の問題）をいう。第2は，「私的選択」である。私的選択とは，1つには，経営者が，ある経済事象に対して，会計ルールの中からどのような会計処理方法を選び，情報利用者へ報告するかという選択問題をいう。また，この情報をもとに，利用者がさまざまな意思決定をおこなうが（たとえば，投資家は，企業の株式を買うか否かなどの意思決定をおこない，また，監査人は，この情報の信頼性に関する監査意見について意思決定をおこなう），このような利用者の意思決定問題も，私的選択とよぶ（**図表序．2**参照）。

図表序．2　会計情報の需要供給プロセスと2つの選択

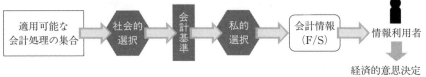

（出所）黒川（1999；2011）をもとに作成。

ここで，伝統的な「実験会計学」においては，主に，心理学的な視点から，私的選択を扱う研究が数多くなされてきたといえる。たとえば，投資家や監査人の判断や意思決定における心理バイアスを検証する実験など，私的選択をその研究の中心とし，かつ，他のプレイヤーとの間の相互作用を加味しない，個人単体の1人意思決定に焦点を絞ったものがほとんどであったといえる。もちろん，私的選択に関する実験でも，経済モデルをベースに経営者と投資家・監査人との間の相互作用を分析する研究もないわけではないが，それはごく少数に留まる。また，そもそも，私的選択に議論が集中しており，制度の生成・崩壊プロセスの検証，制度間比較，制度の有用性などに注目した社会的選択に関する実験は皆無である[20]。

20　このような実験会計学の現状については，Bonner（2008）のほか，田口（2012b；2013a；2013d），上枝（2007；2012），上枝・田口（2012），Libby, Bloomfield and Nelson（2002），ないし，Callahan, Gabriel and Sainty（2006）などを参照されたい。

つまり，伝統的な「実験会計学」の特徴としては，①その多くが私的選択に関するものであり，社会的選択に関する実験研究は皆無であること（よって，「制度は選ぶ（選ばれる）ものである」という視点からの実験が欠如していること），②また，「私的選択」でも，心理学をベースにした個人単体の意思決定問題に着目したものがほとんどで，複数人間の意思決定状況を想定していないこと，といった点が挙げられる。

次に，このような特徴を有する従来の「実験会計学」研究の動向を確認しよう。たとえば，Oler, Oler, and Skousen（2010）や田口（2012b）などによれば，海外のトップジャーナルにおける実験研究の論文掲載数[21]は，実は減少傾向にあるという。この理由は，筆者の見るところ，特に心理学をベースにした私的選択の研究が，飽和状態にあることに起因するものと思われる。すなわち，先に述べたとおり，現在の「実験会計学」のいわゆる「王道パターン」[22]は，投資家や監査人の判断や意思決定における心理バイアスを発見するような，個人単体の1人意思決定に焦点を絞ったものである。しかしながら，これらの中には，「このような心理バイアスが存在した」，「存在しなかった」というだけに留まり，理論的根拠に欠けるものも多いし，結局そこから先に繋がらないものも多いように思われる[23]。この点に関連して，たとえば，山岸（2002）は，（会計学の文脈ではないが）社会心理学の伝統的な研究の中には，理論的な背景なしに，「こういう心理バイアスがある」，「ない」という行動パターンを単に集めるだけの研究（山岸 2002の用語を用いるならば，「昆虫の標本」をひたすら集めるだけの研究）があり，これらは「終わりなき夏休みの昆虫採集」であると批判しているが，

---

21 ここでは（もちろん，それだけでは測れないものもあるが），実験研究の動向をみる1つの客観的な指標として，トップジャーナルへの論文掲載数を用いている。

22 なぜこのような「バイアス探し」の個人単体の1人意思決定問題が，実験研究の「王道」として君臨し続けてきたのか。その理由の1つとしては，これまでの「制度の失敗」の原因が「意図なき失敗」であり，人間心理を容易に扱うことのできる実験研究が，この対処に注力してきたため（意図がないにもかかわらず起こってしまうエラーやバイアスの問題に注力してきたため）と考えられる。しかし，すでにそのような研究の端緒から40年以上が経ち，研究自体の隙間を探すことが困難になってきていること（飽和化），かつ，先に述べたとおり，制度の失敗の原因が変容しており，従来型の研究では現状の解明ができなくなってきていることなどが相まって，その全体の論文数は，減少傾向にあるものと思われる。

23 もちろん，いうまでもなく，このような心理学をベースにした私的選択に関する研究のすべてがそうであるというわけではない。

まさに，会計や監査の実験研究においても，このような「昆虫採集」的な研究が飽和化しているというのが現状であるように思われる。つまり，実験研究は，特にゲーム理論とセットになることで多くの優位性をもっているにもかかわらず，「本来やるべきことをやらない」状態（具体的には，①社会的選択の問題を取り扱っていないこと，および，②プレイヤー同士の相互依存関係を前提にした研究が少ないこと）にあるというのが，筆者の見るところの伝統的な「実験会計学」の現状といえる。

5 両者の融合，そして新しい制度会計論へ

以上のように，まず一方，伝統的な「制度会計論」では，現状によりよくフィットした方法論からの分析が求められ，また他方，伝統的な「実験会計学」では，「本来やるべきことをやらない」状態にあり（①社会的選択の問題を取り扱っていない，および，②プレイヤー同士の相互依存関係を前提にした研究が少ない），両者が上手くマッチしていなかったというのが現状である。

しかしながら，3で考察したように，ゲーム理論と実験による分析と，制度会計論は，お互いに出会う必然性があるだろう。すなわち，現在のグローバル・コンバージェンス問題や制度の失敗を背景とする2つの新しい制度環境を踏まえると，現状のミスマッチが解消され，「制度会計論」が「実験会計学」と出会い有機的に結合することが望まれる。そして，そのような有機的な結合によれば，現状の会計制度の本質を捉えた新しい研究がなしうるかもしれない。そしてこの融合こそが，新しい制度会計論，つまり実験制度会計論の真髄ともいえる。

次章以降では，具体的な融合をつうじて，現在の会計制度に関する諸問題を分析していくことにする。なお本書では，本章2，および，3での考察を踏まえて，2部構成で分析を進めていく。第Ⅰ部は，「制度を選ぶ」と題して，主にグローバル・コンバージェンス問題を中心に議論を進めていく（第1～3章）。続く第Ⅱ部は，「こころと制度」と題して，制度の失敗の問題を中心に議論を進めていく（第4～8章）。そして最終章では，全体のまとめをおこなう。

補論 方法論的基礎
―― 社会科学における実験の意義と他の方法論との関係

　実験とは，他の条件は一定にして，ある1つの独立変数だけを実験操作によって変化させ，従属変数の変化が仮説どおりに起こるかどうかを調べるための手法をいう（渡部・船木 2008）。現在，社会科学全体において，実験研究が大きく注目されており，経済学，政治学，心理学，社会学，果ては神経科学，生物学といった領域も巻き込んだ「総力戦」で，人間心理と経済社会との関係を解明しようという大きな潮流がある[24]が，ここで，他の研究手法との比較をつうじて，社会科学における実験の特徴，特に制度研究における実験の特徴を検討することにしよう。ここでは，本書で特に重要となる実験と分析的研究[25]との関係，および，実験とアーカイバル分析との関係についてのみ述べる[26]。

　まず，実験と分析的研究[27]との関係については，大きく4つの関係性がある。

　第1は，仮説とその検証手段という関係性である（「分析的研究→実験」）。すなわち，まず分析的研究は，数理モデル等により仮説を提示するものであるが，そこで示される仮説を検証するのが実証分析である。実証分析の1つである実験は，仮説の具体的検証手段としての役割を担う[28]。

　また第2は，フィードバック効果である（「実験→分析的研究」）。つまり，実験には，他方で，実験結果を分析的研究に対してフィードバックするというルートも期待されている。この点は，先に述べたとおりであるが，もし仮に，理論が予想した均衡とは異なるところに，実際の被験者の行動が収束したとすると，それは，実験による「意図せざる帰結」（unintended consequence）の発見といえ，この点も制度研究における実験の大きな意義といえる（渡部・仲間 2006）。実験により意図せざる結果や外部性を発見し，それを理論にフィードバックす

24　たとえば，河野・西條編（2007），西條編（2007），大垣・田中（2014）や西條監修・西條・清水編（2014）などを参照。
25　3で述べたゲーム理論は，この分析的研究に該当する。
26　その他の方法論との関連性については，田口（2013a）を参照。
27　会計における分析的研究については，たとえば，太田編（2010）を参照。
28　なお，先に示した実験の定義をみても，「従属変数の変化が仮説どおりに起こるかどうかを調べる」とあり，まさにこの点が分析的研究との関係を物語っている。

ることで，意図せざる帰結への対処方法を検討することができ，現実の制度設計へも大きく貢献することが可能となる。

また，第3に，実験によれば，被験者の意思決定や行動を直接観察することができるため，さまざまなプレイヤーが実際にどのような認知プロセスにより，どのような意思決定をおこなっているのかという点に注目した研究も可能となる。これは，第2の点とも関連するが，特に比較制度分析（Aoki 2001）においては非常に重要な意味をもつ。比較制度分析においては，共有予想（shared belief）により制度が成り立つと考えるが，共有予想がどのように形成・変化していくかを，被験者の共有予想を直接観察することで，具体的に検証することが可能となる[29]。

さらに，第4の点として，制度研究上重要となるのは，ゲーム理論における複数均衡問題である。複数均衡とは，1つのゲームに均衡が複数生じることをいう。たとえば，制度分析において，その制度の顛末を知りたいとしても，それを説明するモデルが複数均衡となった場合，結局その制度の顛末がうまく予想できないという問題に陥ってしまう。そしてこのような複数均衡問題を解決するための均衡の精緻化（equilibrium refinement）において，近年重視されているのが実験である。具体的には，ゲーム理論では複数の均衡が予想されたとしても，実験の結果，そのいずれかに至るということが観察できれば，制度の顛末の予測や説明が上手くできるかもしれない[30]。

以上のように，分析的研究との関係において，実験研究は，制度分析上，①仮説の具体的検証手段，②意図せざる帰結の発見とそのフィードバック，③人間心理に踏み込んだ分析可能性，④複数均衡問題の解決という4点において，重要な意味をもつといえる。

次に，株価データ等のアーカイバルデータを用いたアーカイバル分析との関

---

[29] 共有予想を操作した実験デザインにより，制度の生成と崩壊を観察している研究として，たとえば渡部・仲間（2006）などがある。

[30] なお，このように制度の生成や崩壊のプロセス（共有予想のエッセンス）を抽出し，ゲーム理論によりモデル化したうえで，ゲーム理論による予想が妥当かどうかを実験により検証する一連の分析手法，つまり，比較制度分析と実験の融合を図り，制度の生成ないし崩壊のプロセスを分析する一連の手法のことを，本書では，実験比較制度分析とよぶことにする。

係について述べる。実験とアーカイバル分析は，仮説の検証手段という意味では同じであるが，以下の4点で異なる。

第1は，実験は事前検証が可能であるという点である。すなわち，アーカイバル分析は，現実にあるデータを用いるため，制度の有効性を検証する場合には，当該制度がすでに存在していることが大前提となるが，他方，実験は，たとえ当該制度が現実に存在していなくても，実験室の中に擬似的な制度を創出し，そこにおける被験者行動のデータを用いた分析が可能となる。よって実験では，ある制度やしくみが現実に存在する前に，当該制度ないししくみの有効性や意図せざる帰結なども検証することが可能となる。これは制度研究における実験の大きな強みである。

第2は，実験は，データのハンドリングが比較的容易である点である。すなわち，実験では，上述のとおり，実験者が研究目的に応じて自分で条件等をデザインすることができるので，仮説検証のために必要な変数も直接的に実験のしくみの中に盛り込むことが可能となる。他方，アーカイバル分析では，現実に存在するデータから，仮説検証のために必要な変数にできるだけ近いものを代理変数として探してこなければならない（そしてしばしば，その代理変数の妥当性や整合性が問題となる）。

第3は，実験は，内的妥当性（internal validity）[31]が高いという点である。すなわち，上述のとおり，実験では，実験者が柔軟にデータを採取する状況（実験）をデザインし，研究目的や検証すべき仮説に直接即した変数や統制条件を構築することができるため，そこからアウトプットされるデータとしても，因果関係を直接検証することができるような，条件の統制が十分になされたものを得ることが可能となる。このように，因果関係の直接的な検証が可能となるところが実験研究の大きな特徴であり，この点，アーカイバル分析と異なる。

第4は，反面，外的妥当性（external validity）[32]が相対的に低い点である。すなわち，一般論としては，実験研究は，現実そのもののデータを扱うアーカイバル分析と異なり，擬似的な世界で創出されたデータを用いるため，外的妥当

---

[31] 内的妥当性とは，独立変数が従属変数の原因となっていると真に記述することができる度合いのことをいう（Bonner 2008, Chapter 1）。
[32] 外的妥当性とは，独立変数と従属変数の関係を，異なる時点，異なる状況，異なる個人にまで一般化できる度合いをいう（Bonner 2008, Chapter 1）。

性は相対的に低いとされることが多い[33]。

以上のように、アーカイバル分析との関係において、実験研究は、制度分析上、事前検証可能性を有する点などにおいて、重要な意味をもつといえる。

また最後に、このあとの具体的な分析の前提として、会計・監査研究における実験をいくつかのタイプに分類してみよう。具体的には、会計・監査研究における実験の潮流は、大きく2つに分類できる(Koonce and Mercer 2005, 上枝・田口 2012)[34]。第1は、経済学をベースにした実験研究(以下、単に「経済実験」という)である。これは、経済学の理論、具体的にはゲーム理論や契約理論をベースにして、そのモデル(の均衡)どおりの振る舞いを被験者が示すかどうかを検証するものである。第2は、心理学をベースにした実験研究(以下、単に、「心理実験」という)である。これは心理学の理論、具体的には、認知心理学や社会心理学をベースにして、その予想どおりの振る舞いを被験者が示すかどうかを検証するものである。ここで、両者の特徴を図示すると、**図表序.3**のようになる。

図表序.3 心理実験と経済実験

	経済実験	心理実験
依拠するモデル	経済学（ゲーム理論、契約理論）	認知心理学、社会心理学
人間観	経済合理性	限定合理性
対象となる意思決定	複数人の相互依存的意思決定	個人単体の意思決定
想定される被験者	特に限定なし	専門家
コンテクスト	ないほうがよい	あるほうがよい
謝金設定	必須	必ずしも必須ではない
得意領域	制度論（しくみ）	手続論（人の判断・意思決定）

(出所) 上枝・田口（2012）の図表2より作成。

---

33 一般論としては、このようにいわれる（実験研究が批判される）ことが多い。しかし筆者は、このような批判は必ずしも的を射たものではないと考えている。すなわち、ここで注意したいのは、現実のデータを用いるか否かということと、外的妥当性が高いかどうかということは別の次元の話である（現実のデータを用いるから外的妥当性が高いとは直接的にはいえないし、また、現実のデータでないから外的妥当性が低いとは直接的にはいえない）という点である。

34 ここでは整理のためにあえて2つにタイプ分けしているが、もちろん、実際の研究には、両方のタイプの性質をあわせもっているものもある。

あとの議論との関係で重要となる論点は，両者の「得意領域」と「コンテクスト」である。経済実験はそもそもしくみの検証に主眼があるため，しくみの妥当性や有効性に焦点をおいた制度論と親和性が高いといえる。他方，心理実験は，人の判断・意思決定そのものの検証に主眼があるため，いわゆる手続論と親和性が高いといえる。**4.2** で述べたように，現在の研究の動向としては，心理実験が中心であるが（そしてそれが飽和状態にあるが），本書では，主に経済実験をベースにしたしくみの検証を中心的に取り扱うことにする。

また，あとの章との関連でいえば，「コンテクスト」の違いも重要である。具体的なコンテクストを実験に織り込むか否かについて，まず一方，経済実験では織り込まないほうがよいとされる。すなわち，経済実験は，現実を直接検証するのではなく，あくまで現実を抽象化したモデルを検証するものである。ここでモデルが，現実のさまざまなコンテクストを削ぎ落とした「現実の骨組み部分」である以上は，それを検証の対象とする実験も，あくまでその骨組み部分の検証に特化すべきこととなる[35, 36]。また他方，心理実験では，むしろ積極的に織り込んだほうがよいとされる。すなわち，心理実験では，ある特定の状況下における特定の人間の特定の意思決定を分析することに主眼があるため，むしろ「特定の状況」をいかにリアルに実験で再現できるかが大きなカギとなる。よって，コンテクストを積極的にとり入れたほうがよいということになる。

---

[35] 逆に，コンテクストを入れてしまうと，モデルそのものの検証ではなくなってしまう。
[36] ただしもちろん，そのことを十分に認識したうえで，コンテクストを積極的にとり入れた経済実験をおこない，モデルの予想どおりの結果が得られるのかどうか検証することには大きな意義があるかもしれない（たとえば，山地（2008；2009）を参照）。ただしその場合であっても，コンテクスト部分のみが結果に影響しているのか，それともコンテクスト以外の部分が結果に影響しているのかを峻別するためにも，いったんコンテクストなしでモデルの検証（経済実験）をおこなったうえで，その結果を，コンテクストありの経済実験の結果と比較することが求められるだろう。

制度を選ぶ

第1章 グローバル・コンバージェンス問題のゲーム理論分析
　　　──「世界に1つだけの基準」は成り立つか？

第2章 コンバージェンス問題の実験的検証
　　　──「IFRSが世界で唯一高品質」となるなら，IASBの野望は達成されるか？

第3章 「基準作りの基準」のパラドックス
　　　──コンバージェンスのためにはダイバージェンスが必要か？

第1章 グローバル・コンバージェンス問題のゲーム理論分析
―「世界に1つだけの基準」は成り立つか？

Summary

　本章では，会計基準選択の問題を，ゲーム理論でいうコーディネーション・ゲームとして捉え，会計基準のコンバージェンスの今後の行方をモデルで予測する。具体的には，コンバージェンスに係る会計基準選択に関して，①各国が初期保有システム（既存の会計基準）を有していること，②システム変更にはコストがかかること（制度的粘着性），および，③「第3の選択肢」が存在すること（既存の会計基準のほかに，IFRSの存在を想定）という3つの点で先行研究と異なるグローバル・コンバージェンス・モデルを提示する。

　そしてまず，会計基準の品質や移行コストに差がない「基本モデル」のもとでは，「IFRSのジレンマ」が生じる可能性が示唆される。つまり，コンバージェンス自体は成り立つものの，必ずしもIFRSに収斂するとはいえず，さらには，「公平性」とパレート最適性との間のトレードオフ問題が生じることがモデルで示される。

　また，「IFRSのみが世界で唯一高品質の会計基準である」という「派生モデル」のもとでは，「IFRSへのコンバージェンスが成立する」という以外にも，「すべての国が何もしない」という均衡も生じ，複数均衡となることが示される。つまり，IASBのいうような「IFRSを高品質な会計基準にする」という方策をもってしても，コンバージェンスが成立しない恐れがあることが示唆される。

Keyword　会計基準選択，コーディネーション・ゲーム，グローバル・コンバージェンス・モデル，ナッシュ均衡，IFRSのジレンマ，複数均衡，基本モデル，派生モデル

1 はじめに

　本章では，「制度選択」の重要論点として，グローバル・コンバージェンス問題を取り扱う。序章で述べたとおり，現在，IFRS を中心とした会計基準のコンバージェンス[1]が進んでいる。IASB は，世界で1つ(1セット)だけの高品質な会計基準を構築することを目指しており，また，現状では，多くの国が IFRS を何らかのかたちで受け入れているが，他方，たとえば米国など，その導入が不透明な国が存在する状況を鑑みるに，今後の顚末については，いまのところ何ともいえない状況にある。

　ここで，冷静になって考えてみると，このようなグローバルな会計基準のコンバージェンスは今後一体どうなるのかという素朴な疑問がわいてくる。世の中のあらゆる制度がゆらぎや不安定性を抱えていることは，これまでの多くの歴史が物語っているといえるし，全世界の国境を越えたグローバルなしくみであれば，なおさらであろう。そしてそうであれば，IFRS へのコンバージェンスは，そもそもなし得るものなのか，また，たとえそれがなし得たとしても，いつかそれには終わりがくるのではないか，という素朴な疑問がわいてくる。また，コンバージェンスが達成されるのは，一体どのような条件が揃ったときなのか，また逆に，その流れが「崩壊」するのは一体どのような条件が揃ったときなのだろうか, いや，そもそも会計基準を IFRS へとコンバージェンスさせる意味は，一体どこにあるのだろうか。

　もちろん，以上のような疑問は，すぐに解決できる類のものではないし，また，学界全体として取り組むべき重要な課題であるといえるが，本章では，このような課題解決へのファースト・ステップないし1つのヒントとして，特にゲーム理論を用いて分析することで，そのような疑問解決のための方向性をいくつか提示することにしたい。

---

[1] 国際会計基準をめぐっては，「調和化 (harmonization)」，「収斂 (convergence)」，ないし「採用 (adoption)」などさまざまな用語が，微妙なニュアンスの違いで用いられることが多いが，本章では，上記の収斂と採用とを含める広義の意味でコンバージェンスという用語を用いることにする。この点についての整理は，Zeff and Nobes (2011) などもあわせて参照。

2と3では，まず先行研究について触れることにする。続く4では，先行研究を発展させたグローバル・コンバージェンス・モデルを提示する。そして5と6では，モデルの均衡を分析し，現在のコンバージェンスの流れが，実は，「IFRSのジレンマ」状況に陥ってしまっていること，および，高品質の基準作りを目指しても，コンバージェンスが達成されないおそれがあることを示すことにする。最後に7では，上記の考察から得られるヒントを確認するとともに，実験による検証の重要性について述べることにする。

なお，本章（および本章を含む第I部全体）の考察に関連して，留意点は以下の3つである。

第1に，本研究では，全体をとおして，ごく簡単なモデルを用いた説明をおこなうが，これは，問題のエッセンスを捉えた議論をするためである。もちろん，このことによって，複雑な現実を完全には捉えきれないところもないわけではないが，逆に複雑な現実に振り回されすぎないためには，このような分析には一定の合理性があるといえるし，複雑なモデルでないから現実的妥当性に欠けるという批判は，必ずしも的を射たものではない。

また，第2に，本研究には，IFRSをめぐる最新の世界的動向や，基準の中身に関する詳細な解説は含まれていない。これは，本研究全体が，そのような「解説」には一切興味がないからであり，また，本研究が，IFRSへのコンバージェンスの流れにおけるドライビング・フォースが一体何なのか，また，もし仮にそのような流れが不安定であるとしたらその要因は一体何なのかといった，システム全体としての構造や変化そのものに興味があるからである[2]。よって，現在の最新動向をフォローしていないとか，基準の中身の解説がないといった批判がもしあるとすれば，それは必ずしも的を射たものではない。

また第3に，本研究は，IFRSが「よい」か「悪い」かという価値判断の問題を論じるものではないし，また，会計基準をコンバージェンス「すべき」か「すべきでない」かという規範的な議論をするものではない。本研究ではあくまで，

---

2 同じような発想で会計政策や会計制度を分析している文献としては，たとえば，伊藤（1996）や大石（2000），また，特に国際会計を題材としたものとしては，田村（2001；2011），篠田（2002），磯山（2010），岡田（1999），徳賀（2001），澤邉（2005），藤井（2007），西谷（2007），太田（2007），杉本（2009；2014a；2014b）などが挙げられるかもしれない。

IFRSへのコンバージェンスの動きの本質にある構造を捉え説明すること，および，そのことにより，その動きの今後の方向性を理論的に予測し説明することにある[3]。

2 IFRSをめぐる賛成論・反対論

現在までに，IFRSへのコンバージェンスについて，一体どのような議論がなされてきているか，その賛成論および反対論をみてみよう（Hail, Leuz, and Wysocki 2010a, b）[4]。

まずコンバージェンス賛成論の根拠としては，会計基準の比較可能性[5]，および，ネットワーク外部性[6]が挙げられる（Barth 2006, De Franco, Kothari, and Verdi 2011, Meeks and Swann 2009）。つまり，各国が同じ会計基準を用いれば，財務諸表の国境を越えた企業間比較可能性が高まることで投資家保護を図ることができる，というのがこの立場の根拠である[7]。また，このほかにも，市場の流動性が高まること（Daske, Hail, Leuz, and Verdi 2008），および，（流動性が高まることにより）企業の資本コストが低下すること（Li 2010）等も賛成論として挙げられる[8]。

---

3 コンバージェンス問題に対して研究者がとるべきスタンスとしては，たとえば，冨塚（2007；2008）などが参考になる。
4 なお，本書では，当面の問題意識から詳しくとり上げないが，コンバージェンスの歴史的変遷や，コンバージェンスに関する個別の会計基準の中身の問題を考えることも極めて重要である。これらの点については，たとえば，平松・辻山編（2014）や藤井編（2014）が網羅的で参考になる。
5 IASC（1989）は，比較可能性を財務諸表の質的特徴（qualitative characteristics of financial statements）の1つに挙げている。
6 ネットワーク外部性（network externalities）とは，同じ行動をとるプレイヤーが増えれば増えるほど，各プレイヤーが便益を得るという現象をいう（Katz and Shapiro 1994）。たとえば，家庭用VTRのVHSとBetaの規格争いや，携帯電話，インターネットのプロバイダなどのネットワーク産業などでこのような現象が観察される。詳細は後述する。
7 近年，比較可能性や，ネットワーク外部性を計量的に確かめるアーカイバル研究も出てきている（ネットワーク外部性について，たとえば，Ramanna and Sletten 2014等）が，しかし，現実のデータを用いたアーカイバル分析であるため，あくまでその現実のデータがとれる場面に限定された知見である点には留意すべきである。全世界の会計基準が統一されたもとでの比較可能性やネットワーク外部性の計測ではないし，また代理変数の問題等，克服すべき課題も存在する。

他方，コンバージェンス反対論の根拠としては，基準間競争の必要性が挙げられる（Sunder 2002, Dye and Sunder 2001）。たとえば，Sunder（2002）は，会計基準の質向上のためには，世界の会計基準をIFRSのみに収斂させる独占状態よりも，さまざまな会計基準を競争させたほうが望ましいとして，会計基準のコンバージェンスに懸念を示している[9]。

このように，コンバージェンスをめぐっては賛否両論あり，定まった見解がないというのが現状である。しかしながら，これらの先行研究には，大きく次のような限界があるように思われる。それは先行研究の多くがアーカイバル分析に依拠していることからの限界であるが，端的にいえば，これらの議論は，あくまで現実のデータがとれる場面に限定された知見であるという点である。つまり，現状では実は，コンバージェンスについての部分的検証しかなされていないといえる。たとえば，先行研究では，導入国における効果(株式価値関連性)の検証や，個別基準の検証などがなされているが，これらはあくまで部分的な検証にすぎない。また，比較可能性やネットワーク外部性に係るアーカイバル分析でも，全世界の会計基準がIFRSにコンバージェンスすることで比較可能性がどの程度担保されるのか，どれだけのネットワーク外部効果があるのかまでは，明らかにはできていない。他方，反対論について，独占の弊害や競争原理の推奨といえども，具体的なモデルに落としこんで実証的な議論がなされているわけではないので，本当に予測される効果が望めるのかは明らかではない。

このように，現状でなされている議論は，「世界に1つ（1セット）だけの会計基準」となることそのもののメリット・デメリットを直接計測するものではないため，結局のところ，このグローバル・コンバージェンス問題の部分的な側面しか捉えきれていないといえる。つまり，序章でも確認したとおり，アーカイバル分析による制度の有効性検証は，結局，実際に制度が完成した後でな

---

[8] ただし，流動性や資本コストについては，反対の結果を示すアーカイバル研究もある。たとえば，流動性について，Christensen, Hail, and Leuz（2013）などを参照。また，Daske, Hail, Leuz, and Verdi（2013）は，企業のIFRS適用の動機によって流動性や資本コストに与える影響が変わってくることを示唆している。

[9] このような会計基準のダイバージェンス（多様性）について，積極的に支持している分析的研究やアーカイバル分析は，現在のところほとんどない。この点は，今後の研究を考えるうえで注目に値する。

ければ成し得ない(後追いである)ため,実際に「世界に1つ(1セット)だけの会計基準」状態にならなければ,このグローバル・コンバージェンスの問題の全体的な効果を検証することは困難である[10]。

以上のような先行研究の限界を克服するためには,一体どうすればよいだろうか。まず,この問題の本質を捉えるために,具体的なモデルを用いて議論する必要があるだろう。ここに,ゲーム理論分析をおこなう重要性がある。また,モデルを直接検証するために,実験分析をおこなう必要がある。すなわち,コンバージェンス問題のエッセンスを抽出し,ゲーム理論でモデル化したうえで,そこから予想される経済的帰結を実験により検証することにより,このコンバージェンス問題の顛末を考える作業が重要となるだろう。つまり,序章で述べたとおり,ゲーム理論と経済実験との融合により,制度の生成や崩壊のプロセスを分析することの重要性が,このグローバル・コンバージェンスをめぐっての議論から理解することができる。

3 基本思考 —— 会計基準選択のモデル化

次に,上記の問題意識を念頭に置いたうえで,そもそも会計基準をコンバージェンスしようとする流れが生じているのは,一体なぜなのか,考えてみよう。

もちろん,これについてはさまざまな説明があり得るだろうが,IFRSをめぐる問題は,各国のさまざまな思惑が相互に絡み合ったものであるといえるので,各プレイヤー間の相互依存関係を分析するツールであるゲーム理論を用いて分析することには一定の意義があるだろう。そこで以下では,ゲーム理論を用いてこの問題を検討することにする。

ここで,コンバージェンスの問題を,ある国にとって他国と同じ会計基準を採用するか否かという意思決定問題(つまり,ゲーム理論でいうコーディネーション・ゲーム)として捉えると,ゲーム理論的分析として上手く捉えることができるかもしれない。また,他者と同じシステムを採用することでベネフィットを

---

10 これに対して,局所的・部分的な効果の検証を積み上げていくことで,そのような問題も克服できるのではないかという見解もあるかもしれない。しかし,部分的検証はあくまで部分的検証にしかすぎない(部分の総和が全体になるとは必ずしもいい切れない)という点には,くれぐれも留意すべきである。

得るという発想は，産業組織論などでいうネットワーク外部性につうじるところがある。

そこで，まず**3.1**において，他者への同調が各プレイヤーにとっての最適反応となる例を，証券市場における株価バブルをとり上げて概観する。それを踏まえたうえで，**3.2**では，ネットワーク外部性と会計基準との関係を述べることにする。それらを承けるかたちで，**3.3**および**3.4**では，会計基準選択の問題を具体的なモデルに落としこんで検討することにする。

3.1 コーディネーション・ゲーム──株価バブルの例

ここでは，他者と同じ行動をとること（同調行動）のメリットないしそのエッセンスを，証券市場における株価バブル（合理的バブル）を例として，ごくプリミティブな繰り返しなし同時手番のゲームにより表現してみよう（松井 2002, pp.177-179）。なお，ここでは，情報の非対称性は存在せず，各プレイヤーは経済合理的に行動するものと仮定する。ここで，ゲームの利得表は**図表1.1**のようになる。

図表1.1　投資家A・Bのとりうる選択肢

		投資家B	
		買い注文	何もしない
投資家A	買い注文	2, 2	1, 0
	何もしない	0, 1	0, 0

投資家は，まず何もしなければ利得は0であるが，他方，単独で買い注文を出せば，企業業績に連動し，それぞれ1の利得を得るものとする。すなわち，（投資家Aの戦略，投資家Bの戦略）が，（買い注文，何もしない）もしくは（何もしない，買い注文）のとき，（投資家Aの利得，投資家Bの利得）は，（1，0），もしくは（0，1）であるとする。他方，2人の投資家が同時に買い注文を出せば，株価は企業の業績以上に上昇することが予想されるため，その結果2人の投資家は，たとえばそれぞれ2の利得を得ると考えることができる。すなわち，（投資家Aの戦略，投資家Bの戦略）が（買い注文，買い注文）のとき，（投資家Aの利得，投資家Bの利得）は（2，2）であり，そしてこの場合が，ゲームのナッシュ均衡となる。

このように，投資家がお互いに買い注文を出せば，株価の（業績以上の）上昇により，単独で買い注文を出す場合よりも多くの利得を得られることとなる。これがまさに株価バブルとよばれる現象[11]で，証券市場において相手の出す手（行動）を先読みし，相手と同じ戦略（ここでは「買い注文」[12]）をとることで，ベネフィットを得ることができることの一例といえる。

3.2 ネットワーク外部性と会計基準

このように，他者と同じ行動をとることによってベネフィットを得ることができる現象を，さらに広く捉えていくとどうなるだろうか。同じ行動をとる（同じプラットフォームを利用する）プレイヤーが増加すればするほど，（当該プラットフォームを利用する）各プレイヤーが便益を得るような現象は，産業組織論の分野では，ネットワーク外部性 (network externalities) とよばれている (Katz and Shapiro 1994, 依田 2007)。これは，より大きな規模を持つネットワークのほうが，消費者の利便性が高まるような現象である。大規模なネットワークは，加入者のさらなる増加をよぶフィードバック効果をもたらし，結局は，そのような大規模ネットワークのみが生き残ることになる（たとえば，家庭用 VTR 規格でいう VHS など）。

そして，会計基準にも，このような側面があるといえる。すなわち，もし大きな規模のネットワークを有する会計基準が存在するとしたら，当該基準は，そのネットワークの大きさ自体により参加者（企業や投資家等）に大きな便益（たとえば，投資家には国境を超えた企業間比較可能性，企業には投資家の比較可能性確保による資金調達のグローバル化や資本コスト減少など）をもたらすことが予想される。そして，そのような規模の大きさが，利用者のさらなる増加を生み，ネットワークは，さらに大規模になっていく。以上のように，他国と同じ会計基準を採用するということの1つのメリットとしては，このネットワーク外部性と

---

[11] このような株価バブルには，ここでのモデルのように合理的経済人をプレイヤーとして想定する合理的バブルのほか，非合理的なプレイヤーの存在を加味した場合に生じる非合理的バブルとよばれる現象も存在する。この点について，証券市場や企業会計の問題も含めて広く論じている文献としては，たとえば，田口 (2007a, 2008b) などがある。

[12] なお，ここでは同じ行動といっても双方が「何もしない」を選択するのはナッシュ均衡となっていない点には留意されたい。これは後の複数均衡の状況とは異なる。

いう考え方が挙げられる。

3.3 コーディネーション・ゲームとしての会計基準選択

上記を踏まえたうえで，会計基準選択の問題を，シンプルなモデルを用いて考えてみよう。具体的には，青木・奥野編（1996），Su and Guo（2006），篠田（2002），田村（2001），および藤井（2007）をもとに，繰り返しのないシンプルな2プレイヤーの同時手番コーディネーション・ゲーム（システム選択ゲーム）を考える。

具体的には，システムAとシステムBが存在しており，各プレイヤー（プレイヤー1および2）は，どちらのシステムを選択するか意思決定をおこなうものとする。そして，各プレイヤーは，システムを共有化することで初めて，ネットワーク外部性などを背景とするシステムを共有することによるベネフィットを得られるものと仮定する（ここでは，この場合のベネフィットを1と仮定する）。この場合のゲームの利得表は，**図表1.2**のようになる。

図表1.2 シンプルなシステム選択ゲーム

		プレイヤー2	
		システムA	システムB
プレイヤー1	システムA	1, 1	0, 0
	システムB	0, 0	1, 1

図表1.2に示されるとおり，両者がシステムを共有化することでベネフィットを得ることができるような状況では，以下の2つが純戦略ナッシュ均衡になる。

（プレイヤー1の戦略，プレイヤー2の戦略）＝（システムA, システムA）
（プレイヤー1の戦略，プレイヤー2の戦略）＝（システムB, システムB）

しかしながら，上記は，各プレイヤーが何もシステムを有していない状態から，初めてシステム選択をおこなう場合を表現したゲームである。これは，会計基準を有していない国同士が，初めて会計基準を選択する際に，他国と同調することのベネフィットを描いたゲームにしかすぎない。もちろん，そもそも会計基準が存在せず，そのために他国が用いる会計基準を採用したい（敷衍して，そのためにIFRSをすべて受け入れたい）と考える国もないわけではないの

で，そのような国同士の相互作用を前提とする場合には妥当するモデルかもしれない。しかしながら，実際にはそのような国はレアケースであるし，また，そのような国同士の相互作用だけで，現状は記述し得ない。むしろ，各プレイヤーがすでに何らかの会計基準（システムAかB）を有していることを前提としたゲームを設定するほうが，現実をよりよく説明し得る。

3.4 先行研究の拡張 —— 初期保有システムの導入

そこで上記のゲームを，実際の会計基準の文脈に合わせて，①各プレイヤーがすでに何らかのシステムを有していること，②そのため，システム変更にはコストがかかること[13]，という2点から，以下のように拡張することにしよう。

まず，各プレイヤーには初期保有システムが存在し，プレイヤー1はすでにシステムAを採用しており，他方，プレイヤー2はすでにシステムBを採用しているものとする。また，各プレイヤーの基本状態（初期状態における効用）を1として，他のプレイヤーと同じシステムを採用する場合は，さらに2の利得がそれぞれベネフィット分として追加されるものとする。また，システム変更に係るコストはそれぞれ1であると仮定する。この場合の利得表は，**図表1.3**のようになる。

図表1.3 システム選択ゲーム part 2：各プレイヤーが初期システムを有している場合

		プレイヤー2（システムBを採用）	
		システムA	システムB
プレイヤー1（システムAを採用）	システムA	3, 2	1, 1
	システムB	0, 0	2, 3

図表1.3に示されるとおり，各プレイヤーがそれぞれ初期システムを有している場合は，以下の2つが純戦略ナッシュ均衡となる。

---

13 現実世界においても，たとえば，さまざまなかたちでIFRSへの制度移行コストが存在することが，先行研究においても示されている。特に日本の状況については，小津・梅原編（2011）等を参照されたい。

(プレイヤー1の戦略，プレイヤー2の戦略)＝(システムA，システムA)
(プレイヤー1の戦略，プレイヤー2の戦略)＝(システムB，システムB)

　上記のように，この場合も，相手の採用するシステムに合わせる行動をお互いが採用する状況が均衡となっていることが理解できる。しかしながら，ここで注目したいのは，Aでシステムを統一するか，Bでシステムを統一するかにより，両プレイヤーの利得が異なっている（非対称になっている）ということである。具体的には，まず一方，プレイヤー1は，そもそもシステムAを採用しているので，全体としてもAで統一されたほうが（つまり，プレイヤー2がAを選択してくれるほうが），Bで統一されるよりも（自分がシステムBに変更して，プレイヤー2に合わせるよりも）より望ましいこととなる。上記の数値例でいえば，システムAで統一される場合のプレイヤー1の利得は3，システムBで統一される場合のプレイヤー1の利得は2であるから，プレイヤー1にとっては，前者のほうがより望ましい帰結となる。他方，プレイヤー2も，そもそもシステムBを採用しているので，全体としてもBで統一されたほうが（つまり，プレイヤー1がBを選択してくれるほうが），Aで統一されるよりも（自分がシステムAに変更して，プレイヤー1に合わせるよりも）より望ましいこととなる。

　これを会計基準の文脈で考えてみると，上記は，他国が自国に合わせてくれる（自国で採用している会計基準に，他国が合わせてくれる）のが一番望ましいという状況を指し示している。つまり，会計基準を統一すること自体にはベネフィットが存在するため，他者の行動に合わせる戦略を採用することがお互いにとってベスト・レスポンスとなる（よってそのような戦略の組み合わせがナッシュ均衡となる）が，システム移行コストを考えると，自国の会計基準を投げ打って他国の会計基準に合わせるよりも，相手が自国の会計基準に合わせてくれるほうが，自国にとってはより望ましい帰結が得られるということになる[14,15]。

14　これは，まさに米国の会計戦略につうじるものがあるかもしれない。
15　なお，ここでは，均衡が2つある状態（複数均衡）であるということに注目したい。つまり，2つのナッシュ均衡のうち，現実には，どちらの均衡が社会的に選択されるのかという均衡選択の問題が次に重要な論点となってくる。これは，序章補論で述べたとおり，ゲーム理論の実験的検証という意味で，極めて重要なポイントとなる。

4 グローバル・コンバージェンス・モデル

しかしながら，上記のシステム選択問題は，あくまで自国の会計基準に合わせるか，他国の会計基準に合わせるかという既存の各国の会計基準を所与とした(そして既存の各国の会計基準に合わせるかどうかという)二者択一のシステム選択問題であった。これに対して，現実の IFRS をめぐる問題は，既存の各国が採用する会計基準とは別の，新たな会計基準(これがまさに IFRS)にコンバージェンスするかどうかという問題である。

そこで，上記のモデルをさらに拡張して，第 3 のシステム(「システム N」(N は「New」の略)と表現する)を新たな選択肢として追加したモデルを考えてみよう(これを便宜的に「グローバル・コンバージェンス・モデル」という)。このモデルは，先に述べた先行研究の賛成論のいう会計基準の比較可能性(ネットワーク外部性)と，反対論のいう会計基準間競争のエッセンスを抽象化しモデル化したものになっている。具体的には，以下のようなセッティングである。

まず，これまでと同様に，2 人のプレイヤー(プレイヤー1，2)が存在し，各プレイヤーは，どのシステムを選択するか意思決定問題に立たされていると仮定する。ここで，プレイヤーは，現実世界での「国」を表現しており，システムは各国の採用する会計基準セットないし会計システムを表現している。そして，各プレイヤーは 3 つの会計システム(システム A，システム B，システム N)から 1 つを選択するものと仮定する。選択肢が 2 つから 3 つに増えている点が，このモデルの大きな特徴である。これらのセッティングは，Sunder(2002)らの反対論者がいう基準間競争のアイディアを表現している。

そして，各プレイヤーは，システムを相手のプレイヤーと共有化することでベネフィットを得るものと仮定する。これは先に述べたとおり，賛成論者がいうネットワーク外部性や比較可能性などを背景とするベネフィットを表現している。また，各プレイヤーには初期採用システムが存在すると仮定する。プレイヤー 1 は，すでにシステム A を採用しており，他方，プレイヤー 2 は，すでにシステム B を採用しているものとする。ここで，先のゲームとの変更点は，A と B のほかに，まだ誰も採用していないシステム N が選択肢として追加されていることである。つまり，システム A および B は各国の既存の会計基準

を，他方，誰にも初期採用されていないシステム N は IFRS を，それぞれ表現している。また，これまでと同様，システム移行にはコスト（システム移行コスト）がかかると仮定する。このようなシステム移行コストは，制度変更への大きな障害となる（既存システムのままで居続けるインセンティブとなる）が，これは「制度的慣性」，「制度的粘着性」(institutional inertia)，ないし，Schelling(1960)のいうフォーカルポイント（focal point）となっている。

　また，これまでのゲームと少し表記を変え，各プレイヤーの戦略に名前をつけておくことにする[16]。戦略は大きく3つある。まず第1に，各プレイヤーが「そのまま自国基準を採用し続ける」戦略を，「Stay」戦略（S）とよぶことにする。これはたとえば，システム A を初期採用しているプレイヤー1であれば，そのままシステム A を採用し続ける戦略である（他方，システム B を初期採用しているプレイヤー2であれば，そのままシステム B を採用し続ける戦略がこれに該当する）。第2に，各プレイヤーが「相手の基準に合わせる」戦略を，「Other」戦略（O）とよぶことにする。これはたとえば，システム A を初期採用しているプレイヤー1であれば，相手プレイヤー（プレイヤー2）が採用しているシステム B に変更する戦略である（他方，システム B を初期採用しているプレイヤー2であれば，相手プレイヤー（プレイヤー1）が採用しているシステム A に変更する戦略がこれに該当する）。第3に，各プレイヤーが「まだ誰も採用していない第3の基準に移行する」戦略を，「New」戦略（N）とよぶことにする。これはたとえば，初期採用システムにかかわらず，プレイヤー1およびプレイヤー2にとって，システム N に変更する戦略である。以上の3つを前提にすると，各プレイヤーは，「Stay」戦略か，「Other」戦略か，もしくは「New」戦略かという選択問題を，コストとベネフィットを勘案しながら解いていくということになる。これらを図示すると，**図表1.4**のようになる。

16　これは，あとに予定している経済実験のために，各プレイヤーの戦略を対称的な表記にするための形式的な調整である（つまり，プレイヤー1であれプレイヤー2であれ，戦略が同じ形式で表現できるようにする形式的な調整である）。

図表1.4 各プレイヤーのとり得る3つの戦略

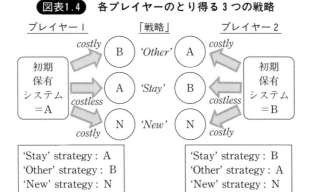

(出所) Taguchi et al. (2013) figure 1 より筆者作成。

ここで，各プレイヤーの利得関数 $\pi_h(h=1,2)$ を定式化しよう。各プレイヤーのリスク中立を仮定すると，π_h は，初期賦存量[17]に便益を足して，コストを差し引いたものとして求められる。それは以下の(1)式のようになる。

$$\pi_h = b_{ij} - c_{hk} + T \quad\cdots\cdots(1)$$

T は，各プレイヤーにとっての初期賦存量（endowment）を表す。また，b_{ij} は，プレイヤー1が戦略 i ($i=\{S\ (stay),\ O\ (Other),\ N\ (New)\}$) を採用し，かつ，プレイヤー2がシステム j ($j=\{S\ (Stay),\ O\ (Other),\ N\ (New)\}$) を採用した際のプレイヤー h ($h=1,2$) の便益を表す。上記の設定より，各プレイヤーの便益は，相手と同じシステムを採用した場合（相手とコーディネーションした場合）には正となるが，相手と異なるシステムを採用した場合には0となる。それは，(2)式のように表現できる。

$$b_{SO}>0,\ b_{OS}>0,\ b_{NN}>0$$
$$b_{SS}=b_{SN}=b_{OO}=b_{ON}=b_{NS}=b_{NO}=0 \quad\cdots\cdots(2)$$

---

[17] モデルの設定上は，これは必ずしも必要ないが，あえてこれをおいているのは，実際の実験実施時に，パラメータの設定上，利得がマイナスになることがないようにするための配慮である。つまり，実際に実験をおこなう場合は，利得がプラスかマイナスかということは，人間の判断や意思決定において非対称の行動を引き出してしまう恐れ（たとえばマイナスを極端に嫌い保守的に振る舞うなど）があるし，また実験設計上，金銭的報酬を与える際にも不都合が生じる。よって，実験実施上の懸念事項を排除するために，このような項をモデルに織り込んでいる。

第1章　グローバル・コンバージェンス問題のゲーム理論分析　　41

また，c_{hk} は，プレイヤー h（$h=1, 2$）が戦略 k（$k=\{S$（stay），O（Other），N（New）$\}$）を採用した際のシステム移行コストであり，上記の設定より，各プレイヤーはシステムを変更しない場合（Stay 戦略をとる場合）はコスト 0 となるが，システムを変更した場合（Other 戦略か New 戦略を採用した場合）は正のコストを負担するものとする。それは，(3)式のように表現できる。

$$c_{1S}=c_{2S}=0,$$
$$c_{1O}>0,\ c_{2O}>0,\ c_{1N}>0,\ c_{2N}>0 \quad\cdots\cdots\cdots\cdots\cdots\cdots\cdots\cdots\cdots\cdots\cdots\cdots(3)$$

以上より，このゲームの利得表は，**図表1.5**のようになる。

図表1.5　グローバル・コンバージェンス・ゲーム

		Player 2		
		Stay	Other	New
Player 1	Stay	T, T	$b_{SO}+T, b_{SO}-c_{2O}+T$	$T, -c_{2N}+T$
	Other	$b_{OS}-c_{1O}+T, b_{OS}+T$	$-c_{1O}+T, -c_{2O}+T$	$-c_{1O}+T, -c_{2N}+T$
	New	$-c_{1N}+T, T$	$-c_{1N}+T, -c_{2O}+T$	$b_{NN}-c_{1N}+T, b_{NN}-c_{2N}+T$

5　基本モデルの均衡とその解釈
　　―― 基準間で品質や移行コストに差がないなら？

5.1　場合分け

次に，このゲームの均衡を求める。結論的には，このゲームは，各変数を4つのケースに場合分けして考える必要がある。

まず場合分けの第1は，以下の3条件をすべて充たす状況である。

［条件ⅰ］　コーディネーションした際の便益がすべて一定であること（$b_{SO}=b_{OS}=b_{NN}=\bar{b}$）
［条件ⅱ］　システムを移行する場合の（つまり，Other 戦略と New 戦略をとる際の）コストがすべて一定であること（$c_{1O}=c_{2O}=c_{1N}=c_{2N}=\bar{c}$）
［条件ⅲ］　コーディネーションした際の便益がコストを上回ること（$\bar{b}-\bar{c}>0$）

本研究では，この3つの条件がすべて揃う場合を「基本モデル」と考える。これは，会計基準の文脈でいうならば，すべての会計基準の品質と移行コストが同等であるような状態を指す。具体的には，たとえば，EUがおこなう「同等性評価」の影響で，既存基準（たとえば日本基準）の品質が，IFRSの品質とほぼ同等のレベルとなるような状況が考えられるが，このような状況は，この基本モデルの設定に当てはまる。

また，場合分けの第2は，上記基本モデルから［条件 i］および［条件iii］を外した状況である。これは，現実世界に即していうならば，システム移行コストには各国間で相違はないが，どの会計基準でコーディネーション（コンバージェンス）するかでその便益が異なる，つまり，会計基準間で品質に違いがあるケースを表している。

場合分けの第3は，逆に，上記基本モデルから［条件ii］および［条件iii］を外した状況である。つまり，基準間の品質に差はないが，移行コストが異なる状況である。これは，具体的には，各国における制度的な制約（制度的補完性）の強さが異なるケースを想定し得る。最後に場合分けの第4は，すべての条件を外した状況である。なお，後述するように，第3および第4は数理モデルの構造上，第2と同じになるため，第2を考察することで，第3および第4も網羅することができる。

5.2 基本モデルの均衡——基準間で品質や移行コストに差がないモデル

以下では，まず基本モデルとなる「場合分けの第1」を考える。各条件を踏まえ利得表を書き換えると，**図表1.6**のようになる。

図表1.6 基本モデルの利得表

		Player 2		
		Stay	Other	New
Player 1	Stay	T, T	$\bar{b}+T, \bar{b}-\bar{c}+T$	$T, -\bar{c}+T$
	Other	$\bar{b}-\bar{c}+T, \bar{b}+T$	$-\bar{c}+T, -\bar{c}+T$	$-\bar{c}+T, -\bar{c}+T$
	New	$-\bar{c}+T, T$	$-\bar{c}+T, -\bar{c}+T$	$\bar{b}-\bar{c}+T, \bar{b}-\bar{c}+T$

たとえば，シンプルな数値例として，$T=1$，$\bar{c}=1$，$\bar{b}=2$を想定すると（初期状態の各国の利得を1，会計基準のコーディネーションにより得られる追加的な便益

を2,システム移行コストを1とすると),利得表は,**図表1.7**のようになる。

図表1.7 具体的数値例(基本モデル)

		Player 2		
		Stay	Other	New
Player 1	Stay	1, 1	3, 2	1, 0
	Other	2, 3	0, 0	0, 0
	New	0, 1	0, 0	2, 2

このゲームを解くと,純戦略ナッシュ均衡[18]は,以下の3つとなる。

$$
(プレイヤー1の戦略,プレイヤー2の戦略) = \begin{cases} (\text{Stay, Other}) \\ (\text{Other, Stay}) \\ (\text{New, New}) \end{cases}
$$

ここで,ナッシュ均衡(Stay, Other)および(Other, Stay)は,パレート最適ではあるものの,「公平」な状況ではない(ここにおいて,「公平」とは,すべてのプレイヤーにとって利得に偏りがない(利得が同じ)状況と定義する)。この状況では,いずれか1人のプレイヤーだけがシステム移行コストを負担しているため,利得に偏りが生じている。

他方,ナッシュ均衡(New, New)は,「公平」ではあるが,しかしパレート最適ではない。この状況では,すべてのプレイヤーが同一のシステム移行コストを負担しているため,利得に偏りは生じていないが,両プレイヤーともにコストを負担してしまっているため,社会全体では(Stay, Other)均衡および(Other, Stay)均衡の倍のコストを負担してしまっていることになる。

ここで注目したいのは,このケースは,均衡が一意に定まらない複数均衡となっている点である。つまり,これを,会計基準のグローバル・コンバージェンスの問題に引き寄せて考えると,ポイントは2つある。

第1は,IASBのいう「世界に1つ(1セット)だけの会計基準(*a single set of accepted international financial reporting standards*)」は,実は3パターンあり得るということである。つまり,IASBは,上記のゲームでいうと,(New,

---

18 なお,本章では,便宜上,純戦略ナッシュ均衡のみに注目し,混合戦略は考えないものとする。混合戦略については,第3章参照。

New）均衡を推奨していることになるが，しかしながら，全世界の会計基準がアプリオリにある特定の会計基準にコンバージェンスしなければならない必然性は実はない，ということがここから理解できる。

　第2は，3つの均衡間の関係である。ここでは，「公平」（すべてのプレイヤーにとって利得に偏りがない状況）とパレート最適性との間にトレードオフ関係がある。このようなトレードオフ関係を，「IFRSのジレンマ」とよぼう。これは極めて興味深い知見である。すなわち，すべてのプレイヤーが自分の会計制度を投げ打って新たな会計制度を採用するというIFRSへのコンバージェンスの流れ（IASBが目指す方向性）を推し進めることは，実は，社会全体としてはパレート最適な状態が充たされないことになってしまうことが，モデルから理解できる。

6　派生モデルの均衡とその解釈
―― IFRSが世界で唯一高品質なら？

6.1　派生モデルのセッティング ―― 唯一高品質な会計基準が存在

　次に，「場合分けの第2」，つまり基本モデルから［条件ⅰ］および［条件ⅲ］を外した状況を考えてみよう。これは，移行コストはすべて一定であるが，どの会計基準でコーディネーション（コンバージェンス）するかによりその便益が異なる設定である。ここで，特に便益のほうに注目すると，現実的な話としては，たとえばIASBは高品質な会計基準セットを開発することを目指しているが，これにより会計基準の品質にばらつきがある状況が想定できる。この場合の利得表は，**図表1.8**のようになる。

図表1.8　派生モデルの利得表

		Player 2		
		Stay	Other	New
Player 1	Stay	T, T	$b_{SO}+T, b_{SO}-\bar{c}+T$	$T, -\bar{c}+T$
	Other	$b_{OS}-\bar{c}+T, b_{OS}+T$	$-\bar{c}+T, -\bar{c}+T$	$-\bar{c}+T, -\bar{c}+T$
	New	$-\bar{c}+T, T$	$-\bar{c}+T, -\bar{c}+T$	$b_{NN}-\bar{c}+T, b_{NN}-\bar{c}+T$

このケースでは，純戦略ナッシュ均衡は，便益とコストと0との間の大小関係，より具体的には，コーディネーションがなされたときの利得（から初期賦存量 T を除いた）$b_{OS}-\bar{c}$, $b_{SO}-\bar{c}$, $b_{NN}-\bar{c}$ の3つの変数と0との大小関係で決定される[19]。よって，これら4つの数の大小関係を場合分けし，それぞれの場合におけるナッシュ均衡を整理すると次の24通りが考えられる（**図表1.9**）。

図表1.9 変数の大小関係による場合分けとナッシュ均衡

Pattern	Small			Large	Nash Equilibrium
1	0	$b_{NN}-\bar{c}$	$b_{OS}-\bar{c}$	$b_{SO}-\bar{c}$	$(S,O),(O,S)$ and (N,N)
2	$b_{NN}-\bar{c}$	0	$b_{OS}-\bar{c}$	$b_{SO}-\bar{c}$	(S,O) and (O,S)
3	$b_{NN}-\bar{c}$	$b_{OS}-\bar{c}$	0	$b_{SO}-\bar{c}$	(S,O)
4	$b_{NN}-\bar{c}$	$b_{OS}-\bar{c}$	$b_{SO}-\bar{c}$	0	(S,S)
5	0	$b_{OS}-\bar{c}$	$b_{NN}-\bar{c}$	$b_{SO}-\bar{c}$	$(S,O),(O,S)$ and (N,N)
6	$b_{OS}-\bar{c}$	0	$b_{NN}-\bar{c}$	$b_{SO}-\bar{c}$	$(S,O),(N,N)$
7	$b_{OS}-\bar{c}$	$b_{NN}-\bar{c}$	0	$b_{SO}-\bar{c}$	(S,O)
8	$b_{OS}-\bar{c}$	$b_{NN}-\bar{c}$	$b_{SO}-\bar{c}$	0	(S,S)
9	0	$b_{NN}-\bar{c}$	$b_{SO}-\bar{c}$	$b_{OS}-\bar{c}$	$(S,O),(O,S)$ and (N,N)
10	$b_{NN}-\bar{c}$	0	$b_{SO}-\bar{c}$	$b_{OS}-\bar{c}$	(S,O) and (O,S)
11	$b_{NN}-\bar{c}$	$b_{SO}-\bar{c}$	0	$b_{OS}-\bar{c}$	(O,S)
12	$b_{NN}-\bar{c}$	$b_{SO}-\bar{c}$	$b_{OS}-\bar{c}$	0	(S,S)
13	0	$b_{SO}-\bar{c}$	$b_{NN}-\bar{c}$	$b_{OS}-\bar{c}$	$(S,O),(O,S)$ and (N,N)
14	$b_{SO}-\bar{c}$	0	$b_{NN}-\bar{c}$	$b_{OS}-\bar{c}$	(O,S) and (N,N)
15	$b_{SO}-\bar{c}$	$b_{NN}-\bar{c}$	0	$b_{OS}-\bar{c}$	(O,S)
16	$b_{SO}-\bar{c}$	$b_{NN}-\bar{c}$	$b_{OS}-\bar{c}$	0	(S,S)
17	0	$b_{OS}-\bar{c}$	$b_{SO}-\bar{c}$	$b_{NN}-\bar{c}$	$(S,O),(O,S)$ and (N,N)
18	$b_{OS}-\bar{c}$	0	$b_{SO}-\bar{c}$	$b_{NN}-\bar{c}$	(S,O) and (N,N)
<u>19</u>	$b_{OS}-\bar{c}$	$b_{SO}-\bar{c}$	0	$b_{NN}-\bar{c}$	(N,N) and $\underline{(S,S)}$
20	$b_{OS}-\bar{c}$	$b_{SO}-\bar{c}$	$b_{NN}-\bar{c}$	0	(S,S)
21	0	$b_{SO}-\bar{c}$	$b_{OS}-\bar{c}$	$b_{NN}-\bar{c}$	$(S,O),(O,S)$ and (N,N)
22	$b_{SO}-\bar{c}$	0	$b_{OS}-\bar{c}$	$b_{NN}-\bar{c}$	(O,S) and (N,N)
<u>23</u>	$b_{SO}-\bar{c}$	$b_{OS}-\bar{c}$	0	$b_{NN}-\bar{c}$	(N,N) and $\underline{(S,S)}$
24	$b_{SO}-\bar{c}$	$b_{OS}-\bar{c}$	$b_{NN}-\bar{c}$	0	(S,S)

---

19 なお，本章では，紙面の都合上取り扱わないが，場合分け第3および第4も，結局はこれら4つの変数の大小関係でナッシュ均衡が変わるため，本質はここでの場合分け第2と同じである。よって，場合分け第2を分析することで，場合分け第3および第4の分析も網羅している。

図表1.9では,以下の3つが示されている。

まず第1は,コーディネーションした際の便益が移行コストを下回る場合(つまり便益とコストとの差が0よりも小さくなる場合),当該コーディネーションがナッシュ均衡から排除されていく状況が示されている。つまり,コーディネーションした際の便益が移行コストを下回るような質の低い[20](いわば,コンバージェンスに耐え得ない)会計基準でのコンバージェンスは,ナッシュ均衡にはならないということが示されている。これは直感にも適う常識的な結果であるといえる。

また第2は,すべてのコーディネーションセット(S, O),(O, S),および(N, N)において,コーディネーションした際の便益が移行コストを下回る場合には,戦略の組み合わせ(S, S)が,唯一のナッシュ均衡となることも示している(図表1.9のパターン4,8,12,16,20,および24を参照)。これは具体的には,どの会計基準も質の低い(コンバージェンスに耐え得ない)ものであったとしたら,すべてのプレイヤーが自国基準のままでいるという状況だけがナッシュ均衡となるということを示唆しており,これも直感に適う常識的な結果であるといえる。

第3は,図表1.9のパターン19および23であるが,特に $b_{NN} - \bar{c}$ のみが0よりも大きい場合,つまり,システムNでのコーディネーションのみが,コーディネーションした際の便益と移行コストとの差が0を上回る(他のシステムでのコーディネーションでは,移行コストのほうが大きくなってしまう)場合は,(N, N)の組み合わせだけではなく,(S, S)の組み合わせもナッシュ均衡となるということが示されている。これは具体的には,新しい(誰も初期採用していない)会計システムNewのみが質の高い(コンバージェンスに耐え得る)システムであり,かつ,既存システムA,Bは質が低い(コンバージェンスに耐え得ない)という状況では,「システムNewへのコンバージェンス((N, N)の組み合わせ)」がナッシュ均衡となる反面,「すべてのプレイヤーが何もせず初期採用システムのままでいる((S, S)の組み合わせ)」という帰結もナッシュ均衡となるということ

---

[20] ここで「質の高い」,「質の低い」システムとは,当該システムでのコーディネーションによる便益が,当該システムへの移行コストを上回る,もしくは,下回るような状況にあるシステムのことをいうものとする。つまり,ここでは「割に合う(割に合わない)」という意味で,質の高低を考える。

を示唆している。これは，直感に反する興味深い結果である。

そこでこの第3の点について，具体的な数値例を用いて，さらに踏み込んで検討することにしよう。たとえば，ごくシンプルに，初期賦存量 $T=1$，既存システム A ないし B でコーディネーションした場合の便益 $b_{OS}=b_{SO}=0.5$，新システム N でコーディネーションした場合の便益 $b_{NN}=2$，およびシステム移行時のコスト $\bar{c}=1$ とした場合の利得表は，**図表1.10**のようになる。

図表1.10 数値例（派生モデル）

		Player 2		
		Stay	Other	New
Player 1	Stay	1, 1	1.5, 0.5	1, 0
	Other	0.5, 1.5	0, 0	0, 0
	New	0, 1	0, 0	2, 2

6.2　ナッシュ均衡とそのインプリケーション

図表1.10のゲームのナッシュ均衡とその性質をまとめてみると，以下のようになる。

[Proposition] **新システム New だけがすべてのプレイヤーにとって「質の高い」システムである場合のナッシュ均衡とその性質**

> $b_{NN}-\bar{c}$ のみが 0 よりも大きい場合，つまり，システム N でのコーディネーションのみが，コーディネーションした際の便益が移行コストを上回る（他のシステムでのコーディネーションでは，移行コストのほうが大きくなってしまう）場合，(N, N) の組み合わせだけではなく，(S, S) の組み合わせもナッシュ均衡となる。
> ナッシュ均衡 (N, N) はパレート最適であるが，ナッシュ均衡 (S, S) はパレート最適ではない。

このケースも，均衡が一意に定まらない複数均衡問題となっている点に注目したい。つまり，「高品質」な新しいシステムを採用するという戦略の組み合わせだけではなく，何もしない（初期採用システムを採用し続ける）という戦略の組み合わせも，同時にナッシュ均衡になっているのである。これを会計基準の問題に引き寄せて考えると，ポイントは2つある。

第1は，コンバージェンスの問題を解決するためには，高品質な会計基準を作ればそれでよいということではない，ということである。つまり，たとえ高品質な会計基準を作ったとしても，そこへのコンバージェンスは必ずしも必然的な結果ではないのである。パレート最適ではないが，皆が何もしないというもう1つの帰結へと向かう力も，同時に働いてしまうのである。また第2は，だからこそIASBは，コンバージェンスに向けて，単にIFRSの品質向上に目を向けるだけでは不十分であるということである。IASBは，既存の会計システムの質にも目を向け，それらとの関係性を見据えながら，コンバージェンスを進めていく必要があるといえる。

7　本章のまとめと次章に向けて

本章では，ゲーム理論を用いて，国際会計基準へのコンバージェンスの問題を，シンプルなモデルを徐々に拡張させていくことで検討した。現在のコンバージェンスの流れは，各国が自国の会計基準を放棄し，IFRSという新たな会計システムを受け入れる方向にあり，このことを前提とすると，まず基本モデルの分析によれば，会計基準のコンバージェンスは，実は「IFRSのジレンマ」問題に陥っていることがわかる。つまり，どの基準でコンバージェンスするかという問題は，実はアプリオリに決まるものではないし，また，コンバージェンスする基準の選択は，「公平」とパレート最適との間のトレードオフ問題を抱えることになる。

また，IASBは，高品質な会計基準づくりを目指しているが，果たして本当に高品質な基準をつくりさえすれば，そこへのコンバージェンスが進んでいくのであろうか。ここで，派生モデル，つまり，①すべてのプレイヤーにとって新会計基準N（IFRS）のみが「高品質」な会計基準であること，および，②既存基準はいずれも「低品質」な会計基準であること，という2つの前提をおいたモデルの分析によれば，実は，この場合は複数均衡，つまりコンバージェンスへの道筋だけでなく，すべての国が「何もしない」という状況に陥る可能性も示唆される。すなわち，IASBが高品質の会計基準をつくり，そこへ向けてのコンバージェンスを目指したとしても，各国が何もせずコンバージェンスが達成されない可能性もあるというのが，このモデルの示唆するところになる。

そこで次に問題となるのは，各モデルの複数均衡性である。すなわち，ゲーム理論で予想される複数の均衡のうち，現実にはどれが社会的に選択されるのだろうか。そこで次章では，この点について，経済実験により検討する。

第2章 コンバージェンス問題の実験的検証
——「IFRS が世界で唯一高品質」となるなら，IASB の野望は達成されるか？

Summary

　本章は，第1章で検討したグローバル・コンバージェンス・モデルにおける均衡の妥当性について，実験的に検証することを目的とする。

　具体的には，2つの状況に関する理論の予想を実験により検証する。まず第1は，「基本モデル」である。これは具体的には，EU による同等性評価で基準間の品質が同等となるような状況を想定し得るが，第1章でみたように，ゲーム理論の予想は，「コンバージェンスがなされるが，どの基準に収斂するかはアプリオリには決まらない」ということになる。そこで，どの基準に収斂するのか，そもそもコンバージェンスは成立するか，実験用ソフトウェア z-Tree を用いた経済実験により検証する。

　また第2は「派生モデル」である。これは具体的には，IFRS だけが唯一高品質の会計基準である状態が想定できるが，このような場合の均衡は，「IFRS へのコンバージェンスが成立する」という以外にも，「すべての国が何もしない」という複数均衡になる。そこで，実際には，理論予想のうちどちらの道筋に行き着くのか，もしくはそもそも理論予想は成立するのかを，経済実験により検証する。

　実験の結果，(1) 基本モデルにおいて，IFRS へのコンバージェンスは成立しないし，また，(2) 派生モデルのように，IFRS だけが唯一高品質の会計基準であったとしても，コンバージェンスは極めて困難であることが示される。

Keyword グローバル・コンバージェンス・モデル，複数均衡，経済実験，意図せざる帰結

1 はじめに

　本章では，第1章で検討したグローバル・コンバージェンス・モデルにおける均衡の妥当性を実験的に検証する。

　具体的には，2つの状況に関する理論の予想を実験により検証する。まず第1は，基本モデルである。これは，会計基準の品質に差がなく，かつ移行コストにも差がない状況で，具体的には（基準の品質面だけを捉えるならば），EUによる同等性評価で基準間に品質の差がないような状態が想定できる。この場合のゲーム理論の予想は，第1章でみたように，「コンバージェンスがなされるが，どの基準に収斂するかはアプリオリには決まらない」ということになる。そこで，そもそも理論予想どおりにコンバージェンスが成立するか，また，成立するとしたら，どの基準に収斂するのかについて，実験用ソフトウェア z-Tree を用いた経済実験により検証する。

　また第2は派生モデルである。これは，移行コストには差がないが，会計基準の品質に差があり，かつ，基準Nのみが唯一高品質であるような状態であり，具体的には，IFRSだけが唯一高品質の会計基準である状態が想定できる。このような場合の均衡は，「IFRSへのコンバージェンスが成立する」という以外にも，「すべての国が何もしない」という複数均衡になる。そこで，実際には，そもそも理論予想どおりの結果となるか，またその場合どちらの均衡に行き着くのかを，経済実験により検証する。

　なお，上記のモデルについて経済実験を行う意義は，基本モデルや派生モデルが複数均衡となっている点にある。つまり，端的にいえば，どの均衡に行き着くかがモデルだけでは予測不能であるからである。モデルでは予測し切れない（絞り切れない）コンバージェンスの経済的帰結を，実験によって確認しようというのがここでの意義となる。

2 基本モデルの実験デザイン
―― 基準の質と移行コストが一定の場合

2.1 実験でのパラメータおよび仮説

まず基本モデルについて考えてみよう。第1章でも示した最もシンプルなパラメータである $T=1$, $\bar{b}=2$, $\bar{c}=1$ を前提にした基本モデルの利得表は，**図表2.1**に示される。実験でもこのパラメータを用いる。

図表2.1　基本モデルの利得表

		Player 2		
		S (Stay)	O (Other)	N (New)
Player 1	S (Stay)	1, 1	3, 2	1, 0
	O (Other)	2, 3	0, 0	0, 0
	N (New)	0, 1	0, 0	2, 2

第1章で確認したとおり，このゲームには，①ナッシュ均衡が3つ（(S, O)，(O, S)，および (N, N)）存在し，また②ある均衡はパレート最適だが「公平」ではなく（(S, O) 均衡，および (O, S) 均衡），他方，ある均衡は「公平」だがパレート最適ではない（(N, N) 均衡）というジレンマ問題が生じている。これらをコンバージェンスの問題に引き寄せて考えると，①各国がアプリオリにある特定の会計基準にコンバージェンスしなければならない必然性は実はないこと，②パレート最適性と「公平性」を同時にみたすコンバージェンスはあり得ないことがわかる（「IFRSのジレンマ」）。特に，IFRSへのコンバージェンスの流れ（(N, N) 均衡）を推し進めることは，実はグローバル社会全体の効用を最大にし得ないことがこのモデルから理解できる。

これらのことから，実験で検証すべき仮説は，以下のようになる。

仮説1：基本モデル

H1-1：各国（各プレイヤー）の行動
各国（各プレイヤー）は，「Stay」，「Other」，「New」の3つの戦略を同一確率で選択する。

> H1-2：社会全体（ゲーム全体）の帰結
> 戦略の組み合わせ (S, O), (O, S), および, (N, N) が同一の確率で実現する。

　仮説1-1は，各国(各プレイヤー)の行動である。理論の予想からすると，各プレイヤーは，コーディネーションの3パターン (S, O), (O, S), および, (N, N) を無差別に選好すると考えられるので，3つの戦略を同一確率で選択すると考えることができる。また，そうすると，仮説1-2として，社会全体(ゲーム全体)の帰結としても，システムがコーディネーションする戦略の組み合わせは，同一確率で実現すると考えることができる。

2.2　経済実験の概要

　以下に実験の概要を示す。実験は，2011年11月と2012年6月に同志社大学にて実施された。被験者は，大学学部生[1]合計34名（女性14名，男性20名，平均年齢21.2歳）である。

　実験は，以下の流れで行われた。まず，被験者は，コンピュータ・ルームに集められ，互いにパーテーションで仕切られたPCの前に着席する(被験者同士で相互にコミュニケーションをとることは禁止されている)。そして，実験のインストラクションを受け，内容確認テストの後，1回の練習ラウンドを経て，実験に参加する。インストラクションは，コンテクスト・フリーとなっており，すべて中立的な用語を用いて作成されている[2]。

　実験は，経済実験用ソフトウェアz-Treeを用いてプログラムされており(Fischbacher 2007)，被験者は，LAN接続されたPCを介して，3つの戦略

---

[1] 本章では，被験者に学生を用いているが，経済実験の場合は，特に問題がないといえる。すなわち，序章補論で述べた心理実験の場合は，特定の人間の特定の場面における特定の意思決定を捉えるため，被験者もその文脈に沿った人間であることが望ましいが（たとえば，監査のある特定の場面のある特定の意思決定を観察したいとするならば，実際の監査人を被験者として用いる必要があると考えられるが），他方，経済実験の場合は，現実を抽象化した経済モデルそのものを検証するため，むしろ被験者は特定のコンテクストに依拠しない素人であるほうが望ましいといえる。この点については，清水・河野編（2008）やGuala（2005）などを参照。

[2] 実験にコンテクストを入れるべきか否かは，実験のタイプと目的による。ここでは，あくまでモデルの検証を主眼とする経済実験であるため，コンテクストを排除している。この点については，序章補論を参照。

(「Stay」,「Other」,「New」)のうちどれを選ぶか意思決定をおこなう(z-treeの実際の画面は,**図表2.2**を参照)。意思決定は20回繰り返して[3]おこなわれ,毎回の相手の決定は,コンピュータで乱数を発生させて被験者のマッチングを行うランダム・マッチング・プロトコル[4]に従う。また,毎回の意思決定の後に被験者にフィードバックされる情報は,最低限のもののみとしている(「自分の意思決定」,「相手の意思決定」,「自分の獲得ポイント」,「相手の獲得ポイント」のみ。実際のPC画面は,**図表2.3**参照)。各回の獲得ポイントは,1ポイント50円で換算され,参加固定報酬1,000円とともに実験の最後に現金支給される。実験の平均時間は約90分で,被験者1人当たり平均謝金額は2,578円であった。

図表2.2 z-Treeにおける実際の意思決定の画面

---

3 現実の各国の会計基準選択の意思決定は,1回だけで終わるわけでなく,さまざまな状況を勘案しながら絶えず連続的におこなわれていると考えることができる。よって,このような設定は,決して不自然なものではない。また,経済実験では,意思決定を繰り返すことで被験者の安定的な選好を引き出すことができる(単なる気まぐれや無知による意思決定を排除することができる)ため,本章においても,意思決定を繰り返す設定で実験をおこなう。

4 現実の各国の会計基準選択の意思決定は,多くの国との関係性の中でなされている。よってこのような設定は,決して不自然なものではない。

図表2.3 意思決定の後に実際に被験者にフィードバックされる情報

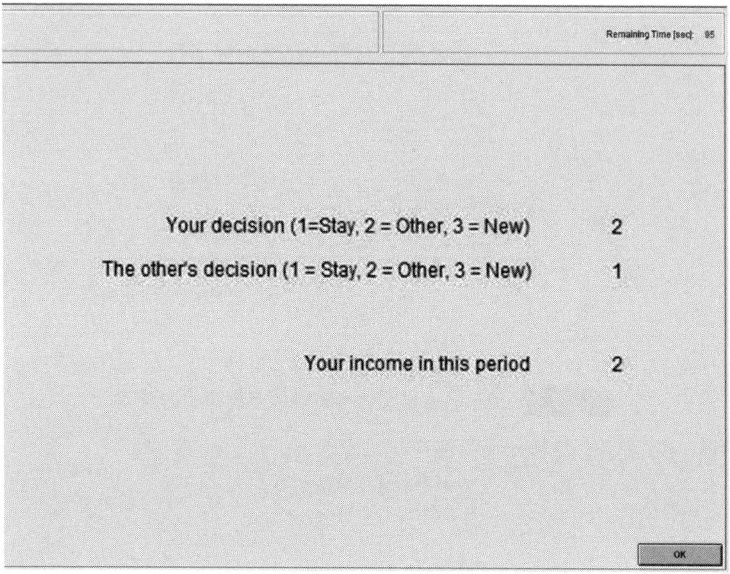

```
                                              Remaining Time [sec]:  95

        Your decision (1=Stay, 2 = Other, 3 = New)          2
   The other's decision (1 = Stay, 2 = Other, 3 = New)      1

                    Your income in this period              2

                                                          OK
```

3 実験結果とその解釈（1）——基本モデルの検証

　基本モデルにおける実験結果を以下に示す。被験者34名の各20回の意思決定により，観測数は全体で680サンプルとなった。まずこれら単体のデータ（各プレイヤー単体の意思決定）を整理したうえで，各プレイヤー同士のマッチング結果を分析する。

3.1　各国の意思決定 —— 多くが自国基準のままでいる！

　図表2.4は，基本モデルにおける各国の意思決定の結果を示している。これによると，62.79％（全680サンプル中427サンプル）が Stay 戦略（自国基準のまま何もしない）を採用し，New 戦略（IFRSに移行する）を採用したのはわずか1.47％（10サンプル）にすぎなかった（仮説1-1は，1％の有意水準で棄却される（カイ二乗検定））。

図表2.4　基本モデルにおける各国の意思決定

	S (Stay)	O (Other)	N (New)	Total
Sample Number	427	243	10	680
Rate（%）	62.79	35.74	1.47	100

また，時系列でデータを整理すると，**図表2.5**のようになる。時系列でみても，最初から最後までStay戦略が支配的であったことがわかる。

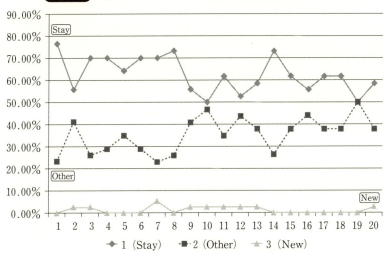

図表2.5　基本モデルにおける各国の意思決定の時系列データ

3.2　マッチング ―― コンバージェンス自体が成立しない！

次に，各国の意思決定のマッチング結果を示す（**図表2.6**）。なお，マッチング結果の全サンプル数は，（全観測数の半分である）340となる。

図表2.6　各国の意思決定のマッチング結果

	SS	SO/OS	SN/NS	OO	ON/NO	NN	Total
Sample Number	132	161	4	37	6	0	340
Rate（%）	38.82	47.35	1.18	10.88	1.76	0.00	100

図表2.6のとおり，IFRSへのコンバージェンスを示す（N, N）均衡は０％で，実験の中では一度も観測されなかった。また，既存基準へのコンバージェンスを示す（S, O）均衡および（O, S）均衡についても，達成率は合計で47.35％と（全体の中では一番高い達成率であったものの）過半数を割ることとなった（仮説１-２は，１％の有意水準で棄却される（カイ二乗検定））。

　そして２番目に多かったマッチングは，「いずれの国も何もせず，既存基準のままでいる」という（S, S）の組み合わせであり，38.82％の達成率であった。（S, S）の組み合わせは，ナッシュ均衡ではない。つまり，理論が予想していなかった組み合わせが，現実には比較的高い割合で実現していたことがわかる。

　また，時系列でデータを整理すると，**図表2.7**のようになる。時系列でみると，中盤を除いて，既存基準へのコンバージェンスを示す（S, O）均衡および（O, S）均衡と，（S, S）の組み合わせが，拮抗していたことがわかる。

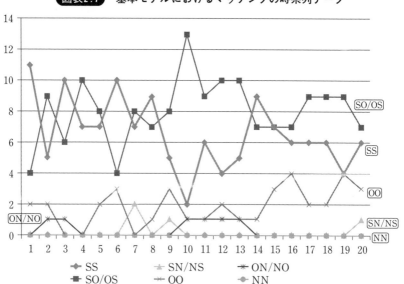

図表2.7 基本モデルにおけるマッチングの時系列データ

3.3　結果の解釈

実験の結果を理論予想と対比させて整理すると，**図表2.8**のようになる。

図表2.8　基本モデルの実験結果の整理

	理論の予想	実験結果	現実的含意	コメント
1	複数均衡（ナッシュ均衡は3つ）で、それぞれの性質が異なる	3つのうち、(S, O)均衡および(O, S)均衡は達成されるが、(N, N)均衡は達成されない	コンバージェンスが成り立つ可能性は高いが、IFRSへは収斂しない	複数均衡の精緻化（理論の精緻化）
2	N.A.	均衡ではない(S, S)の達成率が高い	コンバージェンスが成立しないという可能性もある（各国が自国基準のままでいる）	理論では予想できなかった「意図せざる帰結」（理論と異なる実験結果）

3.3.1　コンバージェンスが成立するとしてもIFRSには収斂しない

第1のポイントは、理論予想が複数均衡であったのに対して、実際には、(S, O)均衡および(O, S)均衡のみが達成され、(N, N)均衡は達成されなかった点である。これは実験の1つの強みである複数均衡の精緻化にほかならないが、ゲーム理論の予想からすれば、「世界に1セットだけの会計基準（*a single set of accepted international financial reporting standards*）」は3パターンあり、また、それらの間での優劣はないはずである。しかし、実験では、既存基準へのコンバージェンスのみが観察されることとなった。つまり、コンバージェンスが成り立つ可能性は高いが、IFRSへは収斂しない（米国基準など既存基準でのコンバージェンスのみあり得る）ということが、実験結果から得られる1つの知見である。

3.3.2　そもそもコンバージェンスが成立しない可能性もある

第2のポイントは、実験では、均衡ではない(S, S)の組み合わせが4割弱観察されたという点である。これは理論では予想できなかった、いわば「意図せざる帰結」といえる。すなわち、ゲーム理論からすれば、均衡以外のマッチングは考えられないはずであるが、しかし、実際の実験では均衡以外のマッチングも観察され、しかも特に、「いずれの国も、自国基準のままで何もしない」というコンバージェンスからかけ離れた帰結が、全体の4割近くも観察された。つまり、そもそもコンバージェンス自体が成立しないという可能性も十分にあり得るということが実験から理解できる。

3.3.3 IFRS へのコンバージェンスが進まない理由
——ミニマックス定理による説明

このように実験からすると，IFRS へのコンバージェンスという方向が，いかに難しい問題を抱えているかが理解できる。ではなぜ IFRS へのコンバージェンスが進まないのだろうか。

これは特に，サンプル全体の約6割が Stay 戦略であったという点が大きく影響しているが，ではなぜ多くの国は Stay 戦略をとったのだろうか。これについては，ミニマックス定理での説明が可能である[5]。ミニマックス定理は，端的にいえば「不確実性下における人間は，最悪のシナリオにおける利得（最小利得）の最大化を考える」という行動原理をいう。ここで，各プレイヤーが採用する戦略における最悪のシナリオと，そこにおける利得を示すと，**図表2.9**になる。

図表2.9 各プレイヤーが採用する戦略における最悪のシナリオと最小利得

採用する戦略	最悪のシナリオ	最小利得（最悪シナリオにおける自身の利得）
Stay 戦略	相手が Stay 戦略 or New 戦略	1
Other 戦略	相手が Other 戦略 or New 戦略	0
New 戦略	相手が Stay 戦略 or Other 戦略	0

図表2.9に示されるとおり，各戦略をとった時の最悪のシナリオは，要するに相手とコーディネーションできない場合である。この時の最小利得はそれぞれ，Stay 戦略の時に1，Other 戦略の時に0，そして New 戦略の時に0となる。この中で最大となるのは，Stay 戦略をとった場合の1である。よって，最小利得を最大化する戦略は Stay 戦略となる。このことから，不確実性の高い意思決定にさらされている[6]多くの被験者は，ミニマックス定理に従い，Stay 戦略をとったものと考えられる[7]。

---

5 ミニマックス定理については，たとえば，石川（1988）第1章などが参考になる。
6 逆に考えれば，被験者にミニマックス定理に基づく判断と意思決定をさせないためには，不確実性（ここでは相手とコーディネーションできるかどうかということ）をできるかぎり排除する必要があるといえる。これは，現実世界におけるコンバージェンスの問題を考えるうえで極めて重要なポイントとなるので，最終節で後述する。

つまり，コンバージェンスにおいて，相手がどのような会計基準を採用するのかに関して不確実性にさらされている場合には，ミニマックス定理に基づく意思決定がなされてしまう結果，多くの国が「自国基準のままでいる」，つまり，コンバージェンスが立ち行かなくなることが実験結果から理解できる。

4 派生モデルの実験デザイン
──高品質の新たな会計基準を作ればそれで足りるか？

4.1 実験でのパラメータおよび仮説

次に派生モデルについて考えてみよう。第1章で示した最もシンプルなパラメータである $T=1$, $b_{os}=b_{so}=0.5$, $b_{NN}=2$, $\bar{c}=1$ を前提にした派生モデルの利得表は，**図表2.10**に示される。実験でもこのパラメータを用いる。

図表2.10 数値例（派生モデル）

		Player 2		
		Stay	Other	New
Player 1	Stay	1, 1	1.5, 0.5	1, 0
	Other	0.5, 1.5	0, 0	0, 0
	New	0, 1	0, 0	2, 2

すでに第1章でも確認したとおり，ここでは，以下の2つが仮定されている。すなわち，①すべてのプレイヤーにとって新会計基準N（IFRSを表現している）のみが「高品質」な会計基準であること，および，②既存基準はいずれも「低品質」な会計基準であるということである。

そして，この場合の純戦略ナッシュ均衡は，(S, S) と (N, N) の2つとなる。このモデルは，コンバージェンスの問題を解決するためには，高品質な会計基準を作ればそれでよいということではない，ということを示している。つまり，たとえ高品質な会計基準を作ったとしても，そこへのコンバージェンスは必ず

---

1 なお，本章では紙面の都合上言及しないが，上記のミニマックス定理による説明とは別に，実は図表2.6におけるマッチングの達成比率をある程度理論的に予測することは可能である。その点については，Taguchi et al.（2013）を参照。

しも必然的な結果ではないというのが，このモデルが示唆する重要な点である。

これらのことから，実験で検証すべき仮説は，以下のようになる。

仮説 2：派生モデル

> 社会全体（ゲーム全体）の帰結
> 戦略の組み合わせ (S, S)，および，(N, N) が同一の確率で実現する。

理論の予想からすると，社会全体（ゲーム全体）の帰結として，均衡となる戦略の組み合わせ (S, S)，および，(N, N) が同一確率で実現すると考えることができる。

4.2　経済実験の概要

以下に実験の概要を示す。実験は，2012年6月に同志社大学と青山学院大学にて実施された。被験者は，大学学部生合計40名（女性14名，男性26名，平均年齢20.7歳）である。

実験の流れについては，基本モデルと同様であり，被験者は，実験ソフトウェア z-Tree を用いた20回の繰り返しの意思決定問題に参加した。実験の平均時間は約90分で，被験者1人当たり平均謝金額は2,085円であった。

5　実験結果とその解釈（2）——派生モデルの検証

派生モデルにおける実験結果を以下に示す。被験者40名の各20回の意思決定により，観測数は全体で800サンプルとなった。まずこれら単体のデータ（各プレイヤー単体の意思決定）を整理したうえで，各プレイヤー同士のマッチング結果を分析する。

5.1　各国の意思決定

図表2.11は，派生モデルにおける各国の意思決定の結果を示している。これによると，55.88％（全800サンプル中447サンプル）が New 戦略（IFRSに移行する）を採用し，また，41.25％（全800サンプル中330サンプル）が Stay 戦略（自国基準のまま何もしない）を採用した。このように，被験者は，既存基準のままで

いるか，もしくは IFRS を採用する傾向にあるといえる。これは概ね理論の予想に適うものといえる。

図表2.11 派生モデルにおける各国の意思決定

	S (Stay)	O (Other)	N (New)	Total
Sample Number	330	23	447	800
Rate（%）	41.25	2.88	55.88	100

また，時系列でデータを整理すると，**図表2.12**のようになる。時系列でみると，中盤までは Stay 戦略と New 戦略とが拮抗しているが，後半は New 戦略の比率が高まっていっていることがわかる。このように，国単体の時系列的な意思決定としては，全体として IFRS を導入しようとする国が増えていく状況が想定できる。

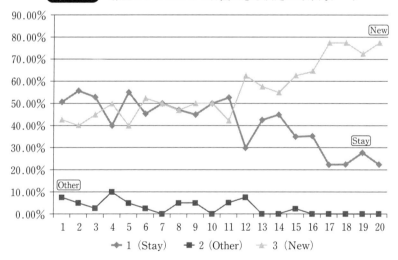

図表2.12 派生モデルにおける各国の意思決定の時系列データ

5.2 マッチング

では，上記のような国独自の意思決定の状況が，社会全体ではどのような帰結となっているのか，マッチングの状況をみてみよう。各国の意思決定のマッチング結果は，**図表2.13**に示される。なお，マッチング結果の全サンプル数は，

（全観測数の半分である）400となる。

図表2.13　各国の意思決定のマッチング結果

	SS	SO/OS	SN/NS	OO	ON/NO	NN	Total
Sample Number	70	14	176	0	9	131	400
Rate（％）	17.50	3.50	44.00	0.00	2.25	32.75	100

　図表2.13に示されるとおり，IFRSへのコンバージェンスを示す(N, N)均衡が32.75％，また，すべての国が「何もしない」という(S, S)均衡が17.50％の達成率となった。また，既存基準へのコンバージェンスを示す(S, O)/(O, S)の組み合わせ（ナッシュ均衡ではない）は3.50％の達成率と，極めて低かった。このように考えると，コンバージェンスの可能性はないわけではないし，また，コンバージェンスする場合，その収斂先はIFRSのみである（既存基準ではない）と考えることができる。

　なお，ここで最大の達成率となったのは，「ある国がIFRSへのコンバージェンスを進めようとするのに，ある国は『何もしない』」というナッシュ均衡とは異なる組み合わせ(S, N)/(N, S)であり，これは全体の44.00％の達成率であった（仮説2は，1％の有意水準で棄却される（カイ二乗検定））。

　この結果は衝撃的である。すなわち，たとえIFRSのみが唯一高品質な基準であっても，IFRSへのコンバージェンスは極めて困難なことを実験結果は指し示している。具体的な例としては，EUなどがIFRSを導入しコンバージェンスを進めていこうとしているのに，米国が自国基準のままでいるという戦略をとるために，コンバージェンスが達成されないような状況である。

　また，時系列でデータを整理すると，**図表2.14**のようになる。

　時系列でみると，前半はナッシュ均衡ではない(S, N)/(N, S)の組み合わせが支配的であるが，後半になると(S, N)/(N, S)の組み合わせと，(N, N)均衡とが拮抗することがわかる。

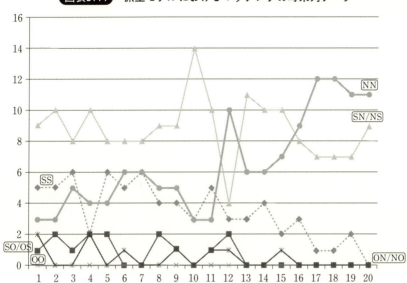

図表2.14 派生モデルにおけるマッチングの時系列データ

5.3 結果の解釈

実験の結果を理論予想と対比させて整理すると，**図表2.15**のようになる。

この結果を端的にまとめると，次のようになる。すなわち，「IFRSが唯一高品質の会計基準である場合，もし仮にコンバージェンスが成立するならば，その収斂先は確かにIFRSである。しかし，コンバージェンスが達成される可能性よりも，コンバージェンスが達成されない可能性のほうが高い」。ここでは，ポイントは2つある。

5.3.1　複数均衡の精緻化 —— もし仮にコンバージェンスが成り立つならIFRS

第1のポイントは，「IFRSが唯一高品質の会計基準である場合，もし仮にコンバージェンスが成立するならば，その収斂先は確かにIFRSである」ということである。これは，理論の精緻化に関係するところであるが，理論予想では，①IFRSのみが高品質であるのにもかかわらず，「IFRSへのコンバージェンスが成立する」という以外にも，「すべての国が何もしない」という状況もあり得

図表2.15 派生モデルの実験結果の整理

	理論の予想	実験結果	現実的含意	コメント
1	・(S, S)均衡と(N, N)均衡との複数均衡となる（皆が何もしない or IFRSでのコンバージェンス達成） ・既存基準でのコンバージェンスはない	・(N, N)均衡：32.75％ ・(S, S)均衡：17.5％ ・ナッシュ均衡ではない(S, O)/(O, S)の組み合わせ（既存基準でのコンバージェンス）：3.5％	コンバージェンスは成立しないわけではない。また、成立する場合、その収斂先はIFRSのみである（他の既存基準へのコンバージェンスはあり得ない）	複数均衡の精緻化（理論の精緻化）
2	N.A.	均衡ではない(S, N)/(N, S)の達成率が最も高い	コンバージェンスが成立しないという可能性が最も高い（IFRS導入派はいるものの、既存基準のままでいる国とマッチングしてしまう）	理論予想に反する「意図せざる帰結」（理論と異なる実験結果）

るということ，他方，②「既存基準でのコンバージェンス」はあり得ないということであった。これに対して，実験結果から，①予想される2つの均衡のうち，「IFRSへのコンバージェンスが成立する」という帰結のほうが発生可能性は高いこと，および，②既存基準でのコンバージェンスは実際にもほとんどなく，コンバージェンスする場合はIFRSへ収斂することが示唆される。このように，経済実験によって，理論では絞りきれなかった帰結の絞り込みが可能となり（①），かつ，理論予想を立証することができた（②）といえる。

5.3.2 意図せざる帰結
―― しかしコンバージェンスが成立しない可能性のほうが高い

第2のポイントは，「しかしながら，コンバージェンスが達成される可能性よりも，コンバージェンスが達成されない可能性のほうが高い」ということである。これは，理論予想に反する意図せざる帰結に関係するところであるが，先に述べたとおり，理論では，「IFRSへのコンバージェンス」か「すべての国が何もしない」のいずれかの帰結のみが予想される。しかし，実際には，そのいずれでもない帰結，つまり，「IFRS導入派はいるものの，既存基準のままでい

る国が存在するためにコンバージェンスが進まない」という状況が最も多く観察された。

　以上のことから，たとえ全世界で唯一高水準となる新しい会計基準（IFRS）が存在したとしても，既存基準のままでいる国が存在するために，その流れが不安定化してしまう可能性が示唆される。

5.3.3　なぜ既存基準のままでいる国が残るのか？

　ここで問題となるのは，たとえ New 戦略が（最高利得2を獲得できるチャンスがあるという意味で）最も魅力的であったとしても，このように Stay 戦略をとり続ける国が残ってしまうのはなぜかという点である。これは，先の基本モデルと同様，ミニマックス定理で説明できるかもしれない。派生モデルにおいて，各選択肢における最悪のシナリオと，その場合の利得は，図表2.16のようになる。

図表2.16　派生モデルにおける最悪のシナリオと最小利得

採用する戦略	最悪のシナリオ	最小利得
Stay 戦略	相手が Stay 戦略 or New 戦略	1
Other 戦略	相手が Other 戦略 or New 戦略	0
New 戦略	相手が Stay 戦略 or Other 戦略	0

　先の基本モデルの場合と同様，各戦略をとった時の最小利得はそれぞれ，Stay 戦略の時に1，Other 戦略の時に0，そして New 戦略の時に0となる。この中で最大となるのは，Stay 戦略をとった場合の1である。よって，最小利得を最大化する戦略は Stay 戦略となる。

　以上のことから，たとえ最高ポイントを獲得できるチャンスのある魅力的な選択肢が別にあったとしても（New 戦略），不確実性を嫌う一部の被験者は，ミニマックス定理に従い，Stay 戦略をとったものと考えられる。ただし，先の基本モデルと異なり[8]，他方では依然として，最高ポイントを獲得できる選択肢が

8　基本モデルでは，Stay 戦略は，ミニマックス原理による最小利得の最大化を図ることのできる選択肢であると同時に，ゲームの最高利得3を得ることのできる選択肢でもあったため（いわば万能な選択肢であったため），Stay 戦略をとる被験者割合が圧倒的に多かったと考えられる。ここが，派生モデルと大きく異なる点である。

存在するため,すべての被験者が Stay 戦略に固執するということにはならない。実際のデータとしても,図表2.11に示されるように,Stay 戦略をとる被験者と,New 戦略をとる被験者とが真っ二つに分かれていることが観察される[9]。

6　本章のまとめと次章に向けて

本章で得られるインプリケーションは,以下の3つである。

(1)　会計基準間の品質に差がなく,かつ移行コストにも差がないという状況(基本モデル)では,コンバージェンスは成立するものの,IFRS には収斂しない(既存基準でのコンバージェンスのみあり得る)。さらに,「いずれの国も,自国基準のままで何もしない」というかたちで,そもそもコンバージェンスが成立しない可能性もある(理論予想に反する意図せざる帰結)。

(2)　IFRS だけが唯一高品質の会計基準であるという状況(派生モデル)では,もし仮にコンバージェンスが成り立つなら IFRS へ収斂することになるが(既存基準でのコンバージェンスはあり得ない),しかしながら,コンバージェンスが成立する可能性よりも,「IFRS 導入派はいるものの,既存基準のままでいる国が存在するためにコンバージェンスが進まない」という状況に陥るかたちで,コンバージェンスが成立しない可能性のほうが高い(意図せざる帰結)。

(3)　上記の各国の行動は,不確実性下におけるミニマックス定理によってある程度の説明が可能である。

以上の分析からすると,IFRS へのコンバージェンスは必然ではないし,品質の高い会計基準を開発しさえすれば,それが必ず全世界で選択されるわけでもないことがよく理解できる。本章のような,ごくプリミティブなモデルにおいてで・さ・え・,IFRS へのコンバージェンス成立が困難であるということからすると,現実のコンバージェンスがいかに難しい作業であるかが理解できるだろう。特に,派生モデルの知見からすれば,IASB には,自国基準を守ろうとする国

---

[9]　イメージとしては,不確実性にとらわれていた被験者は Stay 戦略を,不確実性を飛び越える覚悟のあった被験者は New 戦略を,それぞれ選択したと考えられる。

を上手くコントロールしながら，コンバージェンスを進めていく姿勢が求められるかもしれない。もし IASB が，IFRS へのコンバージェンスを今後も推進しようとするのであれば，(自国基準を守ろうとする国の典型例である) 米国をどうコントロールするか，また，米国基準等の既存基準の品質と IFRS の品質との関係をどのように考えるかという点が，極めて重要になるだろう。

　また，上記(3)からは，モデルにおける不確実性の存在 (特に相手国がどのような会計基準を選択するかという点に関する不確実性) が，被験者の行動に大きな影響を与えていることがわかる。そして，このことを逆に捉えるならば，コンバージェンスを推進していくためには，このような不確実性をできるかぎり軽減するような方策をとることが望ましいということになる。具体的には，たとえば，コンバージェンスを進めるための各国の暗黙の合意ともいえる「基準作りの基準」(メタルール) や，意思決定のためのフォーカル・ポイント (参照点) を提供することが望まれるだろう。この点については，次章で検討する。

第3章
「基準作りの基準」のパラドックス
―― コンバージェンスのためにはダイバージェンスが必要か？

Summary

本章では，IFRSへのコンバージェンスを安定的に進めるための1つの鍵として，「基準作りの基準」（メタルール）に着目し，ゲーム理論における相関均衡概念により，メタルールをどのように設定するかという問題を検討する。

ゲーム理論分析の結果，グローバルな会計基準のコンバージェンスを安定的に進めていくためには，「収斂先の多様性を認めるコンバージェンス」が必要となることが示される。つまり，「会計基準多様性（ダイバージェンス）の確保が，逆にコンバージェンス安定性に繋がる」という（一見すると）パラドキシカルな帰結が導かれる。しかしこれは同時に，IFRSをアプリオリに唯一の収斂先と考えるIASB主導の現在の流れが，内在的な問題点を抱えていることを暗に示唆している。

Keyword 基準作りの基準，メタルール，相関均衡，パレート最適，会計基準多様性（ダイバージェンス）

1 はじめに ―― コンバージェンスを安定的に進めるためには？

本章は，ゲーム理論における相関均衡という解概念（Aumann 1974）を用いて，コンバージェンスにおける「基準作りの基準」たるメタルールの捉え方を検討する。

第1・2章においては，コンバージェンスが極めて困難であることを，ごく

シンプルなモデルと実験により確認した。このように、コンバージェンスの問題は、長期的には不安定さを内包しているように思われるが、そうであれば逆に、グローバルな会計基準のコンバージェンスを安定的に進めていくには、一体どのような条件が必要となるのか（もしくは、どのような条件が欠けていれば、コンバージェンスは安定的に進まないのか）という素朴な疑問もわいてくる。そこで本章では、グローバルな会計基準のコンバージェンスを安定的に進めていくには、一体どのような条件が必要となるか、また、一体どのような点を検討する必要があるのか考えてみよう[1]。ここで、大枠における方向性を述べておくと、それは大きく3つある。

第1としては、ルールを定めるための各国の暗黙の合意ともいえるメタルール、つまり「基準作りの基準」を検討することが必要となる。すなわち、第2章で確認したように、実験から得られた知見からすると、会計基準のコンバージェンスを推進していくためには、会計基準選択における不確実性をできるかぎり軽減するような方策をとることが望ましい。その具体策の1つが、コンバージェンスを定めるための各国の暗黙の合意ともいえる「基準作りの基準」（メタルール）の構築であると考えられる。基準セットを選択するための一定の指針ないし世界全体の事前の合意があれば、会計基準選択の不確実性は軽減され、（第2章で見たようなミニマックス定理による）「自国基準のままでいる」ような国は減少するかもしれない。本章では、主にこの点に焦点を当てる。

第2としては、制度的補完性（institutional complementarity）、つまり、会計基準以外の他の経済・金融ルールとの関係性を検討することが必要である。ここで、制度的補完性とは、経済システムを複数のサブシステムの集合体と捉える場合、あるサブシステムが他のサブシステムの機能を支える補完的性質を指す概念をいう。より具体的には、複数の制度の間に、一方の制度の存在・機能

---

[1] なお、このような論旨を展開するからといって、筆者がコンバージェンスに肩入れをしているのかというと、決してそういうわけではない（そのような議論とは次元が異なるものであるし、また筆者は、むしろコンバージェンスに対して否定的である）という点にはくれぐれも留意されたい。すなわち、本書は、「規範」的にコンバージェンスを推奨することを目的とするものでも、コンバージェンス反対を声高に叫ぶことを目的とするものでも、どちらでもない。むしろ、筆者の関心事は、このような是非の「議論」から一歩身を引いて（もしくは、一歩踏み込んで）、客観的にコンバージェンスの顛末を分析・予測することにあり、このような「規範」的な議論とは一線を画するものである。

によって他方の制度がより強固なものになっているという関係性や，1つの経済システムの中で一方の制度の存在が他方の制度の存在事由となっているような関係性がみられる場合，当該関係性を制度的補完性という(Aoki 2001, 青木・奥野編 1996)。ゲーム理論的にいえば，あるプレイヤーがあるドメイン[2]でゲームをプレイし，当該ドメインでの戦略を選択する場合，当該選択にあたって別のドメインで生成された制度をパラメータとして参照することにより，あるドメインで生じた均衡が，別のドメインで生じる均衡の原因となるような状態をいう[3]。制度的補完性を考慮すると，グローバル・コンバージェンス問題は単に会計基準だけの問題ではないということが理解できる。Wysocki(2011)は，会計基準は，それ単体で成立するわけではなく，さまざまな他の明示的・非明示的な制度との関係性の中で初めて成立するものであるから，グローバル・コンバージェンス問題は，そのような他の制度やドメインとの関係性の中で考えなければならない旨を述べている。そして，このようなアプローチを，Wysocki(2011)は，NIA（New Institutional Accounting）とよんでいる。この点は，実は，コンバージェンスの問題だけでなく，本書で取り扱う第2の論点である会計不正と人間の意図の問題，特に，コーポレート・ガバナンス規制や公認会計士監査の問題とも大きくリンクしているので，第II部第6章，第7章，および，第8章で取り扱うことにする[4]。

　第3としては，会計基準のエンフォースメント（enforcement）をどのように推し進めるかを検討することが必要である。すなわち，グローバルな会計基準を実際に各国に安定的に定着させていくためには，誰がIFRSに強制力を付与し，また，それをどのように各国の企業に遵守させるかというエンフォースメントに関するしくみが重要な鍵となってくる。会計基準のエンフォースメントにおいては，さまざまなプレイヤーの存在が想定されるが，中でも公認会計士は，事前の制度設計においても，また事後の制度運用においても，極めて重要

2　ドメインとは，ゲームのプレイヤーの集合，ないしゲームのプレイヤーが選択できる物理的に実現可能な行動の集合をいう（Aoki 2001）。

3　説明の便宜のため，両ドメイン間での均衡決定の時間的なラグを想定したが，厳密には同時決定的な状態を想定する。つまり，両ドメインの均衡が，それぞれ相手ドメインの均衡の原因でもあり結果でもあるような状態である。

4　なお，金融・経済制度の中で重要なものの1つとしては，たとえば会社法が考えられるが，会社法とコンバージェンスとの関係については，斎藤（2014）なども参照のこと。

なプレイヤーといえる。よって、この職業的会計士をどのように育てるか、どのように戦略的に教育を展開していくか（戦略的な職業的会計士教育）が、エンフォースメントをより効率的かつ効果的に進めていくための、ひいてはグローバルな会計基準のコンバージェンスを長期的・安定的に進めていくことへの1つの鍵となるだろう。この点は、前述した第2のポイントと同様、会計不正の問題とも関係するので、第Ⅱ部第6－8章で取り扱うことにする。

　上記のように、本章では、3つのポイントのうち、主に第1の点に注目し、以下議論を進める。この点に関連して、たとえば、斎藤(2011)は、会計基準を決めるための基準たるメタルールが、国際化が進む経営環境にあってどのように変わりつつあるかを整理・分析することの重要性を述べている。そこで本章では、この斎藤(2011)の問題意識を手がかりに、会計基準設定におけるメタルールの問題を分析する。

　特に本章では、メタルール具現化の1つのアイディアとして、相関均衡という概念を用いることにする。相関均衡は、主にゲーム理論を用いた制度分析において、近年注目を集めている概念である（川越 2010, Gintis 2009）。たとえば、人間行動を律するためには社会規範が重要となるが、どのような社会規範が望ましいか、どのように社会規範を設定するかは重要な問題である。この点について、Gintis (2009) は、ゲーム理論における社会規範の具現化として、相関均衡の概念を用いた説明をおこなっている。ここで、本章が検討対象とする「基準作りの基準」は、会計基準を選択する際に全世界の国が大枠において従うものであるという意味では、ある種の社会規範と捉えることができるので、本章では、Gintis (2009) の議論を踏まえつつ、「基準作りの基準」の問題を分析することにする。

　具体的には、まず2で、川越 (2010) に依拠して相関均衡について説明し、3で斎藤 (2011) の議論を概観する。それをうけるかたちで4と5では、「基準作りの基準」問題についてゲーム理論により考察をおこなう。最後に6で本章のまとめをおこなう。なお、補論において、本章のゲーム理論分析の結果に対して、経済実験で得られる知見からフィードバックをおこなう。

2 分析ツールの概要── 相関均衡

ゲーム理論における相関均衡について,そのエッセンスを概観するために,ここでは川越(2010,第6章)に依拠して,「チキンゲームにおける調整の失敗→相関均衡の導入」という一連のストーリーを追いかけてみよう。

2.1 調整の失敗[5]

まず,シンプルなワンショットの同時手番チキンゲームを考えてみる(**図表3.1**)。

図表3.1 チキンゲーム

		2	
		G (Go)	S (Stop)
1	G (Go)	0 , 0	4 , 1
	S (Stop)	1 , 4	3 , 3

このゲームの純戦略(pure strategies)のナッシュ均衡は,(1の戦略,2の戦略)=(S, G) および (G, S) である。また,混合戦略(mixed strategies)のナッシュ均衡では,お互いのプレイヤーがSとGとを1/2の確率で選択することになる。ここで,まず一方,純戦略のナッシュ均衡における社会全体の便益は,いずれの場合も,1+4=5となる。他方,混合戦略をとるときの各プレイヤーの期待利得は,以下の(1)式のようになる。

$$期待利得 = 1/2(1/2 \times 0 + 1/2 \times 4) + 1/2(1/2 \times 1 + 1/2 \times 3)$$
$$= 2 \quad \cdots\cdots(1)$$

よって,社会全体の便益は,2+2=4となる。しかし,これらの場合の社会全体の便益は,いずれのケースにおいても,パレート最適な戦略の組み合わせ (S, S) における社会全体の便益6に比して劣ることとなる。特に,相手の行動について事前知識がない場合,たとえば,プレイヤーが混合戦略をプレイす

---

5 本節の以下の記述は,主に,川越(2010),Gintis(2009)などをもとにしている。

るならば、この混合戦略の場合の社会全体の便益は、パレート最適な水準よりも大きく劣ることになる。このように、ナッシュ均衡がパレート最適な状態とはならないという意味で、調整の失敗（coordination failure）が生じてしまっている。

このような調整の失敗を解消するための解消策の1つとしては、事前のコミュニケーションが挙げられる（Camerer 2003, Chapter 7 を参照）[6]。しかし、もし事前のコミュニケーションが不可能な場合、結局は調整の失敗を解消することはできず、各プレイヤーは、混合戦略の確率1/2で自分の戦略を決定しなければならなくなる（つまり社会全体では、合計4の便益しか得られないことになる）。

2.2 相関均衡

では、調整の失敗を解消するにはどうしたらよいだろうか。

そこで登場するのが、相関戦略ないし相関均衡の概念である（川越 2010, p. 194）。この基本アイディアは、各プレイヤーの行動に対して一定の「ルール」（お互いにとって自己拘束的な指示）を与える「相関装置」[7]を設けることで、調整の失敗を解消しようというものである。相関戦略とは、すべてのプレイヤーが観察できる機構（相関装置）があるとき、それが生成する偶然事象に基づいてすべてのプレイヤーの戦略の組が決定される戦略をいう。また、相関戦略に従うことがナッシュ均衡となっている場合、そのような相関戦略を相関均衡という。これをイメージ的に示すと、以下の**図表3.2**のようになる。

ここでの重要なポイントは3つある。すなわち、相関装置は、①何らかの外生的な事象の結果に従って（たとえば、一定の確率に従って）、②すべてのプレイヤーにとって自己拘束的な（それに従わず逸脱するインセンティブをもたないような）指示を送り、そしてそのことにより、③パレート効率的な結果にできるだけ近い状況を達成しようという点である。そしてこのような戦略の集合が相関均

---

[6] このほかには、（本章では取り扱わないが）ワンショット・ゲームではなく、繰り返しゲームや進化ゲームに設定を変えてしまう（つまり、繰り返しゲームがプレイされる状況を想定してしまう）ということも考えられる。なお、コンバージェンス問題の進化ゲームについては上枝（2013）を参照。

[7] 相関装置は、社会規範や制度と解することができる。

図表3.2 相関均衡のアイディア

衡となる[8]。

次に,先のチキンゲームに即して具体的に考えてみよう。ここで,相関装置が出す自己拘束的な指示としては,以下の【ルール1】が考えられる。

【ルール1】 チキンゲーム(図表3.1)において相関装置が示す指示[9]

図表3.1のチキンゲームにおいて,相関装置が出す自己拘束的な指示は,以下のようになる。

			プレイヤー1に出す指示	プレイヤー2に出す指示
確率	1/3	指示A	G	S
	1/3	指示B	S	G
	1/3	指示C	S	S

【証明】 川越(2010, pp.199-201)参照。

まず,ポイント①と②,つまり,ある一定の外生的な事象(確率1/3ずつ)に即した【ルール1】に従うことが,すべてのプレイヤーにとって自己拘束的であることを確認する(川越 2010, pp.196-197)。ここでのポイントは,各プレイヤーには,当該プレイヤーがとるべき戦略が個別に指示される(つまり,相手にどのような指示が出ているかはわからないため,自分に与えられた指示と【ルール1】から推論する)ということである。ここでは,相手がルール1に従うならば,自分

---

8 数学的な定義は,岡田(2011)およびグレーヴァ(2011)などを参照。
9 なお,上記のルール自体は共有知識(common knowledge)であるが,実際の指示は,各プレイヤーに個別に出される(つまり,各プレイヤーは,自分に出された指示が「指示A」,「指示B」,「指示C」のどれなのかは知らされない。よって,各プレイヤーは,相手に実際にどのような指示が出されたかを,自分に出された指示と上記ルールから推論する必要がある)。

もルール1に従うことが最適反応になっていることを確認する。

まず、プレイヤー1は、自分に「G」を選ぶような個別指示が出された場合、ルール1から、プレイヤー2にどのような指示が出ているかを推論する。ルール1からすると、プレイヤー2に「G」の指示が出ている確率は0、「S」の指示が出ている確率は、(指示Aの確率が1/3であるから) 1/3であると推論できる。この場合、プレイヤー1にとって、

指示に従い「G」を選ぶことの期待利得＝$0 \times 0 + (1/3) \times 4 = 4/3$ …………(2)
指示に従わず「S」を選ぶことの期待利得＝$0 \times 1 + (1/3) \times 3 = 1$ …………(3)

となる。よって、(2)>(3)より、プレイヤー1にとっては、指示に従い「G」を選ぶことが最適反応になる。

また他方、プレイヤー2は、自分に「S」を選ぶような個別指示が出された場合、ルール1から、プレイヤー1にどのような指示が出ているかを推論する。ルール1からすると、プレイヤー2に「G」の指示が出ている確率は1/3、「S」の指示が出ている確率は1/3であると推論できる。この場合、プレイヤー2にとって、

指示に従い「S」を選ぶことの期待利得＝$(1/3) \times 1 + (1/3) \times 3 = 4/3$ …(4)
指示に従わず「G」を選ぶことの期待利得＝$(1/3) \times 0 + (1/3) \times 4 = 4/3$ …(5)

となる。よって、(4)=(5)より、プレイヤー2にとっては、指示に従い「S」を選ぶことも、また指示に従わず「G」を選ぶことも最適反応になる。つまり、両者は無差別であるから、プレイヤー2は、相関装置の指示に従うと考えても差し支えない。

また、プレイヤー1に「S」を選ぶような個別指示、プレイヤー2に「G」を選ぶような個別指示が出た場合も同様に考えて、各プレイヤーにとって、相関装置が提示する指示に従うことが最適反応になることが示される(詳細な計算は省略)。

次にポイント③、つまり、パレート効率性の観点から結果を分析してみよう。もし、両プレイヤーが、【ルール1】に従って、自らの戦略を決定するならば、各プレイヤーの期待利得は、以下のようになる。

$$\begin{aligned}\text{プレイヤー1の期待利得} &= \text{プレイヤー2の期待利得} = (1/3)\times 4 + (1/3)\times 1 + (1/3)\times 3 \\ &= 8/3 \quad\cdots\cdots(6)\end{aligned}$$

よって,社会全体の便益は,(8/3)×2＝16/3となる。ここで,相関装置がない場合のナッシュ均衡における各プレイヤーの利得,および,相関装置がある場合の相関均衡における利得を図示すると,**図表3.3**のようになる。

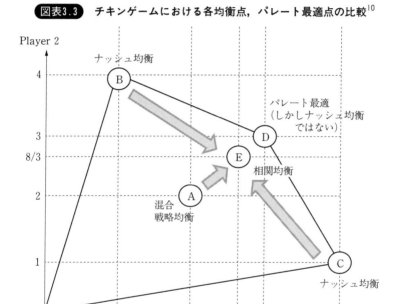

図表3.3 チキンゲームにおける各均衡点,パレート最適点の比較[10]

いま,元の相関装置のないゲームにおけるナッシュ均衡は,点A,B,Cの3つ(B,Cが純戦略,Aが混合戦略)であった。しかしこれらは,パレート最適な点D(ナッシュ均衡ではない)と比べると,社会全体の利得はいずれも低かった。

これに対して,相関装置をゲームに導入した場合の相関均衡は,点Eにな

10　川越(2010),および,グレーヴァ(2011)を参考に筆者が作成。

る。この点 E は，パレート最適な点 D と比べると，確かに社会全体の利得は低い。しかしながら，当初のゲームにおけるナッシュ均衡の3つ(点 A, B, C)と比べると，いずれの点からもパレート改善されることになる。つまり，相関装置の導入によっても，パレート最適な点は実現し得ないが，しかしながら，相関装置がないゲームにおける均衡よりはパレート改善が図られている。

このように，相関装置を導入し，外生的に人々の行動を変更せしめ，それによって社会全体をよりパレート改善されるような方向へ導こうとする相関均衡の議論は，制度や制度に関するメタルールを導入して社会全体を改善していこうとする方向性と極めて親和性が高いといえる[11]。そこで本章においても，以下，この相関均衡を用いて，コンバージェンスの問題を分析することにする[12,13,14]。

3 会計基準設計と「基準作りの基準」
―― 斎藤 (2011) を手がかりとして

本節では，相関均衡を用いたモデル分析の前提となる議論として，まず斎藤 (2011) を手がかりに，会計基準設計がどのようなメタルールを前提に進められてきたか，その歴史的変遷を概観する。ここでメタルールとは，要するに**図表3.4**に示されるとおり，具体的な会計基準設定の際の基準，いわば基準作りの基準のことをいう。

---

11 このような分析の代表例としては，先に挙げた Gintis (2009) などがある。
12 後述するように，本章では，「相関装置＝メタルール」となるような状況をモデルにおいて設定する。
13 ここでの相関装置のように，プレイヤーにある行動をとらせるインセンティブを与えるしくみのことをメカニズムという (岡田 2008, p.104)。また，適切なメカニズムによって守られることが保証される合意を，拘束力のある合意という (岡田 2008, p.105)。なお，公共財ゲーム等で，フリーライドを防止するメカニズムを作っても，そのメカニズム自体が高次の公共財であるため，そこへのフリーライダー問題が新たに生じることをメカニズムのジレンマ (岡田 2008, p.105) とよぶ。これについては，補論を参照。
14 比較制度分析における関心事は，ここでの①パレート改善という論点のほかに，②複数均衡をいかに解消するかという論点 (均衡の精緻化の論点) の大きく2つがあることには，くれぐれも留意されたい。本章では，主に①を取り扱っている。②については，第2章における経済実験などがその役割を担う。

図表3.4 メタルールのイメージ図

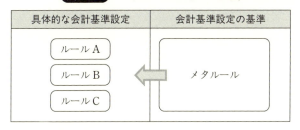

3.1 会計基準設計の変遷——斎藤 (2011) に依拠して

斎藤 (2011) によると，会計基準を決めるためのメタルールは，歴史的に**図表3.5**のように変遷してきたという。

図表3.5 メタルールの歴史的変遷（斎藤 2011）

①帰納的な基準形成：ピースミールアプローチ
（ベストプラクティスの集積）

②演繹的な基準形成：ノーマティブアプローチ

③国際統合：コンバージェンス

まず①について，会計基準は，実務に定着した企業会計の慣行から，一般に公正妥当と認められるものを体系化した結果だといわれてきた（斎藤 2011, p. 3）。会計基準はしばしば，GAAP (Generally Accepted Accounting Principles：一般に認められた企業会計の基準) とよばれるが，これはまさにこのような会計基準の性格を表しているといえる（斎藤 2011, p. 2）。つまり，これは「基準作りの基準」という視点でいえば，「『ベストプラクティス』を会計基準とする（そしてできる限り共通の概念によってそれらを体系化する）」ということになるだろう（斎藤 2011, p. 3）。

しかし，このような基準形成は，（帰納的にルールを作っていくため，全体としての会計基準群を捉えた場合）結局は基準相互の不整合（アドホックな部分を内包してしまう）という問題を抱えることになる。そこで，登場するのが，②演繹的な基準形成（ノーマティブアプローチ）である。これは，ある一定の基礎概念（たと

えば目的適合性，信頼性など)[15]をスタート地点として，そのような基礎概念に即した具体的な会計ルールを演繹的に導出するという考え方であり，「基準作りの基準」という視点でいえば，「基礎概念に適うものを会計基準とする」ということになるだろう。このメタルールのもとでは，基礎概念から会計ルールが演繹されるため，会計ルール全体としては極めて整合性の高いものができ上がることになる（斎藤 2011, pp.4-5）。

そしてさらに，欧州市場の統合および EU 参加国内での会計基準の統一化の流れの中で，欧州は，その統一ルールを最大の資本市場を有する米国をはじめとする世界基準にしてしまおうという戦略をとりはじめた（斎藤 2011, p.5）。つまり，ここで登場するのが，③国際統合（コンバージェンス）である。そのために，IASB は，米国の FASB をパートナーに基準の検討を進めるとともに，各国の会計基準を IFRS 化する作業を進めてきた。つまり，この発想のもとでは，「1セットの会計基準に統合すること」それ自体が基準設定で重視されるべきメタルールとなる。実際，IASB は，これを自らの重要な目的の1つとして挙げている。

以上のように，斎藤（2011）によれば，会計基準を決めるためのメタルールは，歴史的に，「①ピースミールアプローチ→②ノーマティブアプローチ→③コンバージェンス」と変遷してきているという。

3.2　メタルールの整理

以上のように，斎藤（2011）は，「①→②→③」という流れで整理を行っているが，素朴に考えると実は③は，①②とは次元が異なるように思われる。この点を，以下整理してみよう。

まず，これまで議論されてきた①および②は，個々の会計基準を束ね合わせて，どのような「会計基準セット」を作るかといういわば「パッケージの仕方のルール」であるといえる。また，ここでのメタルールを「メタルール α」とよぶとすると，メタルール α には，帰納的に基準セットをパッケージすべしというメタルール（これを「メタルール α_1」とする）と，演繹的に基準セットをパッ

15　これらの基礎概念は，たとえば米国基準であれば「概念フレームワーク」（SFAC）に所収される。

図表3.6 これまでの議論（①, ②）

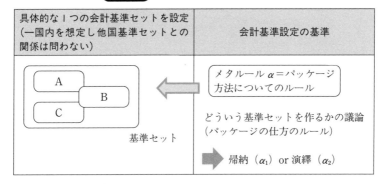

図表3.7 現在なされている議論（③）

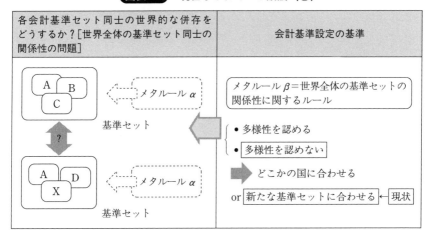

ケージすべしというメタルール（これを「メタルール α_2」とよぶ）との2つがあることが理解できる。これをイメージ的に示すと，**図表3.6**のようになる

これに対して，現在，IFRSをめぐってなされている③は，そのような「会計基準セット」が複数あることを前提として，それら複数の「会計基準セット」のうちどれを選ぶかという問題（各会計基準セット同士の世界的な併存をどうするかという問題（世界全体の基準セット同士の関係性の問題））になっている。これをイメージ的に示すと，**図表3.7**のようになる（また，ここでのメタルールを「メタルール β」とよぶ）。

つまり，現在のIFRSをめぐる議論は，これまで問題にならなかった世界全体

図表3.8　メタルール α からメタルール β へのパラダイム・シフト

	メタルール α ＝基準セットの決め方	メタルール β ＝各国における会計基準セット間の関係
①	帰納（ベストプラクティス）	多様性あり（特に問題なし）
②	概念フレームワークからの演繹（ノーマティブ）	多様性あり（特に問題なし）
③	概念フレームワークからの演繹（ノーマティブ）[16]	多様性を排除 「世界で1セットのみ」自体が目的

の基準セット同士の関係性についての新たなメタルール（メタルール β）ができ、またそれが重視されることになった(つまり、メタルールを議論する次元が変わった)ということが理解できる。すなわち、メタルール β の出現により、メタルール α からメタルール β へ重点シフトが起こり、かつ、メタルール α の役割が薄まった（メタルール α よりもメタルール β を優先する）という意味で、メタルールのパラダイム・シフトが起こっているといえる（**図表3.8**参照）。

3.3　小　括

以上の議論から、会計基準設定におけるメタルールである①②③を単純に比較して、どれが望ましいかという議論をすることはできないということが理解できる。また同様に、メタルール α とメタルール β とは次元の異なるものであるので、単純に両者を比較することができない(単純に優劣を決し得るものではない)ということも理解できる。

特に、もし仮に、現状のメタルールたる「③コンバージェンス」の是非を問うのであれば、異なるディメンジョンの①ないし②（メタルール α）と比較するのではなく、メタルール β の中の「基準セットの多様性を認める」というメタルール（暫定的にこれを「メタルール $β_1$」とよぶ）と、「多様性を認めず、基準セットを統一する」というメタルール（「メタルール $β_2$」とよぶ）との2つを比較検討しなければならないだろう。そして、その比較検討においては、メタルール間の優劣を決するためのさらに高次の（より抽象度の高い）メタルール（これを以

16　ここが演繹アプローチとなるのは、メタルール β において統一の基盤となる IFRS が演繹的なアプローチを採用しているからであり、たまたまこのようになっただけと解釈し得る。

下，便宜的に，メタルールのメタルールという意味で「メタ・メタルール」とよび，また，メタルール β に係るメタ・メタルールを「メタ・メタルール β」とよぶ）が必要とされる[17]。

そうであれば次に問題となるのは，このメタルール β 間の決着をどのようにつけるかということである。この点については，次節以降で検討しよう[18]。

4 「基準作りの基準」のゲーム理論
── 相関均衡による比較制度分析

ここでは，上記の問題を具体的なモデルに落としこんで議論してみよう。

上記のように，メタルール β については，「基準セットの多様性を認める」（「メタルール β_1」）か，「多様性を認めず，基準セットを統一する」（「メタルール β_2」）かの2つが考えられ，現行のIFRSをめぐる議論では，「メタルール β_2」が採用されていることが理解できる。

そしてここで，現状がどうなっているかという問題をいったん離れ，そもそもどちらを選ぶべきなのかという問題を検討するとしたら，両者を比較し選ぶための評価軸が必要となる。つまり，メタルール間の優劣を決するためのさらなるメタルール（「メタ・メタルール」）が必要となる。そこで，まず**4.1**でこれらの比較衡量問題をどのようにモデル化するかについて議論し，また，**4.2**で，どのような「メタ・メタルール」が考えうるか，またその帰結はどのようになるかについて検討する。ここでは，第1章における3×3のコーディネーションゲームを前提としたグローバル・コンバージェンス・モデルをもとに，**2**で示した相関均衡を用いて拡張してみよう。

---

17 なお，メタルール α における帰納（α_1）と演繹（α_2）の比較検討においても，同じようにさらに高次のメタルール（「メタ・メタルール α」）が必要とされる。なお，この「メタ・メタルール α」は，（メタルール α とメタルール β とが次元の異なるものである以上）「メタ・メタルール β」とは次元の異なるものになる。

18 なお，本章では，紙面の都合上，メタルール α および「メタ・メタルール α」についての詳細な議論は割愛する。

4.1 グローバル・コンバージェンス・モデルにおける混合戦略

まず,議論の前提として,なぜ第1章のグローバル・コンバージェンス・モデルを分析のベースとして用いるのかについて述べる。理由は2つある。理由の第1は,1つのゲームの中に,両方の要素(メタルール β_1 と β_2)が存在するしくみにしておいたほうが,両者の比較が容易になるからである。すなわち,グローバル・コンバージェンス・モデルには,会計基準選択の問題として,「各プレイヤーは,どのシステムを選択するか意思決定問題に立たされているという仮定」があるが,まずこの点は,そもそも色々なシステムを選び得るという点で,メタルール β_1 のアイディアを表現している。また,「各プレイヤーは,システムを相手のプレイヤーと共有化することでベネフィットを得るという仮定」は,メタルール β_2 を表現しているといえる。また,理由の第2は,できるかぎりシンプルなモデルのほうがあとの拡張がしやすいからである。これは,ここまでの議論を踏まえると理解できるだろう。

また,あとの相関均衡の分析の前提として,ここでは,グローバル・コンバージェンス・モデルの基本モデルで,かつ第2章の実験で用いた数値例を用いることにする。すなわち,以下の議論で前提とする利得表は,**図表3.9**になる。

図表3.9 基本モデルの利得表

		Player 2		
		Stay	Other	New
Player 1	Stay	1, 1	3, 2	1, 0
	Other	2, 3	0, 0	0, 0
	New	0, 1	0, 0	2, 2

また,第1章では混合戦略均衡を求めていなかったが,先に見たように,相関均衡分析では,混合戦略との比較も重要になる。そこで,このゲームの混合戦略ナッシュ均衡を求めると,以下のようになる。

> このゲームの混合戦略ナッシュ均衡は，プレイヤー1，2ともに，
> - Stay 戦略を出す確率：1/2
> - Other 戦略を出す確率：0
> - New 戦略を出す確率：1/2

【証明】Taguchi et al.（2013）参照。

つまり，各プレイヤーにとって，初期保有システムを維持し続けるか，新たなシステムNに移行するかのどちらかを1/2の確率で選択することが，混合戦略となる（また，この時の各プレイヤーの期待利得は1となる）。逆にいえば，各プレイヤーは，相手の会計基準に合わせるという戦略はとらないということになる。基本モデルにおける純戦略ナッシュ均衡，および混合戦略ナッシュ均衡における各プレイヤーの利得を図示すると，**図表3.10**のようになる。

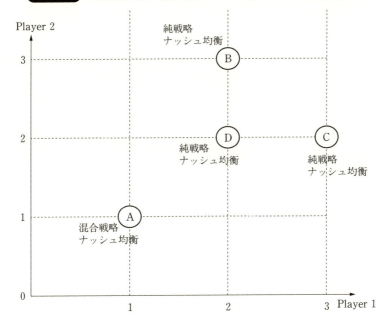

図表3.10 純戦略および混合戦略における各プレイヤーの利得比較

図表3.10で確認できることは，以下の4点である。

(1) 純戦略ナッシュ均衡は3つある（点B, C, D）。
(2) 純戦略ナッシュ均衡には，パレート最適となるものがある（点B, C）。なお，点BとCは，コンバージェンスの文脈でいえば，「ある国の既存基準でコンバージェンスする」（たとえば，米国基準に他国が合わせコンバージェンスする）という状態である。
(3) 純戦略ナッシュ均衡には，パレート最適とはならないものもある（点D）。なお，点Dは，「新たな基準Nでコンバージェンスする」（IFRSという新たな基準に各国が合わせる）という状態である。
(4) 混合戦略ナッシュ均衡（点A）においては，社会全体の利得は最小となる。

特に本章の問題意識と関係して重要なのは，「IFRSのジレンマ」を示す(2)と(3)，および(4)である。すなわち，まず(2)と(3)に示されるとおり，基本モデルの状況では，パレート最適性と利得に偏りがないという意味での「公平性」との間にトレードオフが生じている。このようなジレンマを何とか解決することはできないだろうか。

また，(4)のように，もし仮にプレイヤーが混合戦略を選択するならば，社会全体の利得は最小となってしまう。

このように，メタルール β_1（基準セットの多様性を認める）とメタルール β_2（基準セットの多様性を認めず，1つのセットに統合する）とが併存する社会で，各国が基準セット選択をおこなう場合，種々の行き詰まり現象が観察されてしまう[19]。このことから，メタ・メタルール β は，このような行き詰まりを解消できるものであることが望ましい，と考えるのが自然な発想であろう。すなわち，混合戦略のように社会全体の利得を最小とすることなく，かつ，「IFRSのジレ

---

19 なお，各国の行動は，確かに β_2 のようなかたちに収斂したが，これは，このゲームがコーディネーション・ゲームであることから導出される帰結にすぎず，β_2 の行動に収斂したからといってそれがすぐさまメタルール β_2 の妥当性を示すわけではない，ということにはくれぐれも留意されたい。本章の問題意識からは，各国の行動パターンそのものではなく，（メタルール β_1 と β_2 とをあわせもった設定で）そのような行動から，社会全体の利得がどのような水準となるのかが重要となる。

ンマ」問題を解消することができるような(できるかぎりパレート改善の方向に持っていきながら,かつ「公平性」を充たすような)コンバージェンスをなすことが,メタ・メタルールβとして採用されることが,社会全体として望まれるだろう。

4.2 相関均衡によるIFRSのジレンマ問題の解決

では,このようなメタ・メタルールβを定めたうえで,上述のような行き詰まり現象を解決する方策を考えてみよう。

そこで登場するのが,先に確認した相関装置である。すなわち,この3×3のコーディネーションゲームに相関装置を導入することで,各国の基準セット選択行動を,より望ましい方向へ導くことができないかという点について考えてみよう。

ここで,相関均衡の抽象的な議論を,具体的な会計基準のコンバージェンスの議論に落としこむと,以下のように考えることができる。まず,相関装置が,コンバージェンスにおける「基準作りの基準」に該当する。つまり,各国は会計基準セット選択問題に立たされているが,その際に世界の国々が指針として参考にするべき大枠(会計基準セットをどのように選択していくかという全世界レヴェルでの一定の事前の合意事項)が,この相関装置である。そして,この大枠に依拠して,各国は会計基準選択をおこなっていく。つまり,相関装置の具体的な指示(具体的にとるべき会計基準は何かということ)が,会計基準選択をおこなう各国に提示され,その指示に対して,各国は指示どおりの会計基準を採用するかどうかを決定する。

以上のような状況を想定したうえで,ここではその大枠たる「基準作りの基準」作り(すべての国が,自己拘束的という意味で納得できるような合意ないし指針作り)をしていると想定することにしよう。

では,一体どのような「基準作りの基準」を事前に作れば,メタ・メタルールβを充たし,コンバージェンスにおける行き詰まり現象を解決し得るのであろうか。ここで,そのような「基準作りの基準」は,以下のようなものになる。すなわち,相関装置が提示する自己拘束的な指示を,線形計画法により計算すると,以下の【ルール2】が考えられる。

【ルール2】 グローバル・コンバージェンス・モデルにおいて相関装置が示す指示
（メタ・メタルール β を充たすような「基準作りの基準」）

グローバル・コンバージェンス・モデルにおいて，相関装置が出す自己拘束的な指示は，以下のようになる。

		プレイヤー1に出す指示	プレイヤー2に出す指示
確率	1/4 指示a	Stay 戦略	Other 戦略
	1/4 指示b	Other 戦略	Stay 戦略
	1/2 指示c	New 戦略	New 戦略

【証明】Appendix 参照。

この相関均衡の意味を考える前に，この均衡で，どのようにパレート改善がなされるかを，まず確認しよう。すべてのプレイヤーがこの相関装置（【ルール2】）に従って自分の戦略を決定する場合の，各プレイヤーの期待利得は，以下のようになる。

プレイヤー1の期待利得
　　＝プレイヤー2の期待利得＝$1/4 \times 3 + 1/4 \times 2 + 1/2 \times 2 = 9/4$ ……(10)

よって，この場合の社会全体の利得は $9/2$ となる。この状態を図表3.10に加えると，**図表3.11**のようになる。

図表3.11から確認できることは，以下の3つである。

（1） 相関均衡（点E）が導く状態は，パレート最適ではない。
（2） 相関均衡を示す点Eは，図表における45度線上にある。つまり，相関均衡は，「公平」でない（利得に偏りのある）点B，Cよりも，「公平」である（利得に偏りがない）という点では優れている。
（3） 相関均衡（点E）における社会全体の利得は，少なくとも，混合戦略ナッシュ均衡（点A）および，純戦略ナッシュ均衡の1つ（点D）における社会全体の利得を上回っている（図表上で，より右上に位置する）。つまり，相関均衡は，少なくとも同じく（利得に偏りがない（45度線上にある）という意味で）「公平性」を有する均衡点である混合戦略ナッシュ均衡（点A），および純戦略ナッシュ均衡の1つ（点D）よりは，パレート改善が図られている点で優れている。

図表3.11 相関均衡と他の均衡との比較

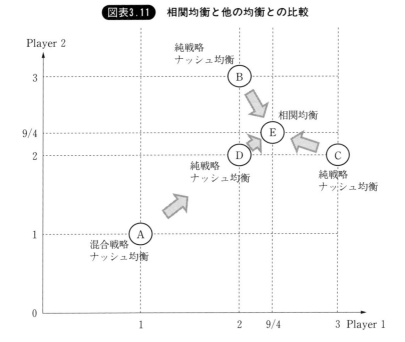

ここで特に注目したいのは，(2)と(3)である。相関装置がない状態，つまり β_1 と β_2 の2つのメタルールが存在する中で，各国の基準セット選択問題を各国自身の自由な意思決定に任せておくと，純戦略では「IFRSのジレンマ」(パレート最適な均衡は「公平」ではないし，「公平」な均衡はパレート最適ではない)に陥り，他方，混合戦略では社会全体の利得が最小になってしまうという行き詰まり状態にあった。

しかし，相関装置を導入し，新たな「第3の道」たるメタルール β_3 (指示 a・b・c に，「a : b : c ＝ 1/4 : 1/4 : 1/2」の確率で従うべし)を提示する[20]ことで，混合戦略以上の利得水準が達成でき，かつ，「IFRSのジレンマ」問題を，完全ではない(パレート最適とはいえない)が，ある程度解消することができる(「公平」で，かつ，「公平」な中では，相関装置のない時よりもパレート改善が図られる)。

---

20 実は，このような相関装置による指示は，第2章で示した意思決定の不確実性減少のための方策の1つ目（基準作りの基準構築）だけでなく，2つ目のレファレンス・ポイント（参照点）の提示という点にも則したしくみである。

以上のように，コンバージェンスにおける「基準作りの基準」たる相関装置が，どれか1つの会計基準だけでなく，いくつかの会計基準に収斂することを前提としたものである場合に，各プレイヤーにとっては，強制されずともそれに従うことが自己拘束的に最適となり，かつ，IFRSのジレンマや混合戦略ナッシュ均衡が抱える最小利得の問題を解決することができることになる。

すなわち，コンバージェンスに関して各国が納得する（強制されなくてもそれに従うことが各国にとって最適反応となる）事前の一定の合意を作ることはできるものの，そのような「基準作りの基準」には，会計基準の多様性を事前に盛り込んでおかねばならない。つまり，会計基準のコンバージェンスのためには，会計基準のダイバージェンスの可能性を全世界で事前に合意しておく必要があるという逆説的な結論が，モデルにより示されるのである。

5　モデルの解釈
──会計基準多様性の確保とIASB・米国・日本の会計戦略の評価

上記のモデル分析を，いま一度，我々の問題意識に引き寄せて整理してみよう（図表3.12参照）。

図表3.12　コンバージェンス問題のメタルールと『メタ・メタルール』

ルール／メタルール	具体例
基準セット【ルール】	「基準セットA」（既存基準セット） 「基準セットB」（既存基準セット） 「基準セットN」（IFRS）
基準セット選択のルール【メタルール β】	β_1：多様性を認める β_2：多様性を認めず統一する β_3：事前の多様性は認める（事後は問わない）←相関装置の出す指示（指示a：指示b：指示c＝1/4：1/4：1/2）に全プレイヤーが自己拘束的に従う（相関均衡）
「基準セット選択のルール」選択のルール【メタ・メタルール β】	IFRSのジレンマ解決（利得に偏りがないという意味での「公平性」を充たし，かつその中で最もパレート最適に近いものを選ぶ），かつ，混合戦略ナッシュ均衡における最小利得回避

図表3.12の整理から理解できることは，以下の2つである。

（1） IFRSのジレンマ解決と最小利得回避がメタ・メタルールβとして社会的に選択されるならば，メタルールβ_3(事前の会計基準多様性は認める（事後は問わない（多様でも，統一でもどちらでも問わない））。ゲーム理論的には，相関装置の出す指示（指示a：指示b：指示c＝1／4：1／4：1／2）に全プレイヤーが自己拘束的に従う）が，その条件を充たす。

（2） メタルールβ_3が社会的に選択されるならば（会計基準多様性を事前に確保しておくならば），アプリオリに収斂先の会計基準セットをどこか1つに特定することはできない。

特に，（2）は，現実世界におけるコンバージェンスの議論と関連して重要となる。つまり，現実の世界では，IASBにより，IFRSというある特定の基準セットがアプリオリに決定され，そこに収斂していくべし，という動きとなっているが，しかしながら，これは，上記の分析からするとメタ・メタルールβに反しているといえる。

これは極めて興味深い知見である。いま，世界的に求められているのは，実は，「ある会計基準セットに統一するが，どのセットに収斂していくかの柔軟性（選択の余地）は残しておく」ということであり，またその意味で，いま求められているのは，コンバージェンスであっても，特に「統一先ないし収斂先の多様性を認めるコンバージェンス」であるということが，上記の分析から示唆される[21]。

しかしこれは同時に，IFRSをアプリオリに唯一の収斂先と考えるIASB主導の現在の流れが，内在的な問題点を抱えていることを示唆している。つまり，IFRSのみを収斂先とする現在のIASBの会計戦略は，実は全世界にとっては必ずしも望ましいものではないことが，ここでの議論から理解できる。

ここで，収斂先の多様性という意味では，むしろ現在の米国や日本の会計戦略は高く評価できるかもしれない。米国は，「IFRSではなく，米国会計基準に全世界が合わせるべきである」というスタンスをとっていると考えられるが，

---

[21] ここでの相関均衡モデルとは異なるが，Bertomeu and Cheynel（2013）も，基準の多様性が確保されることがより望ましいことをモデルで示しており，その意味では，本章で得られる結論は，先行研究とも整合的である。

このような米国流の会計戦略は，(一見すると傲慢な考えのように捉えられるが，しかし) 実は，全世界をメタ・メタルール β の達成へと導いているのかもしれず，むしろ評価し得るものだといえるかもしれない。また，現在の日本も IFRS だけでなく，日本基準，米国基準，さらには日本版 IFRS といえる修正国際基準 (JMIS)[22] も並存する状況にあるが，むしろこれはメタ・メタルール β 達成のためには，極めて合理的かつ評価に値する会計戦略といえるかもしれない。

6　本章のまとめ

本章では，現在の IFRS をめぐるメタルールないしメタ・メタルールの問題を，相関均衡という概念を用いて分析をおこなった。そこで得られるインプリケーションは，以下の3つである。

（1）　会計基準設定のメタルールは，「①ピースミールアプローチ→②ノーマティブアプローチ→③コンバージェンス」と変遷してきているものの，①②は，一国内の会計基準セットのパッケージ化の問題，③は各国における会計基準セット間の関係性の問題であり，次元が異なるものである。
（2）　特に③の是非についてメタルール β_1「多様性を認める」とメタルール β_2「多様性を認めず統一化する」だけをセットした状況では，各国の行動は，「IFRS のジレンマ」に陥るか（純戦略ナッシュ均衡），もしくは，最小利得に陥ってしまう（混合戦略ナッシュ均衡）。
（3）　上記の行き詰まり状況を解消することをメタ・メタルール β とするならば，「収斂先となる会計基準の多様性（ダイバージェンス）を事前に認める」ような「基準作りの基準」を，全世界の事前の合意事項とすることが求められる。そして，これは同時に，IFRS をアプリオリに収斂先と考える IASB 主導の現在の流れが，内在的な問題点を抱えていることを示唆している。

また，今後の検討課題は，メタルールの無限後退問題をどのように考えるかという点である。本章では，多様性を認めるというメタルール β_1 と，多様性を

　22　修正国際基準については，たとえば，杉本（2014b）などが参考になる。

認めず統一化するというメタルール β_2 とを比較するために，IFRS のジレンマ解消と（混合戦略ナッシュ均衡の）最小利得回避というメタ・メタルール β を掲げた。そして，その帰結として，収斂先の多様性を事前に認めるという第3のメタルール β_3 に行き着いた。しかし，そもそもメタ・メタルール β は妥当なのか，これを選んでよいのかについては，議論の余地があるかもしれない。そうすると，このメタ・メタルールを選ぶためのさらなるメタルール（メタ・メタ・メタルールとよぶ）が必要になるし，さらにいえば，メタ・メタ・メタルールの妥当性を決するためのメタルール（メタ・メタ・メタ・メタルールとよぶ）が必要となってしまう。これを図示すると，**図表3.13**になる。

図表3.13 メタルール選択の無限後退

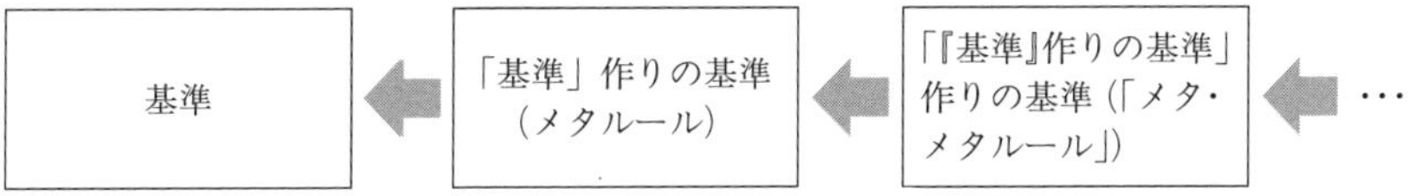

基準 ← 「基準」作りの基準（メタルール）← 「『基準』作りの基準」作りの基準（「メタ・メタルール」）← ⋯

ただし，このような無限後退問題について，たとえば Gintis (2009) は，現実にはこの連鎖はどこかで止まることを示唆している。つまり，このような連鎖のどこかの（メタ）ルール選択問題において，複数の規範の中から進化によって効率のよい（メタ）ルールが選ばれることで，無限後退は止まると述べている。たとえば，本章でも，進化概念は提示していないものの，相関装置がない場合の問題点を解消するための「自然な」流れとして，メタ・メタルール β を導入している。この「自然な」流れを，あえて「不自然な」流れであると批判し，このメタ・メタルール β の妥当性を決するメタ・メタ・メタルールが必要だとするのは，むしろ「不自然な」議論であろう。つまり，無限連鎖は，やはりどこかで自然に止まると考えてよいのかもしれない。いずれにせよ，この点については，慎重に検討していきたい。

◆**Appendix：ルール 2 の証明**

ルール 2 は，以下のように導出することができる。いま，与えられたペイオフ・マトリクスの各セルの状態が発生する確率 p_i（$i = 1, 2, \ldots, 9$）を，以下のようにおく。

図表 Apendix.1 各セルの状態に関する発生確率

		Player 2		
		Stay 戦略	Other 戦略	New 戦略
Player 1	Stay 戦略	p_1	p_2	p_3
	Other 戦略	p_4	p_5	p_6
	New 戦略	p_7	p_8	p_9

ここで,以下の13本の制約条件付き最大化問題の解が,相関均衡において相関装置が出す指示となる。

$$\max_{p_1,p_2,\cdots,p_9}\ [(p_1+3p_2+p_3+2p_4+2p_9)+(p_1+2p_2+3p_4+p_7+2p_9)]$$

s.t.

$p_1+3p_2+p_3 \geq 2p_1$ ⋯(1)
$p_1+3p_2+p_3 \geq 2p_3$ ⋯(2)
$2p_4 \geq p_4+3p_5+p_6$ ⋯(3)
$2p_4 \geq 2p_6$ ⋯(4)
$2p_9 \geq p_7+3p_8+p_9$ ⋯(5)
$2p_9 \geq 2p_7$ ⋯(6)
$p_1+3p_4+p_7 \geq 2p_1$ ⋯(7)
$p_1+3p_4+p_7 \geq p_1+2p_7$ ⋯(8)
$2p_2 \geq p_2+3p_5+p_8$ ⋯(9)
$2p_2 \geq 2p_8$ ⋯(10)
$2p_9 \geq p_3+3p_6+p_9$ ⋯(11)
$2p_9 \geq 2p_3$ ⋯(12)
$p_1+p_2+p_3+p_4+p_5+p_6+p_7+p_8+p_9=1$ ⋯(13)

これを線形計画法により解くと,以下のようになる。

$p_2=p_4=0.25$
$p_9=0.5$
$p_1=p_3=p_5=p_6=p_7=p_8=0$

また,このとき,目的関数は最大値 $9/4$ をとる。以上より,ルール2が導出できる。

(証明終わり)

補論　「基準作りの基準」に対する信頼——経済実験のフィードバック

　本章で用いた相関均衡では,「自己拘束性」が重要なポイントとなる。すなわち,相関均衡のもとでは,自己の効用最大化問題を解くすべてのプレイヤーは,相関装置から提示される指示に従わず逸脱するインセンティブを持たないはずである。

　しかしながら,「基準作りの基準」の指示に従い会計基準を選択することが(「相関装置」の「指示」どおりに動くことが),(モデル上はそうだとしても)現実においても本当に自己拘束的なのかは,実は極めて難しい問題である。すなわち,自分にとっての「指示」が自己拘束的となるためには,相手も理論予想どおり自己拘束的に行動する(指示に従い行動する)ことが大前提となっているが,ここで,相手が何らかの理由で(自己の効用最大化原理から外れた)理論予想に反する行動をとった場合は,相関装置の示す指示に従うことは,自らにとって自己拘束的なものではなくなる可能性がある。つまり,ある意味での「予定調和」(自分の経済合理的行動の前提として,相手も経済合理的に行動すること)が崩壊する場合には,相関装置に従うことは合理的な選択ではなくなってしまう恐れがあるのである[23]。つまり,「基準作りの基準」の構築によってコンバージェンスを安定化させようとしても,それが叶わなくなってしまうかもしれないのである。そこで,この問題を,経済実験により考えてみよう。

1　指示に従うのが合理的なのは相手が指示に従うからか？
——相関均衡実験のサーベイから

　相関均衡の実験的検証をおこなう研究は数少ないが,たとえば,具体的に本章と関連のある研究として,Duffy and Feltovich (2010) と Cason and Sharma

---

[23] これは,ゲーム理論における単純な「美人投票ゲーム (p-beauty contest game)」においても観察される。すなわち,たとえば,p=2/3であり,0から100までの数字を1つ選択する美人投票ゲームでは,全員が合理的な先読み行動をおこなう場合の均衡は「0」となるが,もし1人でも先読みをおこなわない非合理ないし限定合理的なプレイヤーがいるとすると,その均衡は「0」から乖離してしまう。つまり,0を出すことは必ずしも合理的戦略ではなくなる。この点については,たとえば,多田 (2003) 第2章のほか,田口 (2007a;2008b) を参照。

(2007) をとり上げよう。

　まず，Duffy and Feltovich (2010) は，チキンゲームを題材に，相関装置からの「指示」が与えられるもとでの被験者の行動を，実験的に検証している。そこでは，「指示」がない場合は，被験者は混合戦略を採用するが，「指示」がある場合は，混合戦略とは乖離した行動がみられることが指摘されている。特に，被験者は，①「指示」が相関均衡に即したものであること，かつ，②その相関均衡がナッシュ均衡よりも利得を改善するものであること (Duffy and Feltovich (2010) の用語法でいえば，"Good equilibrium" であること)，という2つの条件が揃ったときに，被験者は「指示」に沿った行動をとることが指摘されている。このように，Duffy and Feltovich (2010) は，相関均衡の理論予想が現実にも妥当することを，実験により明らかにしている。よって，本章で，相関均衡を用いてコンバージェンス問題を分析していることには，一定の意義があるといえる。

　次に，同じく相関均衡について実験的な検証を試みている Cason and Sharma (2007) は，タカハトゲーム (hawk-dove game) を題材として，相関均衡に基づく「指示」が存在するときの被験者の行動について分析をしている。ここでは，ゲームをプレイする「相手」に着目している。具体的には，大きくは，①相手が常に助言に従う「ロボット (robots)」である場合と，②相手が生身の人間である場合とを比較して，被験者の行動がどのように変わるかについて分析を行っている。そして，①と②の比較の結果，被験者は相手が生身の人間である場合よりも，相手がロボットである場合に，より「助言」に従うということが明らかにされている。

2　相手の違いによる行動の違い —— ロボット vs. 人間

　ここで特に注目したいのは，Cason and Sharma (2007) の知見である。なぜ相手がロボットの場合と人間の場合とで，指示に従う割合が変わるのだろうか。
　結論的にいえば，相手が「相関装置」をどの程度信頼しているのかに関するプレイヤーの主観的期待が，両条件間では異なるからであると考えられる。すなわち，まず一方，相手がロボットの場合は，相手が100％指示に従うことは明確であり，相関均衡の解概念からすれば，相手が裏切らず相関装置に従ってくれるのであれば，自分も相関装置に従うことが最適戦略となる。よって，相手

第3章 「基準作りの基準」のパラドックス

図表3.14 各条件による相手の行動に対する予想（期待）の相違

相手プレイヤーがロボットの場合	相手プレイヤーが人間の場合
プレイヤー1 → プレイヤー2 【人間】　　　　【ロボット】 プレイヤー1による プレイヤー2の予想 「100％指示に従うだろう」 ↓ 自分も指示に従うのが 合理的	プレイヤー1 → プレイヤー2 【人間】　　　　【人間】 プレイヤー1による プレイヤー2の予想 「もしかすると指示に従わないかもしれない」 ↓ 指示に従うのが，必ずしも 合理的ではなくなる可能性

がロボットの場合は，自ら指示に従う割合は相対的に高くなる。

　これに対して他方，相手が人間の場合は，そうではない可能性がある。つまり，相手が人間の場合は，（本来は，指示に従うことが自己拘束的であるにもかかわらず）相手が何らかの理由で相関装置に従わないことも想定される。この可能性を鑑みると，もし自分だけがそれに従うような場合には，自己の利得は最大化されないことになる。よって，相手が人間の場合は，相関装置に従うことが必ずしも最適戦略ではなくなる可能性があるのである（**図表3.14参照**）。

　そこで次に問題になるのは，相手が人間の場合に，一体なぜプレイヤー1は「相手プレイヤー2は相関装置の指示に従わないかもしれない」と思うのか，という点である。この問いは，この問題の本質を突いている。これは端的にいえば，「相手プレイヤー2も，こちら側（プレイヤー1）が相関装置に従うかどうかに対して疑念を持っているかもしれない」とプレイヤー1は考えているからである。では，なぜそのようにプレイヤー1は考えるのだろうか。その理由は，以下延々と循環していく。つまり，この全体は，いわば「信頼の入れ子構造」の崩壊（プレイヤー1がプレイヤー2を信頼していないのは，「プレイヤー2がプレイヤー1を信頼していない」とプレイヤー1が思っているからであること）になっていると考えられる。

　そして，この循環現象の発端は，結局は相関装置そのものに対する疑念にあると考えられる。すなわち，自らが相関装置自体に対して疑念を持っているからこそ，相手もそう思っているかもしれない，と考えてしまい，またその先読みが循環していくと考えられる[24]。

3 メカニズムそのものに対する信頼

　これは，会計基準のコンバージェンスの文脈でいうならば，会計基準のコンバージェンスを安定的に推し進めるために，「基準作りの基準」を各国にとって自己拘束的な合意として作りあげたとしても（そして，本章によれば，このメタルール自体は「収斂先の多様性」を確保しさえすれば作ることは可能である），当該「基準作りの基準」自体を相手国がきちんと遵守してくれるのかどうかに疑念が生じることで，当該メカニズムにゆらぎが生じてしまうということを示唆する（これがまさに本章で指摘した無限後退問題である）。

　これは興味深い点である。つまり，たとえもし仮に各国にとって自己拘束的な「基準作りの基準」を事前に作ったとしても，そのメカニズムそのものに対する各国の相互信頼がなければコンバージェンスは成立しないということが，ここでは示唆されているのである。コンバージェンスの達成のためには，単にルールやその形成原理たるメタルールを想定すればよいというわけではなく，そこからさらに，そのメタルールそのものに対する信頼が社会で成就されなければならないということが理解できる[25]。

　では，そのような信頼を社会で成就するためには，一体どうしたらよいだろうか。その鍵は2つあるように思われる。まず第1は，各国がそのしくみ全体を信頼し，かつそこにコミットすることが明確となるようなエンフォースメントのあり方が議論されなければならないだろう。また，第2は，そこにかかわる国自体の信頼性（相手の国がそもそも信頼できる国かどうか）や過去の振る舞い（相手国の過去の行動）なども分析に取り込んで（国自体の「パーソナリティ」[26]や「ヒ

24　これは，本章注13で述べた「メカニズムのジレンマ」（岡田 2008, p.105）である。すなわち，コーディネーション・ゲームにおける調整の失敗解消のために，相関装置という新たな自己拘束的メカニズムを作ったとしても，そのメカニズム自体に対する信頼性（より厳密には，当該メカニズムに参加する相手プレイヤーが理論予想どおりにメカニズムに従うかどうかという意味での信頼性）という高次の信頼性に揺らぎが生じることで，調整の失敗解消を図るメカニズム自体の自己拘束性を揺るがすような事態が生じてしまっているといえる。

25　田口（2014a）では，チキンゲームを用いて，このような相手に対する信頼を取り込んだ相関均衡モデルを分析している。

26　たとえば，実験社会科学の領域でも，国の文化や個人差を取り込んだモデル・実験分析がなされつつある（たとえば，西條監修・西條・清水編（2014）第2・3章や，大垣・田中（2014）第9章などを参照）。

ストリー」[27]をモデルに取り込んだうえで），社会規範やメタルールの問題を検討する必要があるだろう。

4 「基準作りの基準」の担い手は誰か ── IASBではなく，米国の存在感に注目

エンフォースメントの議論に関連して，もし仮に会計基準の多様性を含んだ「基準作りの基準」が，メタ・メタルール β を充たすようなコンバージェンスを達成するために必要だとしても，そのようなワールドワイドな事前の合意を誰が中心になって形成し，また，誰が中心になって動かしていくのかは，現実の問題を考えるうえでは極めて重要な問題となろう。つまり，「基準作りの基準」の担い手は誰かという問題である。

この存在を担えるものとしては，2つの可能性がある。

第1の可能性は，IASBである。たとえば，グローバル・ガバナンスの議論[28]などにもあるように，国家の概念を超越した第三者機関が存在すれば，この役割を担える可能性がある。たとえば，IASBが（国を超えた第三者機関であるという点で），この担い手に最も近い存在になり得るかもしれない。ただしそれは，もし仮にIASBが大きく方向転換を図り，IFRSへの収斂のみを考えず，会計基準の多様性（ダイバージェンス）を認めた場合にのみである。現状どおりに，IASBが，IFRSという特定の基準セットへのコンバージェンスだけを推し進めるのであれば，そのように捉えることは難しいだろう。

これに対して第2の可能性は，米国のような影響力のある国の存在感ないし行動である。すなわち，米国のようなIASB以外の存在が，IFRS以外の自国基準へのコンバージェンスを独自に推し進め，そして，その国がIASBやIFRS推進国と微妙なパワーバランスの中で併存することそれ自体が，実は，会計基準の多様性を含んだ「基準作りの基準」形成のために重要なのかもしれない。つまり，IASBの流れに同調せず，自国基準へのコンバージェンスを独自に推し進めるというのが，先でいうところの「収斂先の多様性」を残しておくことになるし，また，そこでのパワーバランスの議論が，ゲーム理論的にも「相関装

---

27 たとえば，歴史を比較制度分析に取り込んだGrief (2006) などが参考になる。
28 コンバージェンスにおけるグローバル・ガバナンスの議論については，たとえば，山田 (2010) が参考になる。

置が確率的に出す指示」の「確率」の部分に該当する[29]（つまり，パワーバランス如何でどちらに転ぶかわからない）ということになるかもしれないからである。ここでの留意点は，米国が積極的に先頭に立ってその担い手になるというよりはむしろ，米国が独自路線を貫くというその存在感ないし行動そのものが，自然と会計基準の多様性を含んだ世界全体の合意形成に向けて大きく寄与するということになる，という点である。

このように考えれば，米国の存在感ないし動きというのは，実は，抽象化されたゲーム理論でいう相関装置を，リアルな世界の中に落としこむ際の，大きなヒントになり得るものと解釈しうる。

---

[29] 相関相置の現実的解釈としては，①事前に「状況aならばシステムAでコンバージェンス，状況bならば…」というダイバージェンスを含んだメタノールを各国で合意したうえで，②その後の世界情勢をみて，各国が独自に状況判断し行動する，ということが考えられる。特に②により，ゲーム理論でいう「確率による個別指示」が表現しうると解すことができる。

こころと制度

- **第 4 章** 情報開示をめぐる信頼と互恵性
  —— 会計不正の源流を探る
- **第 5 章** 記録と記憶が生み出す信頼
  —— 脳と会計制度
- **第 6 章** ガバナンス規制のあり方に関する理論と実験
  —— どのような規制が望ましいのか？
- **第 7 章** 監査の品質管理体制と社会的ジレンマ問題
  —— 規制の運用主体のあり方をめぐって
- **第 8 章** 会計専門職教育制度のデザインとジレンマ
  —— 優秀な人材の公認会計士試験離れを解消するには？

第4章 情報開示をめぐる信頼と互恵性
——会計不正の源流を探る

Summary

本章では、会計不正の源流を探る試みとして、情報開示制度の背後にある経営者・株主間の信頼と互恵がどのように生成されるのか（されないのか）について、モデルと実験で分析することにする。具体的には、ゲーム理論における送り手S（株主）と受け手R（経営者）の「信頼ゲーム」に情報開示を組み込み、受け手の資金が何倍になるかという情報（パラメータe）を私的情報とし、eの開示オプションを導入したうえで、R自らがオプション行使しeを自発的に開示できる場合(Voluntary条件)と、Sがオプション行使し、それに応じてRがeを開示する場合（Compelled条件）とを実験で比較する。

両条件の均衡に差はないはずだが、実験結果は均衡と異なり、特にVoluntary条件のもとで、「株主の信頼に対する経営者の裏切り」が生じ、経営者の自発的開示に株主は反応し経営者への信頼を高めるが、肝心の経営者はそれを裏切るという状況が観察された。つまり、一般的には望ましいとされる情報開示がかえって「報わ̇れ̇な̇い̇」信頼を生み出してしまうという、意図せざる帰結が生じる恐れがあることが示唆される。

このように、情報開示の主導権を誰が握るかで、利害関係者間の信頼や互恵の形成度合いが異なることが、実験から明らかにされることとなる。

Keyword 信頼ゲーム、開示オプション、Voluntary条件、Compelled条件、信頼、互恵性、「報わ̇れ̇な̇い̇」信頼

1 はじめに

本章は，情報開示制度の背後にある経営者・株主間の信頼と互恵をモデルと実験で分析することにする。

エンロン事件等の大型会計不正を背景として，現在，会計や監査における「制度の失敗」が大きな問題となっている。そして，その原因の背後には，序章で分析したとおり，特に人間の「意図」が関係しているといえる。つまり，人間が意図的に制度を無効化したり，制度を飛び越えた行動をすることが，制度の失敗の背景にあると考えられる。

ではさらに，人間の「意図」の背後には，一体どのような問題が存在するのであろうか。もちろんこれにはさまざまなものが想定できるかもしれないが，究極的には，そもそも企業の情報開示をめぐる利害関係者間の信頼や互恵がどのように形成され，またどのように揺らぐのか（どのように安定するのか），という最も根源的な問題に行き着くように思われる。

そこで本章は，現代の会計不正や制度の失敗の源流を探る試みとして，企業会計のコアともいえる情報開示をベースに，経営者と株主の間の信頼や互恵がどのように生成されるのか（されないのか）について，まず①ゲーム理論を用いて，エッセンスを抽出し，そのうえで，②それを実際に経済実験により検証することにする。

2 信頼ゲーム

まず①について，本章は，この問題のエッセンスを，信頼ゲーム（Berg, Dickhaut and McCabe 1995）を基礎に考えることにする。このゲームを用いるのは，後述のように，これが企業の経営者と株主ないし投資家との間の関係をシンプルかつ的確に表現しているからである。

ここで，信頼ゲームとは，送り手（S: Sender）と受け手（R: Receiver）により行われる2段階ゲームである。第1段階で，Sは初期保有額Eの範囲内で，Rに渡す金額M（$0 \leq M \leq E$）を決定する（投資額の決定）。Rは渡された金額Mを原資として企業活動をおこない，渡された額の$e(e>1)$倍の金額を獲得する

ものとする。ここで，パラメータ e は，いわば企業の収益力ないし業績を表し，R が実際に受け取る金額は eM となる[1]。

第2段階で，R は eM の範囲内で S に返す金額（返戻額とよぶ）K（$0 \leq K \leq eM$）を決定する。このゲームの最終的な利得は，第2段階終了時点における手許残高である。つまり，「S の利得＝E－M＋K」，「R の利得＝eM－K」となる。なお，ゲームの重要な前提として，このようなゲームの構造は S と R の共有知識である。また，後のオプション付き信頼ゲームと比べると，e の値も両者の共有知識となっているという点が重要である。

信頼ゲームでは，第1段階で S は R に渡す金額を自由に決定でき，第2段階で R は S に返す金額を自由に決定できる。第1段階での S が選択する金額は，第2段階での R の返戻額への予想に応じて変わり，S が R のことを信頼すればするほど，S が R に渡す金額は大きくなると考えられる。それゆえ，S が R に渡す金額は相手への信頼を表す指標として解釈でき，それがこのゲームの名前の由来となっている。その一方で，R が S に返す金額は，相手の信頼に対してどの程度報いたのか（互恵性）を表す指標となる。

信頼ゲームで描かれる送り手と受け手の関係は，送り手 S を株主ないし投資家，受け手 R を経営者としてみることにより，両者の間の根源的な利害関係を端的に表している。つまり，信頼ゲームでは，株主はどの程度経営者を信頼し，またどのくらい投資をするのか，他方，経営者はどのようにして株主からの信頼を獲得し，またそれに報いるのか，という状況が描かれているといえる。

もちろん，現代の株主と経営者を取り巻く企業環境は，信頼ゲームに記述されるほど単純なものではない。しかし，会計・監査制度を含めた法制度が株主と経営者の行動に与える効果を抽出するためには，いったんそれらの制度が存在しない状況まで遡り，そこから制度の存在する（現在の）状態へと戻らなければならないのである。このような意味で，我々は企業をめぐる利害関係者間の関係性を，信頼ゲームというプリミティブな状態から分析する必要がある。

1　信頼ゲームでは，R が渡された金額の e 倍を受け取ることに必ずしもこのようなストーリーを与えるわけではないし，後に説明する実験でもこのような説明はなされない。実験では，被験者には単に「R に渡された金額は実験者により e 倍されて R の手元に届く」と説明される。つまり，コンテクストを入れずに説明がなされる。

次に、信頼ゲームの帰結をゲーム理論により予測してみる。まず第2段階でのRの行動について考えると、第1段階でSがいかなる行動を選んでいる場合であっても、Rが自己利得のみを最大化するのであれば、正の金額を返す必然性はない。それゆえ、第1段階でのSの行動にかかわらず、第2段階ではRはK＝0とするのが最適戦略となる。この点を踏まえると、第1段階でSはM＝0とするべき、つまりRには何も渡さないということになる。つまり、送り手は受け手を信頼せず、受け手は送り手に報いない（厳密にいえば、受け手が送り手に報いないことが予想されるから、送り手は受け手を信頼しない）ということになる。これが、ゲーム理論の標準的な均衡概念である部分ゲーム完全均衡から予想される帰結である。

しかしながら、このようなゲーム理論の予測とは異なり、多くの経済実験では、しばしばSが正の金額をRに渡し、Rが獲得した金額の一部をSに返すという現象が観察されている。さらに、このRの返戻額は、Sから渡された金額が大きいほど大きくなるというように、送り手と受け手との間に正の応報性が観察されるという。このように、ゲーム理論の予測が実験結果と矛盾するケースが存在する[2]。よって、我々にも、後述のように、単にモデルを作るだけでなく、その実験をおこなう必然性があるといえる。

3 開示オプション付き信頼ゲーム
―― 情報の非対称性の導入と2つの情報開示システム

ここで最初の問題意識に戻ろう。企業の情報開示の態様と利害関係者の信頼や互恵の生成プロセスとの関係を探るにあたり、本章では、上記の信頼ゲームに、情報の非対称性を導入し、そのうえで情報開示の問題を組み込み分析することにする。

具体的には、ここでは、受け手の資金が何倍になるかという情報（パラメータe）に注目し、ここに情報の非対称性を導入する。すなわち、先のプリミティブな信頼ゲームにおいては、このパラメータeは、両プレイヤーにとっての共有

---

[2] 詳細は、信頼ゲームに関するサーベイをおこなっている Bohnet (2010) などを参照。

知識（公的情報）となっていた。しかし，パラメータeは，現実の世界では，企業の業績や収益力と捉えることができ（厳密には，eそのものが企業の収益獲得能力，eにMを乗じた額が企業の実際の業績として捉えられる），またそうであれば，経営者の私的情報と考えるのが自然である。そこで，モデル上も設定変更をして，パラメータeは，Rにとっての私的情報であると仮定する（パラメータeについて，Rは知っているが，Sは知らないという情報の非対称性を仮定する）。

しかし，パラメータeに関して情報の非対称性が存在する状況は，株主・経営者の双方にとって好ましくない。なぜなら，株主にとっては，自らの投資のために，投資元本が経営者によりどれだけ増えるのかという情報は必要不可欠であるし，また，経営者にとっても，多くの投資をしてもらうためには情報開示は不可欠であるからである。

よって次に，このパラメータeの情報開示を考えよう。具体的には，私的情報であるはずのパラメータeを，共有知識とし得るようなオプション（開示オプション）を考える。つまり，もし開示オプションが行使されれば，それにより，経営者の私的情報であるパラメータeが共有知識となり，株主もパラメータeを知ることができるという状況（逆に，オプションが行使されなければ，パラメータeは共有知識とならず，それを株主は知らないままである状況）を考えよう。

ここで，誰が開示についての主導権を握るか（オプション行使できるか）ということを基礎にすると，具体的には，以下の2つの情報開示システム（開示オプション・システム）を考えることができる。

第1は，R自らがオプションを行使しeを自発的に開示できるというシステムである。これをいま「Voluntary条件」とよぶ。第2は，Sがオプションを行使し，それに応じてRがeを開示するというシステムである。これをいま「Compelled条件」とよぶ。なお，ここでは，議論の単純化のため，情報開示をおこなうのに費用はかからないと仮定する[3]。

なお，これらは，情報開示制度（ひいては，その信頼性を保証する監査制度）は誰のためにあるのかという歴史的経路を背景にしている。第1は，情報開示や監査は経営者のためにあるとする考え方である（Watts and Zimmerman 1983）。これは，経営者が大規模資金調達等をおこなうために，自らの潔白を証明する手段（ボンディング）として情報開示や監査を用いるという発想であり[4]，歴史的には，主に米国でこのような発想での情報開示や監査へのニーズが高まって

いったとされる[5]。上記の Voluntary 条件は，主にこのような歴史的経路を背景にしている。第2は，情報開示や監査は株主および投資家のためにあるとする考え方である。これは，株主・投資家保護のために情報開示や監査が存在するという発想であり[6]，歴史的には，たとえば英国を中心に[7]このような発想での情報開示や監査へのニーズが高まっていったとされる。上記の Compelled 条件は，主にこのような歴史的経路を背景にしている。

◆**Voluntary 条件**：信頼ゲームをおこなう前に，経営者(R)は，開示オプション行使により，eの値を共有知識にするかどうかを決定する。オプション行使した場合は，eの値は株主(S)に伝わり，**2**と同様の信頼ゲームが行われる。オプション行使しなかった場合は，株主にはeの値が知らされない（ただし，eの値がどのような確率分布に従っているのかは知っている）状態で，信頼ゲームがなされる。

◆**Compelled 条件**：信頼ゲームをおこなう前に，株主(S)は，開示オプション行使

---

3 コストがかかる場合は，ゲーム理論的には，単なるコスト負担者の異なるシグナリング・ゲームの構造になるため，理論としても，両条件での均衡は異なることが予想される。これに対して，後述するように，コストがない場合は，両条件での均衡は同じになる。ここでは，理論予想(均衡)が最初から異なるもの(コストありの Voluntary 条件と Compelled 条件)を実験で比較してもあまり意味はない（もちろん，均衡の検証という意味はあるが，それ以上でもそれ以下でもない）が，理論予想（均衡）が同じになるはずのもの（コストなしの Voluntary 条件と Compelled 条件）を実験によって比較することには大きな意義があると考える。なぜなら，たとえばもし仮に，後者の場合に理論予想に反して両条件での実験結果が異なるとしたら，それは，コスト以外の何かが人間行動に大きく影響しているということの証しである。本研究は，まさにそのような人間の行動の背後にある「何か」（人間のこころに潜む意図）を明らかにすることを目的としており，本研究の目的に適った実験（比較）であるといえる。また，コストがない（理論予想は同じ）のにもかかわらず，両実験結果が異なるなら，コスト負担の問題が出てくるなら，なおさら結果は大きく変わるといえるであろうから，その意味でも，まずもってコストのない場合をここで実験することが重要であると筆者は考える。

4 このような考え方は，スチュワードシップ仮説とよばれている（Wallace 1986）。

5 特に，監査における歴史的経路については，たとえば，Edwards(1978)や異島(2011)を参照。

6 特に投資家保護のための監査という考え方は，情報仮説とよばれている（Wallace 1986）。

7 たとえば，19世紀の英国においては，会計士による監査のニーズは株主保護(「株主の納得の不在」)の視点から広まったとされる（友岡1995）。

第4章　情報開示をめぐる信頼と互恵性　111

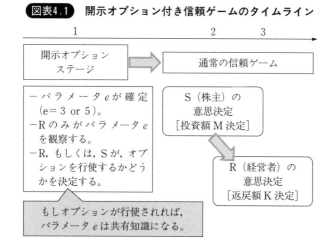

図表4.1　開示オプション付き信頼ゲームのタイムライン

により，eの値を共有知識にさせるかどうかを決定する。その後の流れはVoluntary条件と同一である。

上記を踏まえて，このゲームのタイムラインを描くと，**図表4.1**のようになる。まず第1ステージは，開示オプション・ステージであり，ここでパラメータeが確定（後の実験では，パラメータeは，50％ずつの確率で3か5のどちらかになると仮定している[8]）し，いったんはRの私的情報となるが，その後，R（Voluntary条件），もしくは，S（Compelled条件）が，オプションを行使するか否かを決定する。その後は，通常の信頼ゲームと同じ流れになる。

4　仮説──ゲーム理論の均衡

次に，実験で検証すべき仮説を考える。素朴な疑問として，上記のような情報開示の主導権の違いは，株主や経営者の「意図」，ひいては実際の行動に何か

---

[8] Basu, Dickhaut, Hecht, Towry, and Waymire（2009a）をはじめ，多くの先行研究ではパラメータeが固定されており，かつ，その場合にはe=3を用いている。またeが変動する仮定をおいた先行研究であるLunawat（2013）では，e=3，5にしている。以上のことから，本研究においても，先行研究との比較を容易になし得るように，パラメータeの数値を先行研究に合わせて，e=3 or 5とすることにする。

違いをもたらすのだろうか。また，制度設計上の観点からいえば，株主が経営者を信頼し，企業への投資が促進されるのは，一体どちらの条件だろうか。そして，経営者が株主からの信頼により報いるのは，一体どちらの条件だろうか。

ここで，上記のゲームの顛末を，ゲーム理論で予測してみよう。まず，このゲームは，交互に意思決定をおこなう逐次手番ゲームであり，そのゲーム・ツリーを描くと，**図表4.2**のようになる（なお，ここでは，E＝10，e＝3 or 5 と仮定する）。

図表4.2に示されるとおり，実は，パラメータeが共有知識となるかどうかは，利得に影響を与えない構造になっているため，このゲームの部分ゲーム完全均衡は，通常の信頼ゲームと同じになる。よって，開示オプションの保有者がRであれ，Sであれ，いずれの場合でも，Sの投資額M＝0，および，Rの返戻額K＝0が均衡となり，両条件間での差はないことになる。つまり，ゲーム理論の予想からすると，開示の主導権を誰が握るかということは，特にプレイヤーの信頼や互恵の形成に影響を与えないということになる。

図表4.2 ゲーム・ツリー

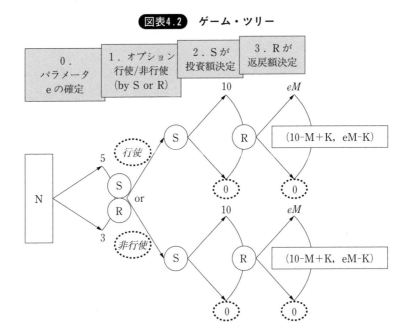

【仮説】両条件の比較

> Voluntary条件とCompelled条件とでは，SとRの行動は変わらない。
> 仮説（a）：Sの投資額Mの値は，両条件間で差はない。
> 仮説（b）：Rの返戻額Kの値は，両条件間で差はない。

なお，ここで，本研究と伝統的なディスクロージャー研究との違いについて述べておく。これまでのディスクロージャーに関する先行研究においても，自発的開示と強制開示を比較するような理論・実験研究は数多く存在する（たとえば，椎葉・高尾・上枝 2010を参照）。そこでは，主に，市場（証券市場や製品市場）の存在を前提として，市場を介したディスクロージャーそのものの成立要件を問うような研究が数多くなされていた。これに対して，本研究は，市場というよりは，むしろ経営者と株主の直接的な繋がりに生まれるであろう人間関係を捉えたいと考えている。つまり，市場という存在を取り払ったうえで，経営者と株主の間のダイレクトな委託・受託の関係に何が生まれるのか，情報開示を題材にした人間の信頼や互恵の生成や崩壊のありさまをつかまえたいというのが本研究のねらいである。つまり，情報開示そのものに焦点を当てる先行研究に対して，本研究は，（情報開示そのものというよりはむしろ，それをつうじた，もしくは，その背後にある）人間の意図，ないし人間同士の関係性そのものを捉えたいと考えている。このように，本研究と先行研究とでは，実は問題意識が大きく異なり，その結果，検証したいポイントが大きく異なっているという点には，くれぐれも留意されたい。

5　実験デザイン

次に，実験デザインについて述べる。我々は，3で説明した開示オプション付き信頼ゲームの実験をおこなった。実験は，2013年2月と2014年4月に，同志社大学のコンピュータルームにおいて実施され，実験の被験者は同志社大学の学部生86人である。

Compelled条件には40名の被験者，Voluntary条件には46名の被験者が，それぞれ参加した。各被験者には文書化された実験インストラクションが配られ，実験者が全員の前でインストラクションを読み上げた。インストラクションで

は中立的な用語を使用した。インストラクションの後、各被験者に確認テストを実施した。よって、すべての被験者は実験内容を正確に把握していたと考えられる。

ネットワークで接続されたコンピュータを用いて、被験者たちはオプション付き信頼ゲームを20回繰り返しておこなった。実験プログラムの作成、実験の実施には、第2章と同様に z-Tree (Fischbacher 2007) を用いた（実験の画面は**図表4.3**参照）。各回終了後のフィードバック情報は、自分自身の行動と相手の行動（送り手の投資額 M、受け手の返戻額 K）、および、自分自身の獲得ポイントのみであり、最小限のものだけに留めている（他プレイヤーの獲得ポイント等は一切フィードバックしていない。**図表4.4**参照）。なお、ゲームをおこなう相手は毎回ランダムに決定されたが、自身の役割（送り手、受け手）は実験当初に決定され、その役割は20回の間固定された。つまり、両条件とも、最初に2つのグループ（送り手のグループと受け手のグループ）に分けられ、一方のグループの1人の被験者は、他方のグループからランダムに選ばれた被験者と信頼ゲームをおこなうという設定である。

両条件とも、実験パラメータは以下のように統一された。初期保有 E は10ポイントであり、倍率 e の値は3か5のいずれかであり、それぞれ確率1/2で生じるようにした。ただし、両条件で e の値の決定に偏りがあると比較が困難になるので、実際の e の値は上記の分布からそれぞれの出現回数が同一の10回となるケースを実験者が事前に抽出し、それを2つの条件のすべての送り手と受け手のペアに当てはめた。

実験の所要時間は1時間半であり、被験者は参加費の1,000円に、実験により獲得した総ポイントを1ポイント5円で換算した金額を合計した値を謝金として受け取った。謝金の平均は2,302円であった。

6 実験結果 ── 情報開示の主導権の違いは株主の信頼と経営者の互恵に影響を与えるか？

6.1 開示オプションの行使行動

次に実験結果について述べる。まず、各条件での情報開示オプションの行使

第4章　情報開示をめぐる信頼と互恵性

図表4.3 実験の画面

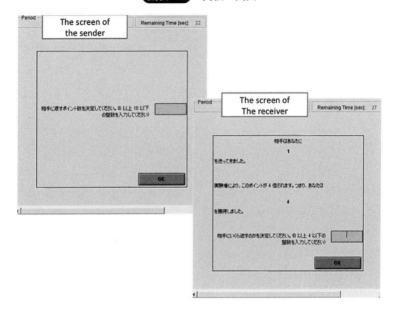

図表4.4 各回終了後のフィードバック情報

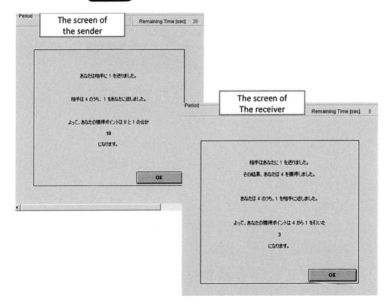

図表4.5　条件別の開示オプション平均行使率

	N	平均行使率（分散）	p値（χ 二乗検定）
Compelled 条件	460	87.2%（0.112）	0.00
Voluntary 条件	400	73.0%（0.197）	

行動を説明する。**図表4.5**は，条件別の開示オプションの平均行使率を表している。

図表4.5に示されるとおり，まず一方，Compelled条件のN（全観測数）は460サンプル（＝参加者46名÷2（株主役のみ）×20回繰り返し）であり，オプションの平均行使率は87.2%であった。他方，Voluntary条件のN（全観測数）は400サンプル（＝参加者40名÷2（経営者役のみ）×20回繰り返し）であり，オプションの平均行使率は73.0%であった。両者の間には，1%水準で統計的な有意差が存在した。よって，両条件の間で，オプションの行使率に違いがみられ，特に，株主側（S）が情報開示に主導権を握る場合に，より高い頻度でオプション行使がなされた。

ここで，この両者の差異をより掘り下げて考えるために，オプション行使率の時系列での比較をおこなってみると，前半（1-10回）と後半（11-20回）の推移は，**図表4.6**のようになる。

ここでの特徴は2つある。まず第1は，Voluntary条件のもとでは，前半と後半の行使率の間に大きな違いがあったことである（1%水準の統計的な有意差がみられた（χ 二乗検定））。特に前半は低かった（66.5%）ものの，後半は79.5%と高い行使率となっている。このことは，Voluntary条件のもとでは，実験の前半では，経営者（R）は自発的なオプション行使に積極的でなかったのに対して，後半は，むしろ自発的なオプション行使に積極的に取り組んでいたことを示している。第2は，これに対して，他方，Compelled条件のもとでは，前半と後半の行使率との間に統計的な有意な差がみられなかったということである（前半87.0%，後半87.4%）。これは，Compelled条件のもとでは，株主（S）は，開示オプション行使による e の開示を，最初から最後まで変わらず高い頻度で要求していたことを示している。

このように，両条件の間では，行使率の時系列の推移に大きな違いがみられ，特に，経営者側が自発的に情報を開示することのできるシステム（Voluntary条

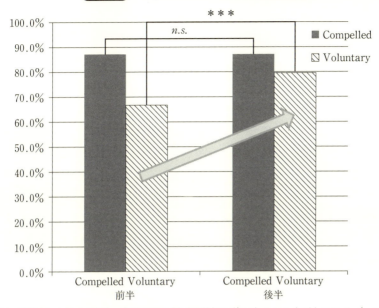

図表4.6 開示オプション行使率の時系列比較

（注）図表中における***は，有意水準1％で統計的な差があることを示している（χ二乗検定）。また，n.s.は，統計的な有意な差がみられなかったことを示している。

件)のもとでは，前半から後半にかけて，開示オプション行使率の大幅な伸びがみられる点が重要である。

では，一体なぜ，Voluntary条件においては，このような変化が起きたのだろうか。そのことを考えるために，次に，株主（S）の投資行動を観察してみよう。

6.2 株主（送り手S）の投資行動 —— 株主は経営者を信頼するか？

図表4.7は，条件別の株主（S）の平均投資額を表している。

図表4.7　条件別の株主（S）の平均投資額

	N	平均投資額 M（分散）	p 値 （Mann-Whitney の U 検定）
Compelled 条件	460	5.62（14.77）	0.00
Voluntary 条件	400	4.16（12.37）	

　図表4.7に示されるとおり，まず一方，Compelled 条件の N（全観測数）は460サンプル（＝参加者46名÷2（株主役のみ）×20回繰り返し）であり，株主の平均投資額は5.62であった。他方，Voluntary 条件の N（全観測数）は400サンプル（＝参加者40名÷2（株主役のみ）×20回繰り返し）であり，株主の平均投資額は4.16であった。両者の間には，1％水準で統計的な有意差が存在した。よって仮説（a）は，統計的に棄却される。このように，両条件の間で，株主の平均投資額 M には違いがみられ，特に，株主側（S）が情報開示について主導権を握る場合に，より多くの投資がなされたといえる。

　次に，このような違いが生じた原因を探るために，各条件ごとに，オプション行使・非行使別に分けて，その内訳をみてみよう（**図表4.8**）。

　図表4.8に示されるとおり，ここでの特徴は，大きく3つある。

　まず第1は，Compelled 条件においては，オプション行使・非行使の違いにより，投資額に違いがみられなかったということである（行使時の平均投資額5.65, 非行使時の平均投資額5.39）。このように，株主自身が情報開示を要請できるシステムのもとでは，情報開示の有無（情報開示のオプション行使・非行使）は投資行動に影響しなかった。

　第2は，Voluntary 条件においては，オプション行使がなされたときの投資額は，そうでない場合の投資額と比べて明らかに高かったということである（行使時の平均投資額4.60, 非行使時の平均投資額2.93で，両者の間には1％水準で統計的な差がみられる）。このように，経営者側が情報開示を自発的になし得るシステムのもとでは，情報開示の有無は投資行動に影響を与えた。

　では，なぜそのような差がみられたのかが問題となるが，それが第3の点である。つまり，両条件では，株主の経営者に対する信頼形成の仕方ないしプロセスが大きく異なるという点が第3の特徴である。前述のとおり，信頼ゲームの投資額 M は，送り手の受け手に対する信頼性の高さ，つまり，株主の経営者

図表4.8　条件別・オプション行使状況別の平均投資額

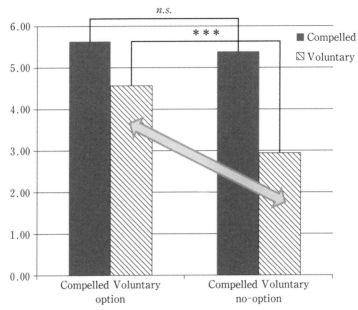

（注）図表中における***は，有意水準1％で統計的な差があることを示している（Wilcoxonの Mann-Whitney 検定）。また，$n.s.$ は，統計的な有意な差がみられなかったことを示している。なお，オプション行使がなされた場合を「option」，オプション行使がなされなかった場合を「no-option」と，それぞれ示している。

に対する信頼性の高さを表現している。ここでまず一方，株主自身が情報開示を要請できるシステム（Compelled 条件）のもとでは，情報開示の有無は，株主が経営者を信頼する度合いには影響を与えなかった。これは，情報開示の主導権が株主自身にあるからである。つまり，情報開示がなされるかどうかは，株主自身の意思決定に依存して決まるため，株主にとっての相手の評価（経営者に対する信頼）形成にはそもそも関係がないからである。

これに対して，他方，経営者側が情報開示を自発的になし得るシステム（Voluntary 条件）のもとでは，情報開示の有無は，株主が経営者を信頼する度合いに影響を与えた。これは，情報開示の主導権が経営者側にあるからである。つまり，情報開示がなされるかどうかは，経営者の意思決定に依存して決まるため，株主にとっての相手の評価（経営者に対する信頼）形成に関係すると（開示してくれる経営者は信頼できる，開示してくれない経営者は信頼できないと）株主が捉えた

から[9]である。

　そしてこの点こそが，**6.1** において述べた，Voluntary 条件のもとで，前半から後半にかけて，開示オプション行使率の大幅な伸びがみられた理由である。すなわち，Voluntary 条件において，前半では，経営者はあまり情報開示に積極的ではなかったが（これは，情報開示をしてパラメータ e が共有知識になってしまうと，経営者の受取総額 eM が明らかになってしまう結果，その eM に見合う分の返戻額 K をきちんと返さなければならなくなる（開示が自分の不利に繋がる）と経営者が考えたからである，と推察できる），それに対する株主サイドにおいては，経営者に対する信頼形成について，情報開示を基礎に大きく 2 つのパス（「開示してくれる経営者は信頼できる」というパスと，「開示してくれない経営者は信頼できない」というパス）が構築されていった。そして，その 2 つのパスが構築されていくにつれて，経営者サイドでも，「情報開示すれば，たくさん投資してもらえる」，「情報開示しなければ，あまり投資してもらえない」ということに気づき始め，後半では，オプション行使率が統計的に有意に増加したと考えられる。

　このように，Voluntary 条件では，オプション行使の有無が，株主の経営者に対する信頼形成に大きな影響を与えたことがわかるが，ここで問題となるのは，本当に「開示してくれる経営者は信頼できる」，「開示してくれない経営者は信頼できない」ということなのか，である。この点を検証するために，次に，経営者が株主に対してどれだけ報いたか，返戻額 K についての分析をおこなうことにしよう。

6.3　経営者の返戻額 K 決定行動
　── 経営者は株主に対して互恵的に振る舞ったか？

　次に経営者の株主に対する互恵性について検討しよう。ここでは，互恵性の指標として，返戻額 K そのものの額をみるのではなく，経営者が自分の手元に増えた資金総額 eM の中でどれだけを株主に返したかという経営者の株主に対する返戻率＝返戻額 K/eM を用いることにする[10]。たとえば，株主の投資 M＝

9　ここで「株主が捉えたから」と傍点をつけている理由は，後述する。つまり，実際そうであるか否かにかかわらず，株主が勝手にそう捉えているというニュアンスが含められている。

10、パラメータ e＝3 だとすると、経営者は、eM＝30 の資金の中からいくらを株主に返すかを決定するが、たとえば K＝15 だとすると（増えた分のちょうど半分を返すとすると）、返戻率は 0.5（＝15/30）ということになる。他方、パラメータ e＝5 とし、他の条件は一定とすると、返戻率は 0.3（＝15/50）となる。つまり、たとえ K の値が同じであったとしても、経営者が自ら得た資金総額（返す値の予算制約ともいえる）が異なるなら、それに応じて比率も異なることになる。この場合は、後者のほうが、経営者はより大きな資金を得ている (50) にもかかわらず、その 3 割しか株主に戻していない（自分の取り分を 7 割としている）ことがわかる。**図表4.9**は、条件別の平均返戻率を表している。

図表4.9　条件別の平均返戻率

	N	平均返戻率 K/eM（分散）	p 値（Mann-Whitney の U 検定）
Compelled 条件	460	0.23 (0.046)	0.00
Voluntary 条件	400	0.19 (0.046)	

図表4.9に示されるとおり、まず一方、Compelled 条件の N（全観測数）は 460 サンプル（＝参加者46名÷2（経営者役のみ）×20回繰り返し）であり、平均返戻率は 0.23 であった。他方、Voluntary 条件の N（全観測数）は 400 サンプル（＝参加者40名÷2（経営者役のみ）×20回繰り返し）であり、平均返戻率は 0.19 であった。両者の間には、1％水準で統計的な有意差が存在した。よって仮説（b）は、統計的に棄却される。このように、両条件の間で、平均返戻率には違いがみられ、特に、株主側が情報開示について主導権を握る場合に、経営者は株主により多く報いているといえる。ここで、どのぐらい株主に返すかという割合は、経営者の株主に対する互恵性の指標であることから、Compelled 条件のほうが、経営者は株主に対してより互恵的に振る舞うということが明らかになる。

次に、時系列・条件別・オプション行使・非行使別の平均返戻率をみると、

---

10 互恵性について、Basu et al.（2009a）などでは、株主の投資にどれだけ報いたかという意味で、株主の投資収益率 ROI（Return On Investment）＝返戻額 K/投資額 M を用いている。しかし、本研究では、Basu et al.（2009a）等と異なり、パラメータ e が固定ではなく、変動するという前提をおいているため（つまり、経営者の自分の手元に増えた資金総額は、e の変動の影響を受けるため）、その変動を考慮に入れた K/eM のほうが、互恵性の尺度としてより望ましい指標といえる。

図表4.10のようになる。

図表4.10 時系列・条件別・オプション行使状況別の平均返戻率

		Total	前半	後半
Compelled 条件	オプション行使時	0.23	0.23	0.23
	オプション非行使時	0.19	0.20	0.19
Voluntary 条件	オプション行使時	0.19	0.23	0.15
	オプション非行使時	0.19	0.16	0.22

ここで特に注目したいのは，Voluntary 条件である。すなわち，Voluntary 条件のもとでは，オプション行使・非行使では，平均返戻率に差はなく，いずれも0.19であることがわかる（経営者が獲得した資金総額のおよそ2割弱しか株主に返さない）。つまり，経営者は，自らオプションを行使してパラメータeを開示する場合も，行使せずパラメータeを開示しない場合も，どちらの場合でも株主に対して同程度の互恵性しかもたないということがわかる。

これは，先に述べた株主の経営者に対する信頼形成の議論からすると衝撃的な結果である。議論を整理すると，**図表4.11**のようになる。

図表4.11 Voluntary 条件における株主の信頼と経営者の互恵

株主サイド	経営者サイド
［信頼形成の2つのパス］ ●「情報開示してくれる経営者は信頼できる」（平均 M＝4.60） ●「情報開示してくれない経営者は信頼できない」（平均 M＝2.93）	［株主に対する互恵性は，実は変わらず］ ● 情報開示する経営者の互恵性（返戻率＝0.19） ● 情報開示しない経営者の互恵性（返戻率＝0.19） ➡ 情報開示の有無と返戻率は無関係

図表4.11は，株主の思い（経営者への信頼性）と経営者の思い（株主への互恵性）に大きなミスマッチが生じていることが示されている。すなわち，先に述べたとおり，Voluntary 条件では，オプション行使の有無が，株主の経営者に対する信頼形成に大きな影響を与えており，「開示してくれる経営者は信頼できる」というパスと，「開示してくれない経営者は信頼できない」というパスの，2つのパスが構築されていった。これに対して，当の経営者は，情報開示しようがしまいが，株主への互恵的な態度を変えることはなかった。逆にいえば，情報開示した経営者は，株主の信頼（より大きな投資）をある意味で裏切って，情報開

示しない経営者と同レベルでの返戻行動しかしなかったのである。その意味では，経営者は，情報開示を逆手にとり，オプションを行使することにより株主の信頼を得つつも，それに応えない行動をとっていたことがわかる。ここでたとえば，図表4.10に示されるVoluntary条件のオプション行使時の平均返戻率を時系列で見ると，前半が0.23，後半が0.15と，時間の経過とともに減少している（より互恵的に振る舞わなくなってきている）が，これ（と，先に述べたオプション行使率の時系列推移（後半になってオプション行使率がより高まること））はまさに，情報開示を逆手にとり株主の信頼を得た経営者が，後半でその信頼を裏切るような行動を意図的にとっていたことの証といえる。

以上のように考えれば，Voluntary条件のもとでは，情報開示により株主から経営者に対する信頼が生まれるが，しかしそれは経営者からの互恵の伴わない，いわば「報われない」信頼，ないし，「虚構の」信頼であるといえるかもしれない。つまり，極論すれば，一般的には望ましいとされる情報開示がかえって「報われない」信頼を生み出してしまうという，意図せざる帰結が生じる恐れがあることがここで示唆される。

他方，Compelled条件では，このような信頼と互恵の形成パターンはみられない。このように，実験の結果から，情報開示の主導権を誰が握るかで，利害関係者間の信頼や互恵の形成度合いが異なることが理解できよう。

7　本章のまとめと次章に向けて

本章は，情報開示の主導権の違いが，経営者・株主間の信頼や互恵の形成にどのような影響を及ぼすかについて，経済実験を用いて検証をおこなった。具体的には，信頼ゲームにおいて，経営者の収益獲得能力（ないし業績）を表すパラメータeについて情報の非対称性を導入したうえで，当該パラメータeについて，経営者自らに情報開示オプションがあるシステム（Voluntary条件）と，株主側に情報開示オプションがあるシステム（Compelled条件）という2つを，実験室で仮想的に創出し，その中で経済的インセンティブを付与された被験者がどう振る舞うか，またどのような「人間関係」が構築されていくかを検証した。両条件の均衡に差はないはずだが，実験結果は均衡と異なる帰結となり，情報開示の主導権を誰が握るかで，利害関係者間の信頼や互恵の形成度合いが

大きく異なることが示唆された。

　本章で得られた重要なインプリケーションは，以下の3点である。

（1）　2つの条件間でオプション行使率の推移が大きく異なったこと。特に経営者に情報開示の主導権のあるVoluntary条件では，後半にその比率が高まったが，これは，情報開示が株主から信頼を得る手段となり得ることに気づいた経営者の行動によるものと考えられる。

（2）　2つの条件間で，株主の経営者に対する信頼の形成パターンが大きく異なったこと。特にVoluntary条件のもとで，経営者に対する信頼形成について，情報開示を基礎に大きく2つのパス（「開示してくれる経営者は信頼できる」というパスと，「開示してくれない経営者は信頼できない」というパス）が構築されていったこと。

（3）　2つの条件間で，経営者の株主に対する互恵の度合いが大きく異なったこと。特にVoluntary条件のもとでは，「株主の信頼に対する経営者の裏切り」が生じ，経営者の自発的開示に株主は反応し経営者への信頼を高めるが，肝心の経営者はそれを裏切るという状況が観察されたこと。つまり，情報開示がかえって「報われない」信頼を作ってしまう恐れがあること。

　最後の点は，現実世界に対しても重要な示唆を有する。すなわち，経営者自らが情報開示の主導権を握るというVoluntary条件の発想は，先に述べたとおり，米国の情報開示の歴史や考え方がモチーフとなっているが，その米国においては，エンロン事件をはじめとする大型会計不正が起き，また時代を遡ると同様の事件が繰り返されているように思われる。そしてこれは，実は，偶然ではなく，必然なのかもしれない。つまり，ここでみたように，実は，この米国型の情報開示システムは，そもそも株主の信頼と，それに対する経営者の裏切り行動が生まれやすいしくみになっている可能性があり，そしてそうであれば，このようなシステムの現実の行く末を，我々は別のしくみ（たとえば，英国をモチーフとしたCompelled条件）と比較しつつ，真剣に考える必要があるのかもしれない[11]。

　また，本章の実験に関する限界（かつ今後の発展性）は，以下の2点である。すなわち，①本章のモデルは現実の問題のエッセンスを抽出したものにすぎず，現実世界のすべてを語っているわけではないこと（もちろん他の要因の分析を同

時におこなっていく必要があること），および，② Voluntary 条件や Compelled 条件以外のシステムとの比較検討（パラメータ e が共有知識となるシステムや，パラメータ e が私的情報であり続ける（オプションのない）システムとの比較の必要性），である。

なお，本章では，会計のコアといえる情報開示を基礎にして，株主や経営者の信頼と互恵の問題を扱った。そして，一般的には望ましいとされる情報開示がかえって「報われない」信頼を生み出してしまう恐れがあることが示唆された。

そしてそうであれば，逆に会計が株主と経営者との間の「報われる」信頼を創りあげることはできないのだろうか，という素朴な疑問がわいてくる。ここで，信頼や互恵については，現在，実験社会科学の領域で大きくとり上げられているところである。たとえば，神経経済学（neuroeconomics）などでは，経済学，心理学と神経科学との融合により，信頼や互恵の問題が大きく取り上げられている。そこで，次章では，このような新しい流れを踏まえつつ，企業会計の制度ないししくみが「報われる」信頼関係を創りあげることができるのかについて，考えてみよう。

---

11 なお，このような（米国型の情報開示のしくみが会計不正を生み出しやすいしくみになっているという）結論は，実は，第Ⅰ部での検討に対して，一見反対の結果となっており，興味深い点である。すなわち，第Ⅰ部において，会計基準のコンバージェンスのためにはダイバージェンスが必要不可欠で，そこでは米国の会計戦略が極めて重要である旨を述べた。しかしながら，この結論は，米国の会計の中身までを支持するものではなく，あくまで米国流の「自分が一番」という戦略（他国の会計基準との関係性に関する行動方針）そのものを支持するものであった。それに対して，本章の結論は，むしろ，米国流の開示システム自体は，会計不正に対して大きな問題があるというものであり，批判の次元が異なっている。つまり，以上をまとめると，次のようにいえる。すなわち，①コンバージェンスの問題を考えると，米国のような会計戦略をとる国の存在は貴重（第Ⅰ部の結論）だが，②しかし，米国が採用する開示システム自体が望ましいものかどうかは別問題（むしろ，会計不正の問題を考えると望ましくない（本章の結論））といえる。つまり，ここでも，大きなジレンマ問題が生じているといえる。なお，このように考えると，実は日本の会計戦略ないし決断が極めて重要なものとなることが理解できる。つまり，もし日本が，①会計基準のコンバージェンス・ダイバージェンスに関しては米国と同じ戦略（つまり，IFRS に迎合しない方針）をとりつつも，②しかし，開示システム自体は，日本の伝統的な委託・受託関係の発想から，ここでいう Compelled 条件に依拠したものを採用するとしたら，日本の存在は，国際社会でも大きな存在になり得るかもしれない。

第5章 記録と記憶が生み出す信頼
——脳と会計制度

Summary

本章では，企業会計の制度ないししくみが，株主と経営者との間の「報われる」信頼関係（株主と経営者の信頼と互恵が適切にマッチした状態）を創りあげることの可能性を，信頼や互恵を神経科学的に分析する新しい研究を踏まえたうえで考察することにする。

まず議論の前提として，企業会計研究と神経科学・神経経済学研究との関係を考えてみると，それは企業会計の2つの職能に即して次のように整理することができる。すなわち，まず一方，企業会計の意思決定支援機能については，相対所得やあいまいさに関する神経経済学研究が大きなヒントとなり得ること，また他方，企業会計の契約支援機能については，社会脳研究が大きなヒントとなり得ることが示唆される。

そして，特に後者の契約支援機能に注目すると，（神経科学・神経経済学研究そのものではないが）脳の記憶との関連で，企業会計の記録の意味を考える研究であるDickhaut（2009）が，会計による「報われる」信頼構築の大きなヒントとなり得ると考えられる。そして，結論的には，企業会計制度の根本部分といえる記録行為が，人間の脳の記憶を補完し，人間同士の信頼を生み出す可能性が，実験の結果から明らかにされる。

Keyword　「報われる」信頼, 神経経済学, 意思決定支援機能, 契約支援機能, 信頼, 記録

1 はじめに

　本章では，企業会計の制度ないししくみが，株主と経営者との間の「報われる」信頼関係を創りあげることの可能性について，実験社会科学の領域における神経経済学などの新しい研究を踏まえたうえで考察することにする。

　すなわち，第4章では，企業会計のコアといえる情報開示を基礎にして，株主や経営者の信頼と互恵の問題を扱った。そして，ある状況下では，一般的には望ましいとされる情報開示がかえって「報われない」信頼を生み出してしまう恐れがあることが明らかにされた。

　そしてそうであれば，逆に「報われる」信頼を，企業会計が創りあげることはできないのだろうか，という素朴な疑問がわいてくる。ここで，「報われる」信頼とは，株主の信頼に対して，経営者が誠実に報いるような状態，つまり，株主と経営者の信頼と互恵が適切にマッチした状態を指すものとしよう。株主は経営者を信頼し，経営者はその信頼に適切かつ誠実に応える。そのような信頼と互恵の適切なマッチングがなされるのであれば，会計不正の問題も，もしかしたら解決に向かうかもしれない。

　ここで，信頼や互恵については，現在，実験社会科学の領域で大きくとり上げられているところである。たとえば，神経経済学（neuroeconomics）などでは，経済学，心理学と神経科学との融合により，この問題が大きく取り扱われている。そこで，本章では，このような新しい流れを踏まえつつ，企業会計の何らかのしくみが「報われる」信頼関係を創りあげることができるのか否かについて考えてみよう。結論的には，企業会計における記録行為が，人間の脳の記憶を補完し，人間同士の信頼を生み出すということが，経済実験から明らかにされる。

　そして，このような結論に至る前に，本章は少し「遠回り」をしながら検討を進めることにする。まず2では，「遠回り」（あとの議論の前提）として，会計研究と，神経科学・神経経済学との接点ないし融合の方向性を考える。そして，この「遠回り」をうけるかたちで，3では，脳と会計との関係を捉えた先駆的研究といえるDickhaut (2009) を概観し，会計が「報われる」信頼を創りあげることができるかについて，その方向性を確認する。そして，最後に4で，全体

のまとめをおこなうことにしたい。

2　会計研究と脳 —— 2つの方向性

本節では，あとの議論の前提として，企業会計研究と神経科学・神経経済学など新しい研究の潮流との接点ないし融合の方向性を考えることにする。

伝統的な経済学においては，人間は経済合理的に行動する完璧な存在として描かれてきた。しかしながら，近年の多くの制度の失敗を背景に，このような人間観に対して大きな疑問が提起されており，「人間のこころの問題」をベースにした新しい経済学が，いま大きな注目を集めている[1]。そして，この動きは「人間のこころはどこにあるのか？」，「こころと脳は違うのか？」，「こころを知るにはどうすればよいのか？」という古くて新しい問題とも相俟って，経済学だけでなく，神経科学や心理学などといった既存分野との連携ないし総力戦により，経済制度設計の問題を考えていこうという大きなムーブメントとなっている。特に，神経科学と経済学の融合領域は，神経経済学とよばれ，このようなムーブメントは，従来の社会科学研究で Black Box とされてきた人間の脳の中身を，f-MRI（機能的核磁気共鳴画像）により解明しようという試み（社会科学と自然科学との融合によるグランドセオリーの構築を目指す試み）へと繋がっている（Glimcher 2003, Glimcher and Rustichini 2004, Camerer, Loewenstein, and Prelec 2005, Glimcher, Camerer, Fehr, and Poldrack 2009等）[2]。

たとえば，Camerer et al. (2005) によれば，従来の経済学研究は，**図表5.1**でいうⅠのみを取り扱うだけで，Ⅱ・Ⅲ・Ⅳの領域は対象としてこなかったが，今後は，Ⅱ・Ⅲ・Ⅳの領域も検討対象とすべきであるとの見解が示されている。

すなわち，人間の意思決定行動は，Ⅰだけでなく，Ⅱ・Ⅲ・Ⅳをも含めた全体のバランスを基にしてなされるものであり，特に，人間の意思決定は理性を司る部分（Ⅰ・Ⅲ）だけでなく，情動を司る部分（Ⅱ・Ⅳ）とが相互に関連しあっ

---

[1] 具体的には，たとえば，Camerer (2003), Binmore (2007), 川越 (2007 ; 2010), 河野・西條編 (2007), 子安・西村編 (2007), 西條編 (2007), 西條監修・西條・清水編 (2014), 大垣・田中 (2014), 依田・後藤・西村 (2009) などを参照。

[2] なお，このような経済学と神経科学との融合については，もちろん賛否両論ある。この点について，経済学者，神経科学者，心理学者，科学哲学者が検討を加えているものとしては，たとえば，川越編 (2013) などがある。

図表5.1　脳内活動のタイプ分け

	認知（「理性脳」） 前頭前野	情動（「情動脳」） 大脳辺縁系
制御プロセス（段階的，意識的，自覚的起動，内省可能）	I	II
自動プロセス（並行的，自動的，反射的起動，内省不可能）	III	IV

（出所）Camerer et al.（2005）をもとに作成。

てなされるということが，近年の神経科学の研究で明らかにされてきている（特に，相互依存関係における人間の意思決定や，人間の非合理的行動は，II・IVのプロセスを深化させていくことで解明されるかもしれないとされている）。このように経済学と神経科学との融合（実験の被験者の脳の動きをf-MRI等で探るという研究）を図る神経経済学研究が，いま大きな注目を浴びているのである。

ここで，翻って会計のことを考えてみるに，このような神経科学的な観点は，企業会計制度の問題を考えるにあたってどのような知見を我々にもたらしうる（もしくは，もたらしえない）であろうか[3]。

企業会計研究と神経科学研究との接点を考えてみるに，その方向性は，企業会計の2つの機能ないし職能に即して，大きく2つあるように思われる。すなわち，従来から，企業会計には，大きく2つの職能ないし社会的機能が存在するとされている（須田 2000, Scott 2006等）が，ここでは，暫定的な作業仮説として，この2つの職能の違いに注目し，それぞれの職能を踏まえたうえで，企業会計研究と神経科学的な研究との接点およびその融合の方向性を考えてみたい。

2.1 企業会計の意思決定支援機能と神経科学研究

企業会計の職能の第1は，意思決定支援機能ないし測定パースペクティブ（measurement perspective）である。これは，投資家の経済的意思決定に際し，有用な情報を提供するために会計情報が存在するという職能であり，この観点

---

[3] 企業会計を神経科学的に捉える研究を，山地（2009）は「神経会計学」とよぶ。なお，経営者の公正価値評価における神経活動を捉えた先駆的な研究としては，山地・後藤・山川（2014）などがある。

からは，投資家のファンダメンタルバリュー予測に資するために会計情報が役立つものとされる（Scott 2006）。

そしてまず，このような投資意思決定支援機能の観点から，企業会計研究と神経科学的な研究との接点を捉えることができる。具体的には，証券市場を前提として，投資家の意思決定プロセスや会計情報の利用プロセスないし経営者の情報開示プロセスなどを神経科学的に解明していくことで，現在の会計制度が，投資意思決定支援にどれだけ役立っているのかを説明したり，どのような制度設計が望まれるのか検討を進めることができるかもしれない。

なお，ここでの重要なポイントないし留意点は2つある。まず第1は，株価との関連をどのように捉えるのかということである。つまり，証券市場における会計情報の役立ちを考えるにあたっては，投資家単体ないし経営者単体の意思決定だけを捉えるのでは，不十分であるといえる。すなわち，証券市場においては，人間の予測や行動そのものが，株価自体を大きく変えてしまうことがある。たとえば，株価予想に係る代表的な分析手法の1つとしては，配当割引モデルなどのファンダメンタル分析が挙げられるが，実際の株価は，投資家のさまざまな思惑や心理バイアス（Hirshleifer 2001等）によって，ファンダメンタル価格から乖離することがしばしばあるし，場合によっては，極端な乖離をみせる（バブルが発生する）ことも大いにあり得る。また，そのような人間心理は，証券市場では，個人単体で存在しているわけではない。現実の証券市場にはさまざまなタイプの投資家がおり，またそれらが複雑に絡み合って存在しているし，さまざまなタイプの経営者が，それらの行動を織り込んだうえで，会計情報を発信しようとしている。そして，それらの相互作用が株価を生み，さらには，その株価の認知が，新たな人間心理や行動を生むのである（田口 2007a；2008b）。

このように考えれば，ただ単純に，投資家や経営者の意思決定における脳活動をf-MRIで分析し，投資家のファンダメンタルバリュー予測に資するための会計情報が開示されるよう制度設計すればよいとか，投資家単体の認知バイアスを上手く誘導し，ファンダメンタルバリューに近い予想が可能となるような会計情報を出して，意思決定支援をするような何らかの制度設計をすればよいというような研究では不十分である（会計研究と神経科学研究の真の意味での融合にはならない），ということが理解できる[4]。つまり，証券市場では，単にファ

ンダメンタルバリューがわかればすべてが解決するわけではなく，人間の予想や心理ないしそれらの相互作用が株価を生み，さらにはそれが人間心理にフィードバックされ，新たな人間心理を生みだすという循環関係ができ上がっている。それは，いわば「『社会』としての証券市場」（小幡 2006）ということができるだろう。その意味でも，単に，企業価値をどう予想するか，というだけではなく，他者の予想や心理をどのように捉えるか，という相互依存的な文脈の中での投資家や経営者の神経活動，および会計情報の利用を検討していく必要があるといえる。

この点に関連して，人間の限定合理性をも踏まえた複数人の相互依存関係という視点を支えるヒントとなり得る神経経済学研究としては，たとえば，Rilling, Gutman, Zeh, Pagnoni, Berns, and Kilt（2002）やFujiwara, Tobler, Taira, Iijima, and Tsutsui（2008）などが挙げられる。

まず，Rilling et al.（2002）は，繰り返し囚人のジレンマゲーム実験により，対戦相手が人間の場合とコンピュータの場合とでは，脳活動が異なることを示している。具体的には，自分が「協力」を選んだ時に，相手も「協力」を選ぶと，線条体，前帯状回皮質，眼窩前皮質という報酬，葛藤の調整，感情を司る部位が賦活化することを明らかにした。特に，線条体と眼窩前皮質の賦活化を鑑みると，互酬的な協力行動は，喜びの感情をもたらすといえる。さらに，Rilling et al.（2002）は，人間と対戦する場合と，コンピュータと対戦する場合とで，脳活動が異なるかどうかをf-MRIにより測定し（なお，いずれの場合も，被験者には，対戦相手が人間であるかコンピュータであるかを知らせている），その結果，活動部位は同一であるものの，人間が対戦相手となるほうが，その賦活化

---

4 なお，行動ファイナンスは，市場における「人間の問題」に着目することで近年発展をみせている研究領域であるが，主として投資家個人の意思決定バイアスに注目していることが多い。しかしながら，本章における主張のように，現実の証券市場にはさまざまなタイプの投資家がおり，またそれらが複雑に絡み合って存在している（またさらに，投資家の意思決定は，経営者の意思決定とも関係しているし，それらの意思決定が複雑に絡み合って証券価格が決定されている）ことを鑑みれば，その考察にあたっては，人間の意思決定や行動を，（単なる一個人を超えた）複数人の相互依存関係の中で捉えるという視点が特に重要となるように思われる。よって，このような点からすれば，本書の視点は行動ファイナンスのそれとは大きく異なるし，また，行動ファイナンスの延長で研究がなされていることの多い現状の神経ファイナンス（neurofinance）も，証券市場における研究としては不十分であるように思われる。

の度合いがより大きいことを示している。つまり，端的にいえば，人間相手のほうが喜びという感情も大きくなるということである。そして，このように考えると，他者との関係性の中で想起される感情と，そうではなく個人単体で想起される感情とでは，その強さに差異がみられるということが理解できるし，また，このような他者との関係性の中での感情を踏まえた意思決定プロセスを解明していくことが，上記の問題解決の1つの端緒になるように思われる[5]。

また，Fujiwara et al. (2008) は，意思決定により金銭的報酬や罰を得る選択課題をおこなう被験者の脳活動をf-MRIにより計測し，絶対的損得（たとえば，投資をおこない，100円儲かった，200円損したという直接的な損得）と相対的損得（自分が選ばなかった選択肢との比較による損得。たとえば投資の結果，100円儲かったが，もし仮に別の投資案件に投資していたら500円儲かったとするならば，相対的な損得は，100－500＝△400円として計算される）を感じる脳の部位に違いがあることを明らかにしている。具体的には，絶対的損得に対しては，脳の帯状皮質およびその周辺が賦活化したが，これらは，系統発生的にも古い大脳辺縁系の一部であり，情動や，物理的ないし心理的な痛みと関係の深い部位とされている。他方，相対的損得に対しては，脳における前頭連合野とよばれる部位が賦活化したが，その中でも特に，次の2つの部位の賦活化がみられた。まず相対的な利得に対しては，前頭前野腹外側部が賦活化した（これは絶対的な損得に対しては賦活化しなかった）。また相対的な損失に対しては，前頭眼窩野や前頭前野背外側部などが賦活化した。

ここで前頭連合野は，系統発生および個体発生のいずれにおいても最も新しい脳の部位であり，社会的な適応行動や意思決定など，高度な精神活動に中心的な役割を果たしていると考えられている[6]。このように考えると，証券市場における投資意思決定においても，単に個人単体で投資に成功したとか，失敗したとかいう場合の人間心理や脳活動と，自分自身の予想との乖離（予想よりも儲かった，損した）や他者との乖離（他の投資家よりも儲った，損した）との間で生じる人間心理や脳活動とが，神経科学的に異なっているということを認識した

---

5 他者との関係性の中での感情と会計研究との関係については，たとえば田口（2008a；2009b）を参照。
6 Fujiwara（2008）については，岩田・河村編（2008）もあわせて参照（ここでの記述も，岩田・河村編（2008）を参照している）。

うえで，特に，後者の人間心理ないし脳活動に注目して検討を進めていくことも，上述の問題解決の1つの端緒となり得るように思われる。

　また，第2の留意点は，会計情報はあくまで多くの情報源のうちの1つ（one of them）にしかすぎない，ということである。証券市場における株価との関連では，会計情報はあくまで「多くの要素の中の1つ」（one of them）にすぎないように思われる。すなわち，上述のように，現実の証券価格は，企業のファンダメンタルズだけでは決まらず，そこに「人間の心理」や「市場全体におけるさまざまなタイプの投資家間の相互関係」というものが加味されて初めて決定されるように思われる。そしてそうであれば，会計情報は，株価形成ないし株価予測という点からすると，実は，極めて限定的な役割しか有していないといわざるを得ない。もちろん，投資家の意思決定を補完するという意味で一定の意義を有するのかもしれないが，しかしながら，この役割（ないし機能）は，極めて限定的なものといわざるを得ないだろうし，他の情報源との相対の中で，会計情報を位置づける作業が重要となる。

　このような視点からの研究には，さまざまなものが考えられるかもしれないが，たとえば，その方向性の1つとしては，証券市場におけるうわさと会計情報との関係をどのように捉えるか，また，それを神経科学的にどう分析するか，という点が挙げられるかもしれない。

　証券市場においては，株価変動に繋がる情報をどのように入手し，また分析するかが重要となるが，投資意思決定の情報源としては，会計情報のようなある程度精度の高い情報のほかに，嘘か本当かもよくわからない「あいまい」なうわさというものもある。特に昨今，インターネット上などで，投資に関するさまざまなうわさが書き込まれ，また広がっていく状況を考えると，このようなうわさと会計情報との関係性を整理しておくことも1つ重要となるであろう。

　うわさそのものについての研究は，社会心理学などの領域でいくつか散見される（たとえば，Allport and Postman 1947, Rosnow 1976, 川上 1997など）が，うわさ研究の特質について，たとえば，川上（1997）は，以下のように述べている。「うわさは，うわさという一対一のコミュニケーション行動でありながら，次々とそのようなコミュニケーション行動が繰り返されていくうちに，その枠を超えて集合行動としての特質を獲得するのです。うわさを交わしている二人

の『うわさ』は，基本的に二者関係の中での会話に過ぎません。しかし，それらの会話が次々と交わされていくうちに，『うわさ』は発達していき，<u>社会の中で『うわさ』となり，人々の考え方や行動の仕方に一定の方向をもって影響を与える力をもつ</u>ことになるわけです」(pp.62-63。ただし，下線は田口)。このように，うわさは，まさに人間の相互依存的な関係性の中で，集合行為として伝播し，変容していくものであるといえるが，これを証券市場における文脈で捉えるならば，どのように考えることができるだろうか。また，証券市場における会計情報とは，一体どのような関係にあるのであろうか。

このヒントとなり得る神経経済学研究としては，たとえば，Hsu, Bhatt, Adolphs, Tranel, and Camerer (2005) が挙げられる。Hsu et al. (2005) は，不確実性下における意思決定と，あいまい性下における意思決定をおこなっているときの被験者の脳を f-MRI で分析し，その結果，両者が異なることを明らかにした。具体的には，不確実性下における意思決定では，特に明確な報酬が期待できる場合には脳の線条体が賦活化したのに対して，あいまいな意思決定をおこなっている場合には，扁桃体や前頭眼窩野が賦活化した。ここで線条体は，報酬に関与する部位であるのに対して，扁桃体は嫌悪感などの情動に関与(この場合，前頭眼窩野は，扁桃体(情動)のモジュレーションとして機能)する部位である。

ここで，もし仮に，うわさをあいまいな情報(うわさを用いた投資意思決定をあいまい性下における意思決定)，会計情報を不確実な情報(会計情報を用いた投資意思決定を不確実性下における意思決定)と捉えるならば，上記の研究からは，証券市場においてうわさを用いた投資意思決定と会計情報を用いた投資意思決定とでは，嫌悪感のような情動をベースに意思決定するのか，それとも理性的な帰結として意思決定するのかという点で，大きく異なる可能性があるし，またそれらを踏まえたうえで，両者の関係性を分析することができるかもしれない[7]。

2.2 企業会計の契約支援機能と神経科学研究

企業会計の職能の第2は，契約支援機能 (須田 2000) ないし情報パースペク

---

7 なお，証券市場におけるうわさについては，Rose (1951) や Bommel (2003) などもあわせて参照。

ティブ (information perspective) である。これは，コーポレート・ガバナンスないし企業組織の中で，企業会計や記録機構の重要性を捉える立場であり，この観点からは，経営者の業績評価のために会計情報は役立つものとされる[8]。

そして，このような契約支援機能の観点から，企業会計研究と神経科学的な研究との接点を捉えることもできる。具体的には，企業における組織ないし契約関係を前提として，株主や債権者の意思決定プロセスや会計情報の利用プロセス，ないし，経営者の情報開示プロセスなどを神経科学的に解明したり，記帳組織の重要性を神経科学的に解明していくことで，現在の会計制度が，契約支援にどれだけ役立っているのかを説明したり，どのような制度設計が望まれるのか検討を進めることができるだろう。

その際，大いに参考となる神経科学研究としては，社会脳（Social Brain）に係るものが挙げられるかもしれない。ここで社会脳とは，社会を形成・維持するための脳の中の社会性モジュールをいい，そもそもこのようなモジュールが存在するのか，また，社会（の構造）は人間の脳の中にどのように反映されているのか，という議論が，神経科学において高まっている（開・長谷川編 2009，岩田・河村編 2008，井上・山田・神庭 2009，村井 2009）。より具体的には，たとえば，ミラーニューロン（他者の動作のプログラムの状態（つまり，他者の脳の内部の状態）を，自己の脳の内部の状態としてシミュレーションする部位）や扁桃体（情動を司る部位）が，そのようなモジュールの候補として大きな注目を浴びている。もし企業の組織や契約の問題を，社会における他者との関係性の問題として捉えたり，もしくは社会的な適応行動との関係性で論じるのであれば，このような部位に係る研究が，会計研究にも大きなヒントとなり得るかもしれない。

また，このラインの研究として有望なものとしては，企業会計のしくみの基本ともいえる記録の重要性を脳の記憶（memory）との関係性で論じる研究が挙げられる（Dickhaut 2009）。これは，神経経済学における f-MRI を用いた研究

---

[8] 第1の役割と第2の役割の違いは，会計の構造や記録の存在を捨象し，アウトプットとしての財務諸表情報だけを念頭に置いて考えるのか，それとも，会計構造の存在ないし記録の存在を中心として考えるのか，という企業会計の本質の捉え方とも大きく関係してくる。この点については，たとえば井尻（1976）や笠井（2005）等を参照されたい。

ではないが，つまり，脳のどの部位が賦活化したとかいうタイプの研究とは一線を画するが，人間の脳と会計制度との関係を捉えた極めて興味深くかつ大胆な仮説のもと，記録や会計制度の重要性を検討している。そこで，節を改めて，Dickhaut(2009)の概要とその意味について考えることにする。そして，実はここにこそ，本章の冒頭で述べた「報・わ・れ・る・」信頼と企業会計の問題が潜んでいる。

3 経済発展と記録——脳の補完としての会計制度

Dickhaut(2009)は，脳は会計制度の起源であると述べ，脳活動と会計行為との関係について検討している。そこでは，Basu et al. (2009a) や Basu and Waymire (2006) における信頼ゲーム実験をとり上げ，記録 (recordkeeping) の重要性を論じている。以下，彼らの仮説と実験結果を概観することにしよう。

すなわち，会計の基本は記録にあるが，この点に着目して，彼らは，経済社会の中で，一体なぜ記帳行為が発生したのか，以下のような大胆な仮説を立てている。すなわち，文明の基本は，信頼 (trust) や互恵性 (reciprocity) による協調行動をおこなう能力にあるが，これらの信頼や互恵性に関する情報は，通常は人間の脳へ記憶 (memory) されていく。たとえば，この取引相手なら信頼できるとか，この相手には裏切られたから，信頼できないとかいった情報は，脳の記憶を司る部位へ次々と記録されていき，次の取引時には，そのような記憶された情報を再起することで，取引をするかどうか，またどのような取引をするか，意思決定をおこなうことになる。そしてプリミティブな経済のもとでは，取引相手や回数も少ないため，そのような情報の記録・保存は，脳の記憶だけで事足りていたという。

しかしながら，経済が発展・複雑化してくると，それでは不十分になる。すなわち，経済が発展・複雑化してくると，取引相手が複数となり，また取引自体も複雑となるが，脳の記憶には限界があるため，取引相手の信頼に関する情報は，脳の記憶だけでは不十分となってしまう。そこで登場するのが，記録 (recordkeeping) という行為である。つまり，取引履歴を「脳の外」へ随時記録していくことにより，人間は，経済発展の中でも，安心して取引をおこなうことができ，またそのことがさらなる経済の発展をよぶ，という正のフィードバッ

ク・ループができ上がることになるのである。以上のように考えると，会計は，複雑化していく経済環境の帰結であり，人間の脳（特に，記憶を司る部位）を補完するものであるというのが，彼らの仮説である。

そして，彼らは，このような記録の役割と経済の複雑性との関係に係る仮説を，繰り返しあり信頼ゲーム実験により検証している（Basu et al. 2009a, Basu and Waymire 2006）[9]。信頼ゲームは，第4章でみたとおりであるので，ここでの詳細な説明は割愛するが，送り手の投資額は信頼性の指標として，また受け手の送り返す額は互恵性の指標として，それぞれ捉えることができる（どちらも大きければ大きいほど，相手への信頼性や互恵性が高いといえる）。

このようなゲームを前提として，彼らは，これを10回繰り返しありのゲームに拡張する。また，相手が1人（1対1）ではなく，相手が複数（5対5）となる複雑な状況（「複雑な経済」）を設定し，さらには，相手をIDで識別できるような状況[10]を構築する。このような設定のもと，彼らは，実験を「記録あり条件」（取引をしながら，コンピュータ上のメモ欄に自由に記録をしていくことができる条件）と，「記録なし条件」（記録ができない（つまり，取引履歴などはすべて自分の脳に記憶しなければならない）条件）とでおこない，その結果を比較している。

そして，実験の結果，「記録あり条件」のほうが，相手への信頼度や互恵性，そして経済全体としての生産性（第4章でいうeM）も，統計的に有意に高くなったという知見が得られている。これは，相手がIDで識別可能な繰り返しゲームの中では，相手の「評判」や過去の行動履歴が重要になるが，経済がより複雑になっていけばいくほど，そのような情報の保持を脳の記憶だけに頼る

9　なお，Basu, Kirk, and Waymire（2009b）や Waymire and Basu（2007）は，会計史的観点から，この点を検証している。あわせて参照されたい。
10　なお，この点は，第4章における我々の実験デザインとは決定的に異なる。すなわち，第4章の実験では，ゲームをPC上で20回繰り返し，相手はランダムに毎回変わり，かつ，個人を特定するID等を付与していないため，相手の識別は不可能である。これに対して，Basuらの実験では，特に相手を特定しうるIDを付与することで，実験室内で経済社会における「評判」が創出されるような環境を構築している。このように，同じ信頼ゲームをベースにした実験でも，デザインが大きく異なるのは，実験を通して観察したいところが大きく異なるからに他ならない（Basuらの研究では，記録の重要性に繋げることを企図して，記録の対象となる「評判」が創出されるような環境を構築している。他方，第4章の研究は，繰り返しによる相手との継続的な繋がりや評判の影響を可能な限り排除したギリギリの環境のもとでも，開示のしくみにより何らかの人間関係が構築されるかどうかをみたいがために，評判の発生を抑えるようなデザインを採用している）。

ことは不可能である。そこで必要となるのが記録である。すなわち，もし記録をすることができるのであれば，相手の評判等を取引ごとに随時記録していくことで，それ以降は，相手の評判に合わせて自らの行動を決定することができるため，より効率的な意思決定をなすことができる。また，その結果，人々は評判というものを気にしながら（自らの評判を落とすことなく，また相手の評判に上手く適応させて）行動していくことになるため，必然的に相手を裏切るような行動は控えられることとなる。

　これは極めて興味深い結果である。つまり，記録がある場合とない場合とでは，記録のある場合のほうが，信頼性や互恵性のより高い社会環境が構築され，結果として経済全体も発展していくということが，この実験結果から示唆されるのである。つまり，企業会計のしくみの根本部分といえる記録行為により「報われる」信頼，すなわち，株主と経営者の信頼と互恵が適切にマッチした状態が社会で構築されるというのが，彼らの実験から得られるインプリケーションである。

　もっとも，彼らの検証結果ないし実験デザインには問題がないわけではない。たとえば，ここでいう記録(recordkeeping)は，特に実験では，被験者の自由記述を指している。つまり，記録といえども，定性的な記述も含めて広く定義しており，必ずしも会計情報と関連した簿記的な記帳（bookkeeping）とは限らない。つまり，ここでは会計の重要性というよりもむしろ，記録一般の重要性が検証されているにすぎない。また，もし仮に，ここでの記録が，簿記的な記帳であったとしても，実験のデザインの中では，記録の外部報告は想定されておらず，もっぱら記録した当事者のみの利用しか想定されていない。また，その記録の対象も，あくまで相手の評判に関する記録（他者の情報）であり，自らの行動の結果や将来性に関する記録（自己の情報）にはなっていない点には，くれぐれも留意する必要がある。

　以上のように，Dickhaut(2009)らの研究は，まだ改良の余地が残されているものの[11]，会計制度が，複雑化していく経済環境に対して信頼形成のために人間

11　この点に関連して，たとえば，三輪 (2012) は，Dickhaut (2009) における「記録」の仕方を一部修正したパイロット実験をおこなっており，概ね先行研究と同じ結果を得ている。

の脳(特に記憶機能)を補完するものであるという発想は斬新である。つまり，我々の問題意識に戻って人間心理の観点から会計を捉えるとすると，そして，株主・経営者間の「報・わ・れ・る・」信頼というものを企業会計のしくみから生みだそうとするならば，何よりもこの記録というプロセスを重視した制度設計をおこなうことが極めて重要であるということが理解できる。

なお，これは，井尻(1976)や田口(2007a)における契約支援機能の重要性を論じる見解とも整合している。たとえば田口(2007a)は，昨今のエンロン事件等企業の大型不正ないし不祥事を背景として，近年，コーポレート・ガバナンスないし企業の内部統制との関係で，企業会計における記録機構(複式簿記機構)の重要性が見直されており，継続的かつ網羅的に企業の経済活動を(勘定を辿ることで)記録していく複式簿記システムの存在により，このような企業不正ないし企業不祥事を事前に牽制ないし防止しようという流れがあることを指摘する。そして，そのうえで，誘導法により，企業の経済活動を継続的かつ網羅的に勘・定・に・記・録・し・て・い・く・という複式簿記機構の存在が，企業のコーポレート・ガバナンスを，シ・ス・テ・ム・と・し・て・頑強にしており，また，そのようなガバナンス面での役割期待(ないし，会計構造(複式簿記機構)の存在をベースとした契約支援機能や会・計・責・任・概・念・)こそが，企業会計の本質と捉えることができるかもしれないとしているが[12]，まさにこのような見解は，Dickhaut(2009)のラインの研究と，整合的であると考えることができよう。

4 本章のまとめと次章に向けて

本章では，前章での検討から，企業会計の制度ないししくみが，株主と経営者との間の「報・わ・れ・る・」信頼関係を構築することができるか，という問題意識から，会計研究と神経科学研究との接点に関する暫定的な作業仮説として 2 つの方向性を提示したうえで，Dickhaut(2009)のいうように，記・録・というものの存在が「報・わ・れ・る・」信頼を生む可能性について検討した。そこで得られた知見と今後の課題は次の 4 つである。

---

12 同様の考え方については，田口(2009a, b)などもあわせて参照。

(1) 企業会計研究と神経科学研究との接点に係る第1の方向性としては，企業会計の意思決定支援機能の観点から，証券市場を前提として，投資家の意思決定プロセスや会計情報の利用プロセス，ないし，経営者の情報開示プロセスなどを神経科学的に解明していくことで，現在の会計制度が，投資意思決定支援に，どれだけ役立っているのか説明したり，どのような制度設計が望まれるのか検討を進めることが考えられること。

(2) ただし，そこでは，株価との関連や，他の情報源との関係性を踏まえる必要があり，単に投資家の意思決定における脳活動を f-MRI で分析するだけの研究では，不十分であること。

(3) 企業会計研究と神経科学研究との接点に係る第2の方向性としては，企業会計の契約支援機能の観点から，企業における組織ないし契約関係を前提として，株主や債権者の意思決定プロセスや会計情報の利用プロセス，ないし，経営者の情報開示プロセスなどを神経科学的に解明したり，記帳組織の重要性を神経科学的に解明していくことで，現在の会計制度が，契約支援にどの程度役立っているのか説明したり，どのような制度設計が望まれるのか検討を進めることが考えられること。

(4) その際，社会脳（Social Brain）に係る研究や，脳の記憶との関連性を捉える研究がこのラインの研究としては有望であること。

以上のように，特に，(3)や(4)に示されるような，記録ひいては会計の契約支援機能をキーワードにすると，会計制度の根本部分といえるところから株主・経営者の間で「報われる」信頼が生まれる可能性がある[13,14]というのが，本

---

13 なお，神経経済学においては，信頼の生理学的な分析も進んでおり，たとえば，Zak (2012) は，信頼ゲームのあとにプレイヤーから採血をおこない，その結果，相手を信頼し，また相手から信頼される場合に，プレイヤーの血中のオキシトシンの濃度が有意に高まっていることを明らかにしている。つまり，オキシトシンが人間の信頼形成にかかわっていることが示唆されており，Dickhaut (2009) の研究と Zak (2012) の研究の何らかの融合を図ることも興味深い論点といえる。

14 なお，社会心理学においては，信頼形成に文化差があるかどうかという研究も進められている。よって，本章での検討が，すべての国の経済や企業において普遍的にいえることなのか，それとも何らかの経済的な「文化差」が効いて，異なる帰結が得られるのかは，第I部との関連においても，また比較制度分析との関連においても，極めて興味深い問題である。社会心理学における信頼と文化の関係については，たとえば，山岸 (1998)，石黒・亀田編 (2010)，および，山岸編 (2014) などが参考になる。

章の大きなメッセージである。

　なお，この（契約支援機能が重視する記録行為から，株主・経営者間の「報われる」信頼が生まれるという）結論は，実は，第4章の実験結果とも整合的である。すなわち，第4章の実験において，Voluntary条件では，「報われない」信頼が生じてしまうが，他方，Compelled条件では，このような事態は発生しなかった。ここでまず一方，Voluntary条件の経営者主体の米国的な情報開示スタイルを，会計の機能でいう意思決定支援機能と，他方，Compelled条件の株主主体の英国的な情報開示を，会計の機能でいう契約支援機能と，それぞれ親和性の高いものと位置づけるならば，第4章の結果は実は，契約支援機能的な考え方（株主と経営者の委託受託関係が根源にあり，株主が経営者に情報開示を要請するというかたち）がより望ましいということを示唆していることとなる。このように考えると，第4章，および，本章の結論は，実は根本部分で繋がっており，契約支援機能的な発想の重要性が理解できる。

　ここで，次のような疑問が生じる。すなわち，会計の記録により，そのような信頼が生まれるのであれば，会計不正を防止するための大掛かりな規制などは，そもそもいらないのではないか，という素朴な疑問である。たとえば，会計不正に対して，日本でも大掛かりな内部統制開示・監査制度が導入されたり，機関設計の再構築など，コーポレート・ガバナンスについての議論がされたりしているが，そもそもそのような大掛かりな規制は必要なのであろうか。そこで次章では，会計不正に対する規制の意味やそのあり方について検討することにしよう。

第6章 ガバナンス規制のあり方に関する理論と実験
—— どのような規制が望ましいのか？

Summary

　本章では，会計不正に対処するためのコーポレート・ガバナンス規制の意味やそのあり方について，ゲーム理論と実験により分析することにする。

　前章で検討したように，会計の記録行為により株主と経営者の間の信頼関係が生まれるのであれば，会計不正を防止するための大掛かりな規制などは，そもそもいらないのではないか，という素朴な疑問もわいてくる。たとえば，会計不正に対して，米国や日本では，内部統制監査制度の導入や，倫理規程の整備，ないし，機関設計の再構築など，コーポレート・ガバナンスについての議論がなされているが，そもそもそのような規制は必要なのか，またもし必要であるとしても，どのような規制であれば，実効力のあるものになるのかは，極めて重要な問題である。そこで，本章では，コーポレート・ガバナンス規制に焦点を当てて，会計不正に対する規制の意味やそのあり方について検討することにする。

　具体的には，会計倫理に関する規制と内部統制監査制度について，モデルと実験により検討をおこない，①ガバナンス規制については，単に一律強制するのではなく何らかの「ひとひねり」が必要となること，および，②規制対象となる要因が，規制前にどのような機能を有していたのかをきちんと見極めたうえで制度設計する必要があることが，実験結果から明らかにされる。

　また，さらに，会計不正に適切に対処し得るガバナンス規制をつくるためには，研究と実務との間の「距離感」を埋める必要があり，そのために，実験研究が両者の橋渡し役を担い得ることが示唆される。

Keyword コーポレート・ガバナンス，内部統制監査制度，「ひとひねり」，会計倫理，「距離感」

1 はじめに

　本章は，会計不正に対するコーポレート・ガバナンス[1]規制の意味やそのあり方について，ゲーム理論と実験を用いて分析することを目的とする。

　第5章でみたように，会計制度の根本部分である記録は，脳の記憶を補完することで，株主・経営者の間の「報われる」信頼関係の形成に大きく貢献する可能性があるが，ここで，会計の記録によりそのような信頼関係が生まれるのであれば，会計不正を防止するための大掛かりな規制などは，そもそもいらないのではないか，という素朴な疑問もわいてくる[2]。たとえば，会計不正に対して，米国や日本では，内部統制監査制度の導入や，倫理規程の整備，ないし，機関設計の再構築など，コーポレート・ガバナンスについての議論がなされているが，そもそもそのような規制は必要なのであろうか。また，もし必要であるとしても，どのような規制であれば，実効力のあるものになるのだろうか。規制は強化すればするほどよいのだろうか。このような問題意識から，本章では，コーポレート・ガバナンス規制に焦点を当てて，会計不正に対する規制の意味やそのあり方について検討することにする[3,4]。

---

[1] なお，本章では，（以下の議論に自由度をもたせるために）「コーポレート・ガバナンス」という用語をあえて厳密に定義せずに議論を進めていくが，「コーポレート・ガバナンス」の「コーポレート」を取り去った「ガバナンス」の定義としては，（暫定的にではあるが）たとえば河野編（2006）の定義が参考になると考えている。すなわち，「ガバナンス」とは，「stakeholderの利益のためのagentの規律付け」をいう（p. 13）。なお，この定義が参考になると考えているのは，本章の研究のベースが主にゲーム理論（比較制度分析）にあり，かつ河野編（2006）の定義は，ゲーム理論的分析と親和性が高いと考えられるからである。

[2] この点は，もしかしたら次のように，別の方向から考えることもできるかもしれない。すなわち，「前章までの検討（会計の記録により株主・経営者間の信頼関係が生まれる）にもかかわらず，いまだに会計不正が後を絶たないのはなぜか？」という疑問である。もし仮に，このように考える場合，それに対する回答の方向性は2つある。①第4章の知見と関連して，米国流の開示システムを採用していると会計不正が絶えなくなる可能性があるので，開示の主導権が誰にあるのかという問題を考える必要があること，および，②記録以外の部分の規制が上手くいっていないから結局不正が防止できない可能性があるため（「記録」以外の部分の規制，たとえば本章で扱うコーポレート・ガバナンス規制など），その点を再吟味する必要があること。以上のように考えれば，もしここで「いまだに会計不正が後を絶たないのはなぜか？」というリサーチ・クエスチョンをたてたとしても，本章の検討には大きな意義があるといえる。

なお，本章におけるコーポレート・ガバナンス規制の議論は，実は，第Ⅰ部で議論したグローバル・コンバージェンスにおける制度的補完性の議論とも関連している。すなわち，第3章で確認したとおり，Wysocki（2011）によれば，会計基準はそれ単体で成立するわけではなく，さまざまな他の明示的・非明示的な制度との関係性の中で初めて成立するものであるという。まさにここでのコーポレート・ガバナンス規制は，会計基準を考えるうえで考慮すべき重要な「他の制度」の1つといえよう。このように，本章での議論は，実は第Ⅰ部の問題を考えるうえでも極めて重要なポイントとなる点には，くれぐれも留意されたい。

　まず2および3では，具体的な論点として，企業の倫理規程および内部統制監査制度に関する実験研究をとり上げる。4では，それらをうけて，研究と実務の「距離感」について述べる。最後に5では，本章のまとめをおこなう。

3　武井（2013）によれば，コーポレート・ガバナンスは，プラスの側面とマイナス防止の側面を有し，より具体的には，①適法性，②効率性，③公益性という3つの側面を有するという(p.5)。これに則していえば，本章は，主に①適法性に係るマイナス防止という側面に注目しているといえる。なお，最新のコーポレート・ガバナンスの研究動向については，武井（2013）のほか，神田・小野・石田編（2011），宮島編（2011），小林・高橋編（2013），ないし，広田（2012）などが参考になる。また，本書の依拠する比較制度分析とコーポレート・ガバナンスとの関係に関する先行研究としては，たとえば，Aoki（2001）のほかには，菊澤（2004）などが挙げられ，また，経済学的視点からコーポレート・ガバナンスを論じているものとしては，たとえば伊藤（2005）や柳川（2006）などが参考になる。この他（ゲーム理論を用いた比較制度分析ではないものの）制度間比較という意味でのコーポレート・ガバナンスの国際間比較としては，（若干古い文献になるが）たとえば深尾・森田（1997）などが挙げられる。また，①適法性といった場合の法律としては，日本であれば主に金融商品取引法や会社法が重要になるが，特に後者については，たとえば岸田（2012）が参考になる。

4　なお，本章ではとり上げないが，注3で挙げたコーポレート・ガバナンスの3つの側面のうち，主に②効率性の側面に焦点を当てた先駆的文献としては，たとえば，日本コーポレート・ガバナンス・フォーラム・パフォーマンス研究会編（2001）やNakano and Nguyen（2012）などが挙げられる。

2 倫理規程の理論と実験
―― どのような規制が「実効力ある規制」なのか？

2.1 問題意識 ―― 倫理規程の比較制度分析

　本節では，コーポレート・ガバナンスの中でも，会計倫理の問題について考えてみよう。特に会計倫理の問題を題材に，どのような規制の形態が「実効力ある規制」となり得るのかを検討することにする。

　会計不正に対処するためには，経営者をどのように規律づけるかという点が重要な鍵となるが，近年，その一手段として[5]「会計倫理」の重要性が叫ばれている。たとえば，エンロン事件等大型会計不正を背景に導入された米国のいわゆる SOX 法（the Sarbanes-Oxley Act of 2002[6]）においては，上場企業に「倫理規程」設置状況の開示が求められている（SOX 法第406条）。具体的には，定期報告書において，CFO や経理部長等に適用される倫理規程の採択の有無，かつ採択していない場合にはその理由を開示する必要があり，また，倫理規程に盛り込むべき内容も法定されている。

　ここで大きな疑問として生じるのは，このような「倫理規程」に関する現行制度[7]が，本当に経営者を規律づけ，また投資家の投資を促進するのかということである。そして，このような疑問を検証するには一体どうしたらよいのか（どういう手段が考えられるか）という検証手段に関する追加的な疑問もわいてくる。たとえば，もしアーカイバル分析でこの謎に接近するとしたら，まず直面するのは，代理変数の問題（経営者の倫理水準をどのように測定するか，また，経営者が

5　別の手段としては，効率的・効果的な報酬契約の決定などが挙げられる。本章ではとり上げないが，この点についての実験会計研究としては，たとえば，Kuang and Moser（2009）などがある。

6　正式には，the Public Company Accounting Reform and Investor Protection Act of 2002.

7　なお，ここで決定的に重要なのは，「倫理規程」自体が強制的に義務づけられているのではなく，「倫理規程」を設置しているかどうか（および設置していない場合にはその理由）の開示が義務づけられているという点である。つまり，「倫理規程」の設置自体に関しては，オプションがある（選択の余地がある）という点が重要である。これがなぜ重要なのかは，後述する。

規律づけられたかどうかの尺度をどうとるかの問題)やデータ採取の困難性の問題(もし導入前後の比較をするとしたら,特に制度導入前のデータをどう採取するかという問題)であろう。また,サーベイ調査(アンケート調査)をおこなうとしても,データの質の問題(統制された環境ではない状況で回答した主観データであるため,内的妥当性に欠ける恐れ)や,やはりデータ採取の困難性の問題(導入前のデータ採取が困難であること)に直面するだろう。とすると,アーカイバル分析やサーベイ調査により,このような制度の有効性を検証することは困難であるように思われる。では,我々は一体どうしたらよいのだろうか。

2.2 「倫理規程」付きの信頼ゲーム —— 理論と実験

このような問題に,経済実験[8]によりアプローチしているのがDavidson and Stevens (2013) である。Davidson and Stevens (2013) は,第4・5章でもとり上げた信頼ゲームを基礎にして,いくつかのしくみを比較する実験をおこなっている[9]。これまで述べてきたとおり,信頼ゲームは,送り手と受け手の信頼や互恵性を測るゲームである。まず送り手の投資額の均衡(投資=0)からの乖離は,相手プレイヤーに対する信頼性の大きさを,他方,受け手の返戻額の均衡(返戻額=0)からの乖離は,相手プレイヤーに対する互恵性の大きさを,それぞれ表している。

Davidson and Stevens (2013) は,信頼ゲームのこのような特徴を用いて,具体的には,**図表6.1**に示される3つの条件下における各プレイヤーのパフォーマンス(信頼性,および互恵性の大きさ)を比較している。

まず,Treatment 1 は「No code」条件であり,通常の信頼ゲームを何の制約もなしにおこなうものである(ベンチマーク)。これは現実世界の話でいえば,「SOX法導入以前」を表現しているといえる。次に,Treatment 2 は「Present」

---

[8] なお,会計倫理の問題を実証的・実験的に取り扱うものとしては,たとえばDIT (Defining Issues Test) スコアを用いる心理学ベースの研究もあり得るかもしれない。これは,主に個人に注目し,その倫理水準を定量化しようというものである(このタイプの研究については,たとえば,原田(2012)などを参照)。これに対して,Davidson and Stevens (2013) は,経済モデルを前提に,主に制度に注目し,制度間のパフォーマンスを比較しようというものであり,その発想が異なる点にはくれぐれも留意されたい。

[9] このように,会計研究とゲーム理論における信頼ゲームとは,極めて親和性が高いといえる。

図表6.1　Davidson and Stevens（2013）の実験デザイン全体像

Treatment 1	「No code」条件：倫理規程なし……【SOX法導入以前】
Treatment 2	「Present」条件：倫理規程あり，かつ，全員に強制
Treatment 3	「Certified」条件：倫理規程あり，かつ，「certificationステージ」存在……【現行制度】

（出所）Davidson and Stevens（2013）の内容をもとに筆者が作成。

条件であり，これは，受け手（経営者）に「倫理規程」をコンピュータ上で一律全員に見せてから信頼ゲームをおこなうというものである（かつ，そのことを送り手（株主）も，受け手（経営者）もすべて知っている）。これはつまり，「倫理規程」が存在し，かつ，それが制度的に一律強制されているような状況である。このような設定は，現実にはない状況であるが，実験研究によれば，このように現実にないしくみまでも同じ土俵に乗せて比較検討の対象とすることができる。ここに実験の強みがある。最後に，Treatment 3 は「Certified」条件であり，これは，まず Treatment 2 と同様に，受け手である経営者役全員に「倫理規程」をコンピュータ上で見せるのだが，その直後に「certificationステージ」として，経営者全員に対して，当該規程を受け入れ電子署名するかどうかの選択をおこなわせてから（受け入れるかどうかは経営者の任意であり，その電子署名の可否が送り手に伝わる），信頼ゲームをおこなうというものである（かつ，このような一連の流れを送り手側も，受け手側もすべて知っている）。これは現実世界の話でいえば，「SOX法第406条」を表現しているといえる。つまり，「倫理規程」の設置自体に関してオプションがある（選択の余地がある）のが現行制度の重要な特徴であるが，まさにそれが実験的に表現されているのである。

2.3　実験結果とその解釈
―― 規制における「situational cues」（「ひとひねり」）の重要性

ここで，Davidson and Stevens（2013）に示される実験結果を，特にベンチマークである Treatment 1 との比較に注目してまとめると，**図表6.2**のようになる。

図表6.2に示される実験結果とそのインプリケーションは，大きくは以下の2つにまとめることができる。第1は，「倫理規程」と「その選択の余地」を合わせることの有効性である。すなわち，Treatment 3 の「Certified」条件におい

図表6.2 Davidson and Stevens（2013）の実験結果（制度間比較）

	Treatment 2： 「Present」条件	Treatment 3： 「Certified」条件
送り手の投資額 （相手への信頼性）	Treatment 1よりも減少	Treatment 1よりも増加
受け手の返戻額 （相手への互恵性）	Treatment 1よりも減少	Treatment 1よりも増加

（出所）Davidson and Stevens（2013）の内容をもとに筆者が作成。

ては，株主の信頼性と経営者の互恵性のいずれもがベンチマークより増大している点は注目に値する。つまり，「倫理規程」が存在し，かつその採択についてオプション（選択の余地）があること，およびその採択結果が開示されるという条件が，株主の投資を活性化させ，経営者の互恵性も増大させたのである。特に，後者の経営者の互恵性増大は，コーポレート・ガバナンスの文脈でいえば，「経営者の規律づけが適切になされた」と言い換えることができるだろう。

　これは極めて興味深い点であるが，なぜ株主の経営者に対する信頼性が増大し，かつ経営者の規律づけが適切になされた（経営者が株主に対して互恵的に振る舞った）のだろうか。この点について，Davidson and Stevens（2013）は，「situational cues」という概念で説明している。ここで，「situational cues」とは，状況に応じた手がかり，ないし，「スイッチ」や「ひとひねり」であると考えるとわかりやすいかもしれない。すなわち，Davidson and Stevens（2013）によれば，社会規範（Social norms）を活性化するためには，効果的な「situational cues」の存在が不可欠であるという。ここで，「倫理規程」も，ただ単に存在し強制されるだけでは「situational cues」にはならないが，倫理規程整備の「選択の余地」があえて設けられることが（「certification choice」のプロセスの存在が），「situational cues」となり，その結果，社会規範が活性化され，投資家の信頼性が増大し，経営者の規律づけが適切になされたものと考えられる。つまり，社会的な「選択の余地」自体がオプションとして価値を生み，「situational cues」として有効に機能するというのがここでの重要なポイントである。このように考えると，SOX法第406条が，「倫理規程」設置自体の強制規定ではなく，（選択の余地が残されていることを前提とした）「倫理規程」選択に関する開示の強制規定であるという点については，一定の評価ができるだろう。

また，第2は，「倫理規程」強制の逆効果である。すなわち，Treatment 2 の「Present」条件では，株主の信頼性と経営者の互恵性いずれもがベンチマークより減少している点も注目に値する。ここで，「倫理規程」が存在し，かつそれが経営者に一律強制されるという「Present」条件が，「倫理規程」自体が存在しない「No code」条件よりも悪い結果をもたらしてしまっているのは，一体なぜだろうか。この点について，Davidson and Stevens (2013) は，社会の期待(相手プレイヤーに対する期待)により説明している。すなわち，もし仮に，「倫理規程」が存在するのにもかかわらず，それが強制にすぎない結果，経営者の行動が伴わない(経営者が誠実に振る舞わない)としたら，株主の経営者に対する「期待」(「倫理規程」が存在するから，経営者は誠実に振る舞うだろうという予想。ゲームの中でいえば，経営者が多く戻してくれるだろうから，自分はより多く投資しようという行動)は，裏切られていくことになる。とすると，裏切られた株主は，より投資しなくなってしまう。株主が投資額を減少させるとすると，他方，経営者は，さらに誠実に振る舞わなくなる（返戻額・返戻割合をより減少させていく）ことが予想される。そして，そのような経営者行動が，さらなる裏切りを生み，悪循環に陥ってしまうという状況が，Treatment 2 のような実験結果を生み出した理由であると考えられる。

これに対して，ベンチマークの「No code」条件では，そもそも相手に対する「期待」が存在しないことから，このような悪循環は生まれないものと考えられる。このように考えると，現行制度では，「倫理規程」の設置強制はなされていないものの，もし仮にそのような「設置強制規定」が導入されてしまうとしたら，制度の「意図せざる帰結」（逆効果）が発生してしまうことが，実験結果から示唆される。

以上を本章の問題意識に引き寄せていうならば，次のようになる。すなわち，倫理規程とその「選択の余地」を合わせることで，株主・経営者間のよりよい信頼と互恵の関係が構築される可能性があるが，ただ単に倫理規程を強制しただけでは意味がない（両者のよりよい信頼と互恵の関係は構築されない）ということが，実験結果から示唆される。つまり，規制は単に強制するだけでは上手くいかないケースもあり，「ひとひねり」が求められることもあるということなのである。

そして，どのようなケースで上手くいかず，またどのような「ひとひねり」が有効なのかを検討する際に，経済実験が極めて有効といえる。すなわち，実験研究の強みは，さまざまな制度のパフォーマンスを直接的に比較・評価することができる点にあり，この点，現実の制度設計に対しても大きな役立ちがあるといえる。特にアーカイバル分析と異なり，現実に存在しないしくみでさえも，事前的に制度比較の土俵に乗せ，分析をすることができるという点が，実験研究の重要な強みの1つであるといえる。

3 内部統制監査制度の理論と実験
―― 内部統制に関する規制は効果があるか？[10]

3.1 問題意識

次に，コーポレート・ガバナンスの中でも，内部統制，特に近年の内部統制監査制度に注目した研究をとり上げることにしよう。特にここでは，内部統制監査制度を題材に，規制を強化することが，本当に会計不正への対処として有効なのかどうかを考えることにしたい。

エンロン事件等の大型会計不正問題を背景として，米国にSOX法が導入され，日本にもこの「修正版」たるいわゆる「J-SOX法」が導入されたが，この有効性については，これまでも多くの研究によって議論されてきたところである。特に，SOX法第404条に基づく監査人による内部統制監査制度の有効性については，現実データを用いた多くのアーカイバル分析によって測定されてきたものの，賛否両論あるというのが現状である[11]。アーカイバル分析では，SOX法導入前後の利益の質や監査の質を比較することで，その有効性を検証することが多い（いわゆる「before-after型分析」がとられることが多い）が，もし仮に有効であるとしても，なぜ有効なのか，また逆に有効でないとしてもなぜ有効でな

---

[10] 本章では取り扱わないが，内部統制監査制度の心理実験については，田口（2013d）においてサーベイがなされている。また，日本において内部統制監査制度が導入された際の現実の各アクターの「米国追随型」行動について，分析的物語アプローチ（analistic narrative approach）を用いて検証したものとしては，田口（2011b）を参照。

[11] 先行研究の詳細なサーベイについては，Schneider, Gramling, Hermanson and Ye et al.（2009）等を参照。

いのか，詳細な要因の発見や因果関係の抽出にまで踏み込むのが困難であるという点がこれまでのアーカイバル研究の難点であった。

これに対して，田口・福川・上枝（2013）は，「内部統制監査制度は，本当に監査リスクを低下させるのか」というリサーチクエスチョンを掲げ，ゲーム理論のモデルをもとに経済実験をおこなうことで，因果関係の抽出にまで踏み込むかたちで内部統制監査制度の有効性を検証することを試みている。より具体的には，Patterson and Smith（2007）が示す監査人と経営者の戦略的相互作用のゲーム理論モデルに依拠したうえで，「SOX法がある場合」と「ない場合」とを比較する実験をおこなっており，アーカイバル分析で見ることのできなかった「なぜ有効なのか（有効でないのか）」という要因に踏み込むべく，実験のもつメリットを最大限に活かした研究といえる。

3.2 内部統制監査制度に関するモデル分析
──監査人と経営者の内部統制＆不正ゲーム

まず，Patterson and Smith（2007）のモデルのエッセンスを整理すると，以下のようになる[12]。ゲームのプレイヤーは監査人と経営者の2人であり，まず初めにNature（自然）が，経営者を事前確率θにより正直タイプ（H）と不正直タイプ（D）とに分類する。

そのもとで経営者は，内部統制の強度s（s∈[0, 1]）と不正量α（≥0）という2つの変数を決定する。正直タイプ（H）の経営者は，最強度の内部統制s＝1と最低の不正量α＝0を常に選択する（内部統制を適切に構築し，かつ，不正を一切しない）のに対して，不正直タイプ（D）の経営者は，そのような制約なくsとαを決定し得る（内部統制の強度と，不正の度合いを，それぞれ自由に決めることができる）。

次に監査人は，以下の2段階で意思決定をおこなう。まず第1ステップは，統制テストe（≥0）の水準であり，これを高くすればするほど（コストはかかるが），経営者がとった内部統制の強度sに関するシグナルhの精度は高くなる（シグナルhは，平均s，分散$1/e^2$の正規分布（確率密度$f(h|s,e)$），累積分布F

---

[12] モデルのより詳細については，田口・福川・上枝（2013）第3節のほか，Patterson and Smith（2007）の詳細な分析をおこなっている太田（2013）もあわせて参照。

($h|s, e$)に従う確率変数$\hat{h}$の実現値である)。ここで,正直タイプの経営者は$s=1$を必ずとると仮定されているため,hの値が1か否か(1か,それよりも小さいか)によって,経営者が正直者か否かを見抜くことができ,かつそのhの精度が高くなればなるほど,経営者が正直者かどうかの判定も正確におこなうことができる。そして,監査人は,シグナルhを観察した後,第2ステップとして,実証性テストの水準$x(h)$を決定する。$x(h)$を大きくすればするほど(コストはかかるが),経営者の不正を見抜くことができる。

以上の設定から,まず監査人は,コストとの兼ね合いを見ながら,経営者が正直者かどうかの「ヒント」たる統制テストを上手く利用しながら,実証性テストによる監査をおこなっていくことになる。他方,経営者,特に不正直タイプの経営者は,コストとの兼ね合いを見ながら,ある程度内部統制の水準sを高めて正直者のふりをしつつ,不正をおこなうということになる。このインタラクションの中で特に重要なのは,経営者が決める内部統制の強度sである。

以上のモデルを前提に,何も規制がない「ベンチマーク」における均衡[13]と,経営者にある一定水準以上の内部統制の強度sを要求する[14](そして監査人にもある一定水準以上の統制テストの水準eを要求する)「内部統制監査制度あり」条件における均衡とを比較すると,後者のもとでは,監査リスク(Audit Risk)はむしろ増加してしまうという興味深い知見が得られている(Patterson and Smith 2007, 20-23式)。つまり,内部統制監査制度があることで,逆に監査リスクが上昇してしまうという「SOX規制の逆効果」の可能性が,モデルから示唆されるのである。

そしてこれは,経営者の内部統制の構築度合いを示す内生変数sの大小関係(「内部統制監査制度あり」条件のもとで,sは増加する)により導出される結果である。つまり,内部統制監査制度が導入されることで,特に,不正直な経営者が内部統制を必要以上に高めてしまう結果(内部統制の強度sの増加),監査人側からすると,正直な経営者と不正直な経営者との見分けがつかなくなってしまう。このため,経営者の不正を監査人が探知できない確率(監査リスク)がむしろ増加してしまうというのが,モデルにより明らかにされる帰結である。

---

13 ここでの均衡概念は,ベイジアン・ナッシュ均衡である。
14 より厳密には,モデルの設定上は,sそのものではなく,シグナルhがある閾値を超えることが要求される(閾値を超えない場合,経営者にペナルティが科せられる)。

3.3　内部統制監査制度の経済実験 ── 2条件の比較

　そして，田口・福川・上枝（2013）は，このようなモデルの予想（均衡）が実際にも観察されるかどうかについて，実験用ソフトウェア z-Tree（Fischbacher 2007）を用いた被験者実験により検証している。具体的には，Treatment 1「ベンチマーク」（内部統制監査制度が存在しない場合）と Treatment 2「制度あり（SOX）」（内部統制監査制度が存在する場合）とを比較し，現実にも，それぞれのもとでの均衡が成立するか（理論モデルの検証手段としての実験），それとも，モデルでは予想し得ない「意図せざる帰結」が生じるか（制度設計への事前的な役立ちとしての実験）という点を検証している。ここで，実験の全体的なデザインは**図表6.3**のようになる。

　図表6.3に示されるとおり，2つのTreatmentを前提に，行動データ（変数 α, s, e, x）と（それらから計算される）監査パフォーマンス指標（期待不正量（EF: Expected Fraud），監査リスク（AR: Audit Risk），期待未発見不正量（EUF: Expected Undetected Fraud））とを，それぞれの条件間で比較している（なお，実験で用いる外生変数は，すべて Patterson and Smith（2007）の設例における数値をそのまま用いており，内生変数のとり得る範囲についても，モデルの前提を崩さな

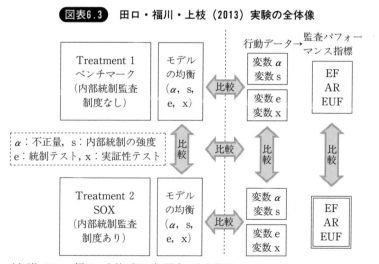

図表6.3　田口・福川・上枝（2013）実験の全体像

（出所）田口・福川・上枝（2013）図表6より引用。

いよう慎重に決定している)。

　実験は，2013年6月および7月に同志社大学でおこなわれた。被験者は，同志社大学の学部生44名であり，Treatment 1（ベンチマーク）の参加者が24名，Treatment 2（制度あり）の参加者が20名であった（Between-subjects デザイン[15]）。

　被験者は，LAN 接続されたコンピュータが設置された個別ブースに着席し，コンピュータを用いて（ソフトウェア z-Tree の指示に随時従うかたちで）実験に参加した。各役割（「経営者」や「監査人」の代わりに，単に「役割A」や「役割B」と表現し，コンテクストを極力排除している）は，コンピュータが最初にランダムに決定し，この役割は実験終了時まで固定された[16]。

　実験は，練習ラウンドを1回おこなった後，全部で5回繰り返しておこなわれた。なお，相手の決定については，ランダム・マッチング（コンピュータがランダムに被験者の組み合わせを決め，また毎回そのマッチングをおこなう方法）によりおこなわれ，また被験者もそのことを知らされたうえで実験に参加している[17]。

3.4　実験結果 ── 規制は効果があるか？

　実験結果を大枠でまとめると，**図表6.4**のようになる。
　図表6.4に示される実験結果は，大きくは以下の2つにまとめることができる。

15　Between-subjects デザインとは，被験者がいずれか1つのトリートメントにのみ参加する（複数のトリートメントには参加しない）デザインをいう。これは，被験者が複数のトリートメントに参加する Within-subjects デザインに比べて，順序効果等予期せぬ影響を排除できる点で優れている手法である。しかし反面，被験者数を確保するのが相対的に大変である（トリートメントが2つの場合は，単純に，Within-subjects デザインの2倍の被験者を確保する必要がある）という実験実施者側のデメリットがある。なお，両者の比較も含めた経済実験における被験者計画については，たとえば，Charness, Gneezy and Kuhn（2012）などを参照。

16　これは，役割が途中で変わることによる影響を排除するためのコントロールである。

17　実験は，コンテクスト・フリーで（コンテクストなしで）おこなわれている。すなわち，実験のインストラクション，および，実験実施画面では，「監査論」，「監査」，「経営者」，「内部統制」，「不正」，「制度」などという用語は一切使用せずに，中立的な用語を使用している。このため，被験者は，これが内部統制監査制度の実験であるということは一切知らされずに意思決定をおこなっている。これは，この実験が，現実を抽象化したモデルそのものの検証を目的としているからである。

図表6.4　制度導入による効果：理論の予測と実験結果との比較

	理論の予測	実験結果
不正量 α	減少	増加
内部統制水準 s	増加	微増
統制テスト e	増加	増加
実証性テスト x	減少	微減
監査リスク AR	増加	微増

（出所）田口・福川・上枝（2013）図表14・19を一部改変。

　第1は，内部統制監査制度は，監査リスクを上昇させる可能性がある（少なくとも，監査リスクが減少するとはいえない可能性がある）というモデルの予想が概ね支持されたという点である。その原因を考えるうえで，特に重要なドライビングフォースは，内部統制の強度sの動きである。すなわち，内部統制監査制度導入により，誠実な経営者も，不誠実な経営者も，総じて内部統制の強度sを上げざるを得なくなることから，経営者のタイプを見分ける唯一の手段であったシグナル（内部統制の強度）が意味をなさなくなる結果，相手のタイプに応じた効果的・効率的な監査ができなくなってしまうというのが，この実験の示唆するところになる。つまり，これまで経営者の誠実性を測る1指標として機能してきた可能性のある内部統制の強度を画一的に整備させる制度が，本当に社会全体にとって望ましいものであるのか，検討の余地がある。

　また第2は，モデルの予想に反し，内部統制監査制度は，不正量 α も増加させてしまう恐れがあるという点である。すなわち，モデルでは，制度導入により不正が減ることが予想されたにもかかわらず，実際には，不正量が増加してしまうという興味深い「意図せざる帰結」も観察されている。この理由は，経営者が，他の経営者行動や監査人の状況を織り込んでより戦略的に行動し得る条件が（「制度あり」条件で）そろっていることが挙げられる。すなわち，経営者にとって，実証性テスト実施前に，監査人側に自分の情報（自分のタイプが誠実か不誠実か）が伝わる可能性がある唯一の「媒体」は，シグナルhである。しかし，「制度あり」の状況では，それは意味を成さなくなる。なぜなら，規制が存在する状況では，他の経営者も総じてシグナルhを上げるための努力をおこなうことが予想され（他の経営者行動の予想），その結果，監査人はどの経営者が誠実か判別できなくなる（監査人の状況の予想）からである。よって，不誠実な経

営者は，内部統制の強度 s を高め「防御」したうえで（誠実な経営者のふりをしたうえで），不正量 α を高める行動をとることができるのである。

　以上を本章の問題意識に引き寄せていうならば，次のようになる。すなわち，内部統制に関する規制の強化（内部統制監査制度の導入）は，これまで経営者のタイプを見分ける唯一の手段であったシグナル（内部統制の強度）を無効化してしまう恐れがあり，その結果，監査人が相手のタイプに応じた効果的・効率的な監査ができなくなってしまう（監査リスクを上昇させてしまう）という意味で，望ましくない可能性がある。しかも，そればかりか，それを見越した不誠実な経営者の戦略的な不正量増加という「意図せざる帰結」をもたらしてしまう恐れすらある。このように考えると，内部統制に関する規制は，必ずしも効果があるとはいえない（逆効果をもたらす恐れもある）。つまり，規制により統制ないし強化されてしまう要因が，規制がない状態ではどのような機能を有しているのかをきちんと見極めたうえで，制度を設計する必要があることが，実験結果から示唆される。

　なお，ここでも，実験研究の強みが存分に活かされている。すなわち，実験研究の強みは，さまざまな制度のパフォーマンスを直接的に比較・評価することができる点にあり，この点，現実の制度設計に対しても大きな役立ちがあるといえる。特にアーカイバル分析と異なり，因果関係を特定化したうえで制度比較がなし得るという点が，実験研究の重要な強みの1つであるといえる。

4　会計不正に適切に対処し得るガバナンス規制を設計するためには —— 研究と実務との間の「距離感」を埋める

　前節まででみたとおり，会計不正に対処するという観点からすると，ガバナンス規制については，単に一律強制するのではなく何らかの「ひとひねり」が必要となること，および，規制対象となる要因が，規制前にどのような機能を有していたのかをきちんと見極めたうえで制度設計する必要があることが明らかとなった。そして，これらのことを考えるうえで，実験研究が極めて有効であることが同時に明らかにされた。

　本節では，上記を総括する意味で，さらに，会計不正に適切に対処し得るガ

バランス規制を作るためには，研究と実務との間の「距離感」を埋める必要があることを述べることにする。

筆者の見るところ，コーポレート・ガバナンスをめぐる研究と実務の間には，微妙な「距離感」があるように思われる。具体的には，実務サイドが研究サイドに感じる違和感や不信感が，そのような「距離感」を生み出しているのかもしれないが，いずれにせよ，このような「距離感」が，結局は会計不正に対処し得ない状況を醸成してしまっているようにも思われるのである。よってこの「距離感」の原因を解明し，それを解消する（「距離」を埋める）ための方策を考えることは極めて重要であろう。

4.1 違和感と不信感が生み出す「距離感」

まず，実務サイドが研究サイドに感じる違和感としては，たとえば，①「コーポレート・ガバナンスかくあるべし」という規範的な議論への違和感（たとえば，「会社とは株主のものである（べきである）」，「会社とは従業員のものである（べきである）」といった規範的なニュアンスのこもった言明に対する違和感）であったり，また，②一般性・普遍性と個別性・具体性との間のアンバランスさに対する違和感（実務サイドにとって，コーポレート・ガバナンスとは，自社や自社の属する産業に関する個別・具体的な議論でもあり，しかし他方で一般的・普遍的な議論でもあるため，その辺のバランスが取りづらい領域であるが，そのバランスがとれていない研究に対して持つ違和感）が考えられる。

また，実務サイドが研究サイドに感じる不信感としては，具体的にはたとえば，(さまざまな政策がとられているにもかかわらず)企業の不正等がなくならない現状や，いわゆる「制度の失敗」が起きてしまっている現状に対しての研究サイドに対する無力感や不信感であるかもしれない。

では，(このような実務サイドが研究サイドに感じる違和感や不信感を起源とする)両者の「距離感」を埋めていくためには，研究サイドは[18]，一体どうしたらよいのだろうか。

---

[18] もちろん，監査期待ギャップの解消において議論されるように，実務サイドでも検討すべきイシューはあるかもしれない（たとえば，実務サイドで，研究サイドへのさらなる理解を深める努力をおこなうこと等）。

4.2 研究サイドで必要となる3つのポイント

　筆者は,「距離感」を埋めるために,結論的には以下の3点を考慮していくことが重要になるものと考えている。まず第1は,(違和感①に対応して)「かくあるべし」という規範的議論からの脱却である。より具体的には,「規範」から,データでの「説明」を重視することが,まずもって研究サイドには求められるだろう。また第2は,(違和感②に対応して)一般的傾向と個別具体性のバランスを重視することである。より具体的には,現場に則した具体性をもちつつも,かつ,(広く一般性を有している)しくみのことでもあるというバランス感覚が研究サイドに求められる。また第3は,(不信感に対応して)制度設計への具体的・積極的な関与を進めるとともに,より現実的な人間観に則した制度設計をおこなうことである。特に近年の「制度の失敗」は,伝統的な経済理論では予期できなかったしくみ自体の欠陥である可能性があり,この点,伝統的な経済理論が前提としてきた「合理的経済人モデル」に対しても疑問の声が投げかけられている。そこで,積極的に制度設計に関与するとしても,このような「合理的経済人モデル」から脱却し,より現実の人間(「限定合理性」や「非合理性」を有する人間)に則した理論をもとにした制度設計がなされる必要があるといえる[19]。

4.3 「距離感」を埋めるための手段としての実験研究

　以上のように,「距離感」を埋めていくためには,研究サイドとしては,上述の3つの点を考慮していく必要があると思われるが,さらに踏み込んで考えるに,これら3点を考慮していくには,より具体的には一体どうしたらよいだろうか。

　筆者は,この点に関して,結論的には実験会計研究が実務と研究とを繋ぐ架け橋になり得る可能性があると考えている。ここで重要なのは,実験研究そのものが有する優位性である。すなわち,社会科学における実験研究は,主に以下の3つの優位性を有する(清水・河野編 2008,田口 2011a;2013a,上枝・田口 2012)。

---

[19] この点については,大垣・田中(2014)第11章も参考になる。

まず(1)人間の行動データや心理データから仮説を検証することができる点が挙げられる。これは，先の3つすべての点と関係する。すなわち，実験研究は，あくまでデータでの「説明」を重視しているという点で，第1の点(データでの説明重視)に適うし，また，現実の人間に則したデータ検証により制度を考える点で，第3の点(より現実的な人間観に則した制度設計)にも適う。また，マクロ的な制度を扱いつつも，その検証をミクロ的な現実の人間心理に注目しておこなうという点で第2の点(バランス)にも適う[20]。

　また，(2)事前検証性を有するという点が，実験研究の優位性として挙げられる。すなわち，たとえばアーカイバル研究は，現実世界のデータがないとその有用性を検証することができないが，実験研究は，現実世界のデータがなくても実験室内に仮想の「制度」を設計し，そこでの人間の振る舞いや「意図せざる帰結」を観察することで，制度分析や制度間比較をおこなうことが可能になる。よって，第3の点(制度設計)において，実験研究は大きな力を有してい

---

[20] なお，この第2の点については，「実験研究は，あくまで仮想状況での意思決定や帰結をみているにすぎないから，個別具体性は有しないのではないか」という批判もあるかもしれないが，この点に関しては，筆者は以下のように4点の反批判を考えている。①まず実験研究は，確かに仮想状況の中での意思決定をみているが，特に経済実験では，被験者のインセンティブを，謝金等により厳格にコントロールしたうえで現実世界に近いレヴェルに引き上げる工夫をしているため，個別具体的な人間行動とは大きな方向性は外していないと考えられる。②また，確かに実験研究は，現実を抽象化した設定のもとでの人間行動や制度の帰結を観察するため，現実そのものとすべて同様の状況で意思決定をさせるわけではないのだが，しかし，あくまで現実の中で最も重要なものに焦点を絞った抽象化をおこなっているため，現実の人間行動や制度の帰結とはそれほど大きな差異はない(少なくとも，個別具体性を決定的に捉え損ねているとはいえない)と考えられる。また，重要な要因がいくつかあるとしても，それらの影響を(ひとつの実験の中にすべて放り込んでしまうのではなく)複数の実験によりひとつひとつ検証し証拠を積み重ねていくことで，現実の個別具体性に対してもインプリケーションを引き出すことは不可能ではない。③実験研究でも，近年はいわゆるラボ実験だけでなく，より現実世界に近い被験者や状況下でおこなうフィールド実験というものも存在するため，ラボ実験とフィールド実験を上手く使い分け，かつ連携させていくことで個別具体性は担保し得る可能性がある。④実験研究で用いる仮説形成や，結果の現実への当てはめの段階において，他の方法論との連携を図ることで，個別具体性は担保し得る可能性がある。なお，この「他の方法論との連携」という点に関連して，筆者が最近注目しているのは，フィールドリサーチ，中でも現実世界への介入を行うアクション・リサーチ(三矢 2002，松尾 2014，ないし，岡田(幸) 2014)や「臨床知」(科学的な知識と実践的な知識とを結びつける知識)を重視する「臨床会計学」(澤邉 2013)である。これらの方法論と上手く融合することで，実験研究においても，個別具体性は十分担保されると考えられる。

るといえる。また，第1の点（データでの説明重視）に関しても，これまで「かくあるべし」と掲げられてきた規範的な「理想状態」についても分析の俎上に載せることができるという点でも，実験研究は大きな力を有していると考えられる。

最後に(3)エッセンスを捉えて分析することが得意であるという点が挙げられる。すなわち，実験研究の中でも，経済モデルをベースにその均衡を検証することを目的とするタイプの実験（「経済実験」）であれば，そもそも論に戻って（「そもそもガバナンスとは」という問題提起に戻って）議論したとしても，根源的な問題に対処することができる。実験の前提となるのが経済モデルであり，またそれが現実のエッセンスを抽象化することができるなら，根源的な問題にアタックすることも可能となるからである。これは第1および第3の点と大きく関連すると思われるが，「そもそも論」を，データによりこれまでとは異なるかたちで，しかも因果関係にまで遡って議論することができるというのが実験研究の大きな強みといえよう。

以上のような3つの優位性を踏まえると，実験会計研究は，実務と研究とを繋ぐ架け橋となる可能性があり，両者の間の「距離感」を埋めることに大きく貢献する可能性がある[21]。

5　本章のまとめと次章に向けて

本章の議論は，以下の3点にまとめることができる。

(1)　会計不正に対処するという観点からすると，ガバナンス規制については，単に一律強制するのではなく何らかの「ひとひねり」が必要となること，および，規制対象となる要因が，規制前にどのような機能を有していたの

---

[21] なお，米国会計学会の監査セクションにおけるトップジャーナルにおいて，Carcello, Hermanson, and Ye (2011) も，今後，コーポレート・ガバナンス研究において実験が極めて重要となるであろうことを示唆している。ただし，Carcello et al. (2011) は，実験といえども，いわゆる「心理実験」を想定しており，「経済実験」を前提に議論している本章とは，立場や発想が異なる（同床異夢である）点にはくれぐれも留意されたい。ここで，社会科学における「経済実験」や「心理実験」については，序章補論を参照のこと。

かをきちんと見極めたうえで制度設計する必要があること。
(2) コーポレート・ガバナンスにおける研究と実務との「距離感」は，実務サイドが研究サイドに感じる違和感（「かくあるべし」という規範的議論への違和感や，一般性・普遍性と個別性・具体性との間のアンバランスさに対する違和感）や不信感（制度の失敗）にその原因があるが，その「距離感」を埋めるためには，研究サイドとしては，3つの点（規範ではなくデータによる説明へ，一般的傾向と個別具体性のバランスを重視，より現実の人間に則した制度設計）を考慮していく必要があると思われること。
(3) さらに，そのような3点を上手く考慮できる手法としては，3つの優位性（実際の人間の行動・心理データから仮説検証可能，制度の事前検証が可能，エッセンスの分析が得意）を有する実験研究が挙げられること。

以上を踏まえた今後の研究の展望は，以下の2つである。

(1) 今後は，コーポレート・ガバナンスに関する根源的な問題を常に意識しつつも，モデルと実験とを上手く融合させて，個別具体的な制度設計の問題にアタックしていくこと（マクロ会計政策[22]の実験比較制度分析の進展）。
(2) 実務と研究とが上手く融合するような研究を目指すこと。具体的には，実験の検証仮説形成や，実験結果の解釈について，実務的な視点を常に意識しつつおこなうこと。

以上のように，本章では，特にガバナンス規制のあり方について検討をおこなったが，規制が上手くいくかどうか（制度趣旨を達成できるかどうか）は，実は，規制をどう運用するかという点にも大きくかかわってくる。特に，誰が規制を運用するのかという問題は極めて重要である。そこで，次章では，規制の運用の問題，特に会計不正の問題と大きく関連する監査の品質管理体制に焦点を絞り，誰がこの体制を運用するのか，主導権をどこにおくのが望ましいのかについて検討をおこなうことにする。

---

22 マクロ会計政策に関する先駆的な研究としては，たとえば山地編（2002）を参照。

第7章 監査の品質管理体制と社会的ジレンマ問題
―― 規制の運用主体のあり方をめぐって

Summary

本章では，規制の運用の問題，特に会計不正の問題と大きく関連する監査の品質管理体制を運用していくのに，監査人自らが主導権を握るのがよいのか（自主規制），それとも第三者が主導権を握るのがよいのか（第三者規制）という問題を考えることにする。

まず，監査の品質管理の問題は，実は，ゲーム理論でいう公共財供給ゲームの社会的ジレンマ問題と類似した構造を有することが明らかになる。つまり，何も規制がない状態では，フリーライド問題が生じ，監査の品質管理が適切になされない状態に陥ってしまう。これがまさに序章で示した「監査人自らによる意図的無効化」であるが，ここで，それを防止する何らかの規制ないし体制が必要となる。そして，このような品質管理のための規制を「誰が質の低い監査人を罰するのか」という問題として捉えるならば，「質の低い監査人を自分たちの手で罰する」という「私的懲罰制度」（自主規制）と「質の低い監査人を第三者が罰する」という「第三者懲罰制度」（第三者規制）との比較問題という，社会心理学や実験経済学でなされてきた議論に行き着くこととなる。

ただし，監査の品質管理体制という文脈でいうと，実はそもそも両者は次元が異なる可能性がある（監査人の自主規制は，監査人をプロフェッションたらしめる「看板」重視，第三者規制はもっぱら実効性重視）し，また，誰がその制度を付与したのかという歴史性や社会からの信頼も重要となることから，両者の比較衡量は，単に各制度のパフォーマンス（貢献度等）の大小だけではなく，当該制度が社会からどのように見られているのか（信頼されているのか），という点も考慮に入れなければならないことが，同時に明らかにされる。

Keyword 品質管理，AICPA，PCAOB，自主規制，第三者規制，公共財供給ゲーム，社会的ジレンマ，私的懲罰制度，歴史性，「看板」

1 はじめに

　本章では，監査の品質管理体制，中でもその主体の問題に焦点を当て検討をおこなう。

　前章では，特にガバナンス規制のあり方について検討をおこなったが，規制が上手くいくかどうか（制度趣旨を達成できるかどうか）は，規制をどう運用するかという点にも大きくかかわってくる。そこで本章では，この規制の運用面に焦点を当てることにする。

　ここでは特に，監査人の意図や行動を支える（はずの）監査の品質管理体制に注目する。すなわち，序章で述べたとおり，近年の会計不正は，単に「会社（経営者）が悪い」ということだけでなく，「それを本来チェックすべき監査人が，意図的に監査機能を無効化してしまっていた」ということが大きな問題となっている。このことからすると，次の次元の問題として，そのような監査人の意図や行動を，何らかのかたちで牽制・防止するための品質管理のしくみが重要になる（**図表7.1**）。

図表7.1 経営者不正，監査制度，品質管理体制の関係

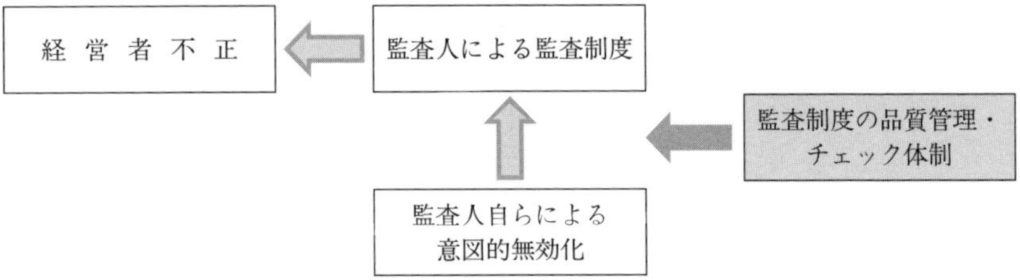

```
┌──────────┐   ┌──────────────┐          ┌──────────────┐
│ 経営者不正 │←──│監査人による監査制度│←─────────│監査制度の品質管理・│
└──────────┘   └──────────────┘          │ チェック体制  │
                      ↑                   └──────────────┘
                ┌──────────────┐
                │ 監査人自らによる │
                │   意図的無効化  │
                └──────────────┘
```

　この点について，本章では，特に品質管理体制の中身ではなく，むしろその体制を運用する主体に注目してみたい。つまり，誰が監査の品質管理をおこなう体制になっているのかという問題に注目する。もちろん，直接的には，どのように監査人自らによる意図的無効化に対処するのかという点が重要になるが，その前提として，誰がしくみを動かすのかという側面に焦点を当てることが究極的には重要となるからである[1]。

　以上の問題意識から，本章では，監査の品質管理体制に焦点を絞り，誰がこ

の体制を運用するのか,主導権をどこにおくのが望ましいのかについて検討をおこなうことにする。具体的には,監査の品質管理体制を運用していくのに,監査人自らが主導権を握るのがよいのか(自主規制),それとも第三者が主導権を握るのがよいのか(第三者規制)という問題を考えることにする。

ここで,現実の問題としては,たとえば,米国では,伝統的には職業団体たる AICPA(American Institute of Certified Public Accountants)による自主規制により,品質管理がなされてきた。しかし近年,PCAOB(Public Company Accounting Oversight Board)の登場により,公的規制(第三者規制)が台頭し,これまでの自主規制のあり方が大きく揺らいでいる。この現実的な流れからしても,本章でこの問題を取り扱うことには大きな意義があるといえる。

以上の問題意識から,本章では次のような流れで議論を進めていく。まず 2 で,現状分析として米国の事例をとり上げる。3 では,この点に関する先行研究のうち,特にアーカイバル分析に焦点を絞りサーベイをおこなう。そこでは,アーカイバル分析の現状と限界を明らかにする。続く 4 で,そこでの限界を克服するような実験研究をサーベイする。それをうけるかたちで,5 では,この問題のエッセンスをシンプルに捉えるための方策について述べ,6 では,比較検討にあたって検討すべき論点を整理する。最後に 7 では,本章のまとめをおこなう。補論では,現実的解決に向けてのアイディアを提示する。

2　品質管理のしくみ──米国の事例

2.1　従来の私的自治のしくみ

まず,米国における PCAOB が設立される以前の自主規制のしくみを示すと,**図表7.2**のようになる。

図表7.2に示されるとおり,従来は,POB(Public Oversight Board:公共監視委員会)という公的な機関が,AICPA の上位機関として存在していた。ここで,POB は,AICPA の監督機関であるが,「間接方式による公的監視」を採用

1　これは,本書での大きなねらいである「最後は人間の問題が重要」という視点ともリンクする。なお,「どのように」に係る先行研究としては,たとえば,加藤(2005)や福川(2012)を参照。

図表7.2 従来の自主規制のしくみ：AICPA と POB

しており，あくまで私的自治権を前提とした監督機関であった（1977年に SEC により設置）。つまり，監査人の品質管理については，（POB の存在はあるものの）あくまで公認会計士の職業団体である AICPA 自らの手でなされており，AICPA 所属の公認会計士が，会計事務所や公認会計士をチェックするというピア・レビュー（peer review）の体制がとられ，監査人の品質管理がなされていたのである。なお，このようなしくみは，2002年に解消された。

2.2 PCAOB の登場

次に，PCAOB の登場後の体制を確認してみよう。強力な公的監視機関である PCAOB の登場は，エンロン事件やワールドコム事件など大型不正事件による社会的批判にあるといえる。すなわち，監査の失敗に対する社会的批判を受けて，SOX 法が導入され，それにより PCAOB が誕生する。そして，PCAOB の登場により，監査人の品質管理については，「間接方式による公的監視」（そして実質的には私的自治）から，「直接方式による公的監視」（第三者規制）へと大きくシフトすることになる[2]。

2.3 PCAOB がおこなう検査のしくみ[3]

PCAOB は，2003年に設立された非営利組織である。その資金源は，基本は公開会社と会計事務所から受け取る登録料であるが，会計事務所のパートナーは，

---

[2] なお，上記が一般的な説明であるが，エンロン事件等で社会から批判を浴びたのは，一体どこであり，本当に解決すべき問題は何だったのかと考えてみると，上記のようなシフト，つまり，強力な公的監視機関を作ることが本当に問題解決に繋がっていたのか，という素朴な疑問が生じる。たとえば，強力な公的監視機関は，単に「市場を守る」という米国の信念によって誕生しただけという意見もある（藤井 2007）。つまり，具体的な問題とは実は一対一で対応しておらず，単にシンボルとして PCAOB が設立された可能性もある。もし仮にそうだとするならば，公的監視体制の強化は問題解決に繋がらない可能性もある。そう考えると，本来すべきだったのは，むしろ，自主規制の強化だったのかもしれない。この点は後述する。

[3] 本節は，主に金子（2009）を参考にしている。

そのボードメンバーにはなれないしくみとなっている。ここで，PCAOBが保有する権限をまとめると，**図表7.3**のようになる。

図表7.3　PCAOBが保有する権限

① 監査事務所の登録
② 検査（inspection）
③ 調査と執行（investigations and enforcement）
④ 基準設定

図表7.3に示されるとおり，PCAOBは，大きく4つの権限を有するが，監査人の品質管理で重要になるのは，特に②の検査である。ここで，この検査のしくみをイメージ化すると，**図表7.4**のようになる。

図表7.4　PCAOBの検査のしくみ

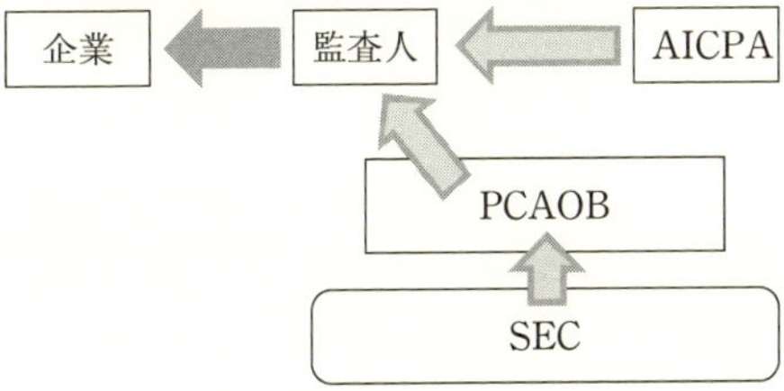

企業 ← 監査人 ← AICPA
　　　　↑
　　　PCAOB
　　　　↑
　　　　SEC

図表7.4に示されるとおり，PCAOBの検査は，「直接方式」を採用している。直接方式とは，AICPAのピア・レビューにかかわらず，PCAOBが直接的に会計事務所の検査に入るというしくみであり，「自主規制を飛び越えた（無視した）公的監視」といえる[4]。この点，私的自治の存在を前提としていた従来のしくみとは大きく異なる。

なお，実は現在もAICPAのピア・レビュー自体は残っており，PCAOBの検査と，その対象範囲が異なる。具体的には，PCAOBの検査は，公開会社の監査（および大規模会計事務所）のみが対象となるのに対して，AICPAのピア・レビューは，登録会計士全体が対象となっている。

4　ちなみに，現在，日本では，「間接方式」が採用されている。つまり，JICPAのレビューを前提に検査がなされるため，従来の米国と同様，「私的自治を前提とした公的監視」が採用されているといえる。

3 自主規制と第三者規制に関する監査のアーカイバル研究のサーベイ

ここで，PCAOB（国家の強制権力主体）とAICPA（専門職の自主規制団体）との関係を，時系列的に整理する（SOX法を境に整理する）と，**図表7.5**のようになる。

図表7.5 PCAOBとAICPAとの関係整理

ここで素朴な疑問として，一体どちらが有効なのか，という問いが生じる。この自主規制（self-regulation）と第三者規制（government-regulation）の問題は，古くて新しい問題である（Stigler 1971）。以下では，両者を実証命題として比較した，監査のアーカイバル研究に焦点を絞って整理してみよう。

まず，Hilary and Lennox（2005）は，AICPAのピア・レビューは「情報価値」があることを実証的に示している。なお，ここでの「情報価値」とは，クライアントが監査人を交代するか否か（雇うか，もしくは，解雇するか）の意思決定に資するか否か，という意味であり，実際に，クライアントによる監査人の交代を代理変数として用いている。また，Lennox and Pittman（2010）は，PCAOBの検査が「情報価値」を有しないことを実証的に明らかにしている。なお，ここでの「情報価値」の定義は，Hilary and Lennox（2005）と同じである。ここで，このような違いが生じた理由について，Lennox and Pittman（2010）は，PCAOBの検査は，そもそもすべての場合に結果を公開するわけではなく，「no opinion, no disclose」（よい場合には意見を述べないし，結果も公開しない）の方針をとっているからと述べている。

では，これらの結果をもって，PCAOBの検査よりも，AICPAのピア・レビューのほうが有効であるといってよいだろうか。この点について，（Lennox and Pittman（2010）のカウンターペーパーである）DeFond（2010）は，これらの研究が採用する「情報価値」の代理変数（クライアントが監査人を交代するか否か）について，これはあくまで有効性を測る一側面でしかないと批判するとともに，PCAOBは，クライアントが監査人を交代するか否かという意味での情報価値はそもそも意図していないのだから，そのこと（監査人の交代）を代理変数として比較することにそもそも意味があるのか疑問を呈している。確かに，たとえば，PCAOB（2008）は，自らの存在意義について，事後的効果よりも，事前の牽制効果による監査の質向上に重きを置いている（特にcostly penaltyの存在が重要）旨を述べている。

また，DeFond（2010）は，むしろ監査の対象たる財務諸表における利益の質（earnings quality）に注目すべきである旨を述べている。そのイメージを図示すると，**図表7.6**のようになる。

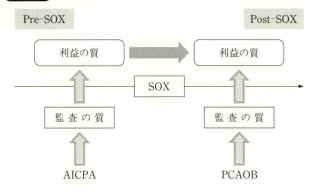

図表7.6 DeFond（2010）の示す規制の有効性に関する新たな代理変数

なお，この問題に関連して利益の質に注目した研究は，DeFond（2010）の提言の前にも実は存在する。たとえば，Zhang and Katherine（2007）は，利益の質とPCAOBの検査およびAICPAのピア・レビューとの関係を直接検証し，PCAOBの検査のほうが，利益の質とより「相関」しているとの結果を示している。また，同時に，PCAOBの検査結果と会計事務所の規模・独立性との間の相関関係を検証し，PCAOBの「検査結果が良好であること」は，会計事務所の規模や独立性と相関している（規模が大きく，独立性が高ければ，PCAOBの検査結果は良好であるという相関関係がみられる）ことを示している。

ただし、ここで注意しなければならないのは、アーカイバル分析においては、あくまで、ピア・レビュー結果や検査結果と、利益の質との相関関係をみているだけであるという点である。すなわち、ピア・レビューや検査が、利益の質を高める原因となっているかどうかという因果関係の検証をしているわけではない点に、我々は留意する必要がある。

4 監査人の自主規制に関する実験研究
——先行研究のサーベイ

前節で確認したとおり、監査のアーカイバル研究においては、自主規制と第三者規制をめぐっては、賛否入り乱れる状況にあり、未だ定まった通説的見解がない状態にあるため、より精緻な実証分析をおこなう必要がある。しかし、アーカイバル分析においては、代理変数をどうするか、また、結局は相関関係しかみることができない（因果関係を捉えることができない）点をどう捉えるかが問題となる。そこで本節では、これらの問題を克服する手法として、実験研究に注目しよう[5]。

4.1 自主規制と公共財供給ゲーム

この問題に関する監査の実験研究としては、自主規制についてのみであるが、たとえば、Grant, Bricker, and Shiptsova（1996）がある。Grant et al.（1996）は、監査人の自主規制のエッセンスを、監査の品質管理の視点からゲーム理論でいう公共財供給ゲーム[6]の文脈で捉え、社会的ジレンマ問題として取り扱っている。

具体的には、まず①複数の監査人の存在を前提とし、②各プレイヤー（監査人）は、各期においてどれだけの質の監査を提供するか、というゲームをプレイする。つまり、公共財供給ゲームで各プレイヤーが拠出する金額を、「監査の質

---

[5] これまで述べてきたとおり、実験研究では、実験者自らが、実験計画上どのようなデータをとるかを自由に設定することができ、実験目的に沿ったデータを採取することが可能となるため、アーカイバル研究が抱える代理変数の問題や相関・因果の問題をクリアすることができる。

[6] ゲーム理論でいう公共財供給ゲームについては、たとえばCamerer（2003）やCroson（2010）を参照。

に置き換えたモデルになっており，ここでの監査人の意思決定変数は，「監査の質」(努力水準) である。そして，③クライアントが支払う監査報酬の総額は，監査人が提供する質の総量 (業界全体の監査の質) で決定され，④クライアントが支払う監査報酬総額が決定した後に，それが個々の監査人に均等に配分される，という設定が置かれる。つまり，監査人が稼ぐ監査報酬は，すべての監査人の監査の質の総量に依存するという設定が置かれている。なお，この均等分配性は，公共財供給ゲームではノーマルな設定であるが，しかし，現行の監査報酬の形態を考えると，「監査報酬が個々の監査人に均等に配分される」という説明には少し違和感がある。これは，後述するように Grant et al. (1996) のモデルが，監査の品質を監査報酬と関連させていることからくる説明であると考えられるが，たとえば現行の米国の監査報酬は，企業と監査人との間の契約により自由に価格づけができ，AICPA のメンバー内でも監査報酬は異なるから，この Grant et al. (1996) の説明は，現実的視点からすると違和感がある。この点は後述する。

そして，このような設定のもとでは，皆が「高品質」の監査を提供したほうが社会全体としては望ましいにもかかわらず，個人レベルでは，他のプレイヤーにフリーライドして「低品質」の監査を提供するほうが合理的戦略となり，かつ均衡となってしまう，という監査の品質に関する社会的ジレンマ問題が生じてしまうことになる。監査の品質管理が適切になされないこの状態は，まさに序章で述べた「監査人自らによる意図的無効化」である。よって，それを防止する何らかの規制ないし体制が必要となる。

そこで，Grant et al.(1996) は，監査人の自主規制 (professional self-regulation) をゲームに導入する。ここで，監査人の自主規制がある場合とは，次のような設定をいう。すなわち，①各プレイヤーは，自主規制の職業団体 (coalition) に所属するかしないかの意思決定ができ，②所属にはコストがかかり，一度所属すると高品質の監査を提供し続けなければならないが，③この機関に所属することで，個別には得られない評判を獲得することができ，その結果，より高い報酬が分配される[7]。

そして，Grant et al.(1996) は，このような自主規制への参加というオプションがある場合と，ない場合を実験的に比較している。その結果，まず，そのような参加オプションが存在しない場合は，理論の予測どおり社会的ジレンマ状

況が達成されてしまう。つまり，監査の品質管理は上手くいかず，多くの監査人が低品質の監査を選択してしまう。これに対して，参加オプションが存在する場合，監査人は自主規制機関にコストをかけて参加し，高品質の監査を提供する。このように自主規制への参加オプションを設けることで，監査の品質管理に関する社会的ジレンマ問題が解消されるという結果を示している。

4.2 先行研究から得られるインプリケーション

このように，Grant et al. (1996) は，現在の自主規制のあり方について興味深い知見を示している。そこで，Grant et al. (1996) の実験結果を，本章の問題意識に引き寄せて整理すると，以下の2点が重要となる。

第1は，機関への所属が強制ではなく，自主的な判断に任せられるとしても，そのようなオプションを監査人側が有する場合に，監査人自らがそのようなオプションをコストを払って行使するという点である。これは，強制されずとも自主的に監査の品質を高めるという方向にプレイヤーが向かうという点で，興味深い結果である。そして，このようなことが起こるのは，結局，所属するか否かが（職業集団全体のシグナリング効果により）監査報酬にダイレクトに効いてくるからである。

第2は，逆に，監査報酬メカニズムが有効に機能しない場合（自主規制への参加・不参加，ないし，監査の品質の高低と監査報酬とが，直接関連しないような条件）は，自主規制が上手く機能しない可能性があるということである。すなわち，Grant et al.(1996)の重要な鍵は監査報酬であり，（Grantらは直接分析をおこなっていないが，しかし）監査報酬との関連性の強弱により，自主規制の有効性が異なってくるものと思われる。これは，現実世界に対して，以下のような2つのインプリケーションを有する。まず，たとえば，①日本の監査環境について，（現在は少しずつ変わってきているといわれているが）相対的には監査報酬が平準化しており（低値安定状態），かつ，監査報酬は，監査法人側の要因（品質や評判）というよりは，もっぱら会社側の都合（会社の予算や業績等）のみで決定される

---

7 つまり，この基本エッセンスは，財の品質に関する情報の非対称性の存在を前提とした，逆選択（adverse selection）問題の集団的解消といえる（集団的シグナリングとしての自主規制）。ここでのモデルパートについては，（直接 Grant et al. 1996を引用しているわけではないが）たとえば瀬下（2008）などが参考になる。

場合が多いといえる。このように,「監査報酬の価格決定メカニズム」が適切に機能していない環境下では,実は,自主規制が有効に機能するとはいえない可能性がある。実際,日本の自主規制機関が特に重要な役割を果たしてこなかった(果たさなくてもよかった)のは,実はこのようなメカニズムがその背後にあったのかもしれない。また,②米国の監査環境について,自主規制が第三者規制に大きく取って代わられてしまったのは,米国の会計事務所間における監査報酬の過当な値下げ競争(ローボーリング)により,監査報酬の価格決定メカニズムが適切に機能しなくなり,その結果,監査の品質や自主規制機関への所属の有無と,監査報酬とが連動しなくなってしまっていたことによるのかもしれない。米国では,日本とは逆に,適正価格を反映しない,行き過ぎた競争が起こってしまったため,価格と密接にリンクした集団的シグナリング効果が機能しない状況に陥ってしまい,その結果,自主規制の有効性にゆらぎが生じてしまったと考えることができる。

　以上を踏まえると,自主規制が上手くいくのは,監査報酬の価格メカニズムが適切に機能し,監査報酬と監査の品質とが連動する場合のみ(つまり,監査の需要と供給の市場原理が有効に機能する場合のみ)であるというのが,Grant et al. (1996) から得られる「裏の」(本人たちは主張していないが,モデルの特徴からいうことのできる) インプリケーションであるといえる。

　Grant et al. (1996) の分析は,自主規制のみの分析であり,第三者規制と直接比較しているわけではないが,このことから,本章での「自主規制か,第三者規制か」という問題を考えてみるならば,それはまず自主規制の有効性に依存して決まるといえるし,また,その有効性は,監査報酬メカニズムの有効性とも関連しているため,単純な二項比較では決まらない複雑な問題であるといえる。イメージを図にすると,**図表7.7**のようになる。

　図表7.7に示されるとおり,自主規制のパフォーマンスには「ブレ」があり,自主規制を有効に機能させるためには,価格メカニズムを適正にすればよいということになる。

　しかしながら,現実には AICPA 会員の中で,監査の質に差があり,報酬差もあるという事態が生じてしまっている。つまり,いままさに問題になっているのは,Grant et al. (1996) の設定にあるような,自主規制団体に所属する者と所属しない者との間での品質差や監査報酬差ではなく,むしろ,自主規制団体

図表7.7 Grant et al.（1996）を前提にした場合の監査の品質管理体制における自主規制対第三者規制のイメージ図

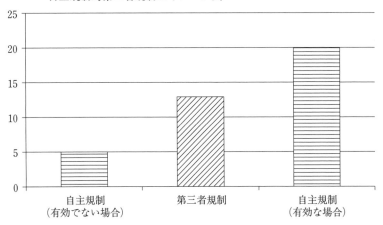

の内部での差異である。このように，AICPA所属の監査人の中でそのような品質格差が生じてしまっているからこそ，現在のような問題が生じてしまっているといえるため，我々が検討すべき真のリサーチ・クエスチョンは，実は，「自主規制団体に所属している監査人の中で，品質格差が生じてしまっているのはなぜか？」，「また，その差異を解消するにはどうしたらよいか？」ということであるように思われる。

結論的には，筆者は，自主規制団体内での「浄化システム」，つまり，低品質の監査人を罰したり，追放したりするようなシステムが有効に機能していないからこのような問題が生じているし，またそのようなシステムを有効化することが問題解決に繋がるものと考えている。この点を5で検討しよう。

5　エッセンスの再吟味
　　── 社会的ジレンマ問題解決のための私的懲罰と第三者懲罰

Grant et al.（1996）は，監査人の品質管理に係る自主規制の問題を，公共財供給ゲームとして，そして特に，監査の品質管理の失敗を社会的ジレンマ問題（フリーライド問題）として捉えた。この点は大きな貢献といえる。しかし，以下については，再吟味の余地がある。

すなわち，先に述べたとおり，Grant et al. (1996) は，監査の品質管理の問題を監査報酬と関連させて，公共財供給ゲームのモデルを考えていた。しかしながら，そうすると，監査の品質管理における自主規制の有効性の問題は，自主規制団体の内外の監査報酬メカニズムの有効性の問題にすり替わってしまう。ここで，このようなすり替えが起こってしまうのは，Grant et al. (1996) のモデルが，自主規制の本質を，「品質の高い集団を組むこと」，「そしてこの集団は，より高い監査報酬を得ることができること」，つまり，自主規制団体の中と外での品質・報酬格差問題（自主規制団体に所属するか否かの問題）と捉えてしまっているからである。

さらに，このように団体内外の監査報酬メカニズムの問題として捉えてしまう弊害は，ゲームの設定に関する説明が，現実と乖離してしまうことである。すなわち，先に述べたとおり，公共財供給ゲームのリターンの均等分配性において，違和感のある説明（「監査報酬が一律均等に分配される」という現実の報酬形態と異なる説明）しかできなくなり，モデルと実験の現実的妥当性を損なう恐れがある。そこで，我々は，Grant et al. (1996) のエッセンスを再吟味することにしよう（**図表7.8参照**）。

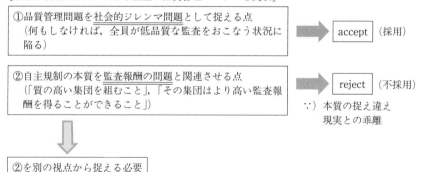

図表7.8 Grant et al. (1996) のエッセンスの再吟味

図表7.8に示されるとおり，エッセンスのうち，①品質管理問題を社会的ジレンマ問題として捉える点については，（何もしなければ，社会的ジレンマが生じ，監査の品質管理が上手く機能しなくなるという予測は，現実の制度の失敗の問題とマッ

チしているため）そのまま採用してもよいといえる。それに対して，②自主規制の問題を団体内外の監査報酬の問題と関連させる点については，上記で述べた弊害を避けるため，別の視点から捉え直す必要がある。それでは，「別の視点」として，一体どのようなものが考えられるであろうか。

ここで，現実世界に立ち返ってみよう。現実に問題になっているのは，自主規制団体の・内・部・で・の・差・異である。よって，我々が検討すべき真のリサーチ・クエスチョンは，「自主規制団体に所属している監査人の中で，品質格差が生じてしまっているのはなぜか？」，「また，その差異を解消するにはどうしたらよいか？」ということである。

そしてそうであれば，低品質の監査を提供するような監査人を罰したり，追放したりするような「浄化システム」が有効に機能していないからこのような問題が生じているし，またそのようなシステムを有効化することが問題解決に繋がるものと考えられる。すなわち，「会計不正に関連する監査人の意図的な制度の無効化」という問題（図表7.1）を考える本章の問題意識からすると，このような意図的無効化を図る監査人を事前に牽制し，また事後的に排除するという視点のほうが，むしろエッセンスとして重要であるといえよう。つまり，品質管理体制の問題を，「誰が質の低い監査人を罰するのか」（事前の牽制・事後の実効）という問題として捉えることが重要となる。

このように考えると，監査の品質管理における自主規制の本質は，むしろ，「質の低い監査（人）を・自・分・た・ち・の・手・で罰する（牽制する）」ことにあるし，第三者規制の本質は，「質の低い監査（人）を・第・三・者・が罰する（牽制する）」ことにあるといえよう。

そして，このようにエッセンスを捉え直すことのメリットは，大きく2つある。第1は，Grant et al. (1996) のように，監査の品質や自主規制の問題を，監査報酬と関連づける必要がなくなることである。つまり，監査の品質問題に公共財供給ゲームを適用することによるGrant et al. (1996) の違和感のあった解釈・説明は，以下のように修正できる。まず，各プレイヤーの投資は，監査の品質を上げるための努力水準，また，投資の総量は，監査業界全体に対する社会からの評判として，それぞれ捉えられる。また，各プレイヤーに均等に分配されるリターンは，業界全体の評判から個々の監査人が得ることになる便益

を指すと位置づけることができる。つまり，特にリターンについて，「監査報酬」と（無理に）いわずに，「評判」ないし「評判から得られる便益」というような，違和感のない説明が可能となる（そして，「評判」ということであれば，リターンの均等分配性についても，違和感のない，現実的妥当性を損なわない説明が可能となる）。

また第2は，実は，我々は，監査人の品質管理に係る自主規制や第三者規制の問題を，社会心理学や実験経済学において多くの先行研究が存在する[8]社会的ジレンマ問題の解決に関する「懲罰（パニッシュメント）制度」の問題に当てはめて分析できる点である。具体的には，まず一方，自主規制の問題は，社会的ジレンマの解決に関する「私的懲罰制度」を導入した場合の問題に当てはめて分析することができるし，他方，第三者規制の問題は，社会的ジレンマの解決に関する「第三者懲罰制度」を導入した場合の問題に当てはめて分析することができる。ここで，「私的懲罰制度」とは，公共財供給ゲームのあとに，ゲームのプレイヤー同士がお互いに自主的に懲罰を与えることができる（ただし，懲罰にはコストがかかる）しくみをいう。他方，「第三者懲罰制度」とは，公共財供給ゲームのあとに，第三者がプレイヤーに対して懲罰を与えることができるしくみをいう。

以上により，我々はこの問題のエッセンスを，**図表7.9**のように捉え直すことが望ましいといえる。

図表7.9 比較検討にあたり依拠すべきエッセンス

［監査の品質管理体制］
① 品質管理問題を社会的ジレンマ問題として捉える（Grant et al. 1996と同じ）
② 品質管理体制を「誰が質の低い監査人を罰するのか」（事前の牽制・事後の実効）という問題として捉える
 ・自主規制 ➡「質の低い監査人を自分たちの手で罰する」【私的懲罰制度】
 ・第三者規制 ➡「質の低い監査人を第三者が罰する」【第三者懲罰制度】

---

[8] たとえば，山岸（1989），渡部・森本（2008），小川・川越・佐々木（2012）第15章，Croson（2010），上條・竹内（2007），ないし，Weber, Kopelman, and Messick（2004）などを参照。

私的懲罰に関する実験研究の代表例としては，たとえば，Fehr and Gächter（2000；2003）が挙げられる。プレイヤーが合理的経済人であれば，コストをかけてまで私的懲罰はおこなわないはずである（し，それを見越したプレイヤーは，たとえ私的懲罰制度のもとでもフリーライドをおこなうはずである）。しかしながら，実際に実験をおこなうと，コストをかけた私的懲罰は頻繁になされるし，また，私的懲罰制度がある場合は，ない場合と比べて，明らかに各プレイヤーの貢献率は高まることが実験で明らかにされている。つまり，本章の問題意識に引き寄せていうならば，自主規制の「質の低い監査（人）を自分たちの手で罰する」というしくみは，監査の品質を上げることに大きく貢献するということがいえる。また，第三者懲罰に関しても，同様の帰結が得られており（Fehr and Fischbacher 2004[9]，Carpenter and Matthews 2004），第三者規制の「質の低い監査（人）を第三者が罰する」というしくみも，監査の品質を上げることに大きく貢献するということがいえる。

　しかし，制度のパフォーマンスを考えるうえでは，①単に貢献度の比較だけではなく，社会的コストも加味した制度の効率性を考えなければならないが，実際，私的懲罰制度のもとでは，貢献度は上がるものの，懲罰にかかるコスト分を加味すると効率性が上がるとは限らないことや[10]，②非協力者ではなく協力者を罰してしまうような反社会的罰（anti-social punishment）が発生するなどの弊害が生じることも明らかにされている（Cinyabuguma, Page, and Putterman 2006, Nikiforakis 2008, Herrman, Thoni, and Gächter 2008）。つまり，単純にこれらの懲罰制度を導入したからといって，制度の効率性が上がるとは必ずしも限らないことも，これまでの先行研究で明らかにされている[11]。

9　なお，Fehr and Fischbacher（2004）は，公共財供給ゲームではなく，独裁者ゲームを用いた第三者懲罰制度の有効性を検証している。

10　なお，長期（繰り返しゲーム）の状況では，私的懲罰制度は，制度がない場合と比べて，貢献度と効率性のいずれも上昇させるという研究もある（Gächter, Renner, and Sefton 2008）。しかし，Ambrus and Greiner（2012）は，長期の場合であっても，不完全公的観測のもとでは，異なるパターンが観察され，効率性が低下する場合があることを示唆している。

11　懲罰コストを誰が負うのか，懲罰を適切におこなわないプレイヤーをどのように規律づけるのかという問題は，2次的ジレンマとして知られている（渡部・森本 2008等）。なお，渡部・森本（2008）は，自主規制と第三者規制をソフトローとハードローという法の性質からも分析しており，極めて興味深い。

ここで，これらの議論を我々の問題意識に引き寄せて考えてみると，留意点は，以下のとおりである。

まず，どちらのしくみも各プレイヤーの貢献度を上昇させる一方，効率性の低下や反社会的罰の発生等さまざまな弊害が存在することが明らかにされており，制度導入の全体的な効果については，より踏み込んだ分析が必要になる。また結局，どちらのほうがより望ましいしくみなのかという直接的な比較検討は，これまでなされていないことである。よって，同じ前提のもとで，両条件における各プレイヤーの貢献度や効率性を比較するような実験が望まれる。

なお，上記の先行研究でいう第三者懲罰は，実は，間接互恵性[12]の検証のために，「あるゲームＡのプレイヤーではないが，別のゲームＢのプレイヤーである β が，自分が参加していないゲームＡの結果に対して，（Ａに参加していないという意味での）第三者として懲罰をおこなうかどうか」という構造になっている点に留意する必要がある（つまり，プレイヤーβ は，ゲームＡに参加していないという意味では「第三者」であるが，同じ形態のゲームＢに参加しているため，公共財供給ゲームに参加しているという意味では「第三者」ではない。この時，プレイヤーβ には間接互恵性が効いてしまい，別のゲームＡにおける不公平行動に対しても，懲罰をしてしまうという行動がこれまでの研究で観察されている）。よって，同じく「第三者」といえども，ここで我々が分析すべき監査の品質管理におけるPCAOBがとる構造（プレイヤーβ は，ゲームＡだけでなく，ゲームＢにも，またそれと同様の構造のゲームにも全く参加していないという構造）とは大きく異なるため，上記の先行研究の結果を，そのまま我々の問題に当てはめることはできない。

さらには，そもそも単純に，両者の貢献度や効率性を比較することに意味があるのかどうかについても，実は考えなければならない。特に最後の点は，我々の問題意識からすると，極めて重要かつ本質的な論点であるため，6で詳細に述べる。

---

12 間接互恵性とは，自分に即座に直接的な見返りはないものの，間接的，長期的に（いわば，めぐりめぐって）見返りがあることを見越して協力することをいう。

6 比較衡量の基本的考え方
―― 自主規制と第三者規制の比較はそもそも可能か？

前節のように問題のエッセンスを再吟味することで，我々は，問題の本質に少しではあるが接近することができた。そしてここから先のステップとして，さらに問題の本質に近づくために，両者の比較衡量について重要となるポイントは何か考えてみよう。それは大きく2つある[13]。

6.1 存在意義の次元が異なる可能性

第1は，存在意義の次元が異なる可能性を考慮すべきことである。すなわち，これまでの議論（特にアーカイバル分析のサーベイ）を踏まえるに，実は，監査の品質管理体制という文脈における自主規制と第三者規制とでは，そもそも達成すべき目的が違うのではないか（つまり，単純な公共財供給ゲームにおける貢献度や効率性の議論とは異なる視点が必要となるのではないか），という素朴な疑問が生じる。

すなわち，まず自主規制は，監査人が社会にプロフェッションとして認識してもらうための「看板」的なしくみといえる。つまり，あくまで社会からそのように認知してもらうことを目的とした外観的な制度である可能性がある。たとえば，友岡（2010）によれば，英国の歴史においては，社会からの「如何わしい」，「無能」というイメージを払拭しプロフェッション像を確立するために，会計士は職業団体を設立しその中で自主的に種々の規制の整備を進めていったという。つまり，このような自主規制のしくみは，「対社会」という視点が大いに意識されていたことが歴史的にも理解できる[14]。よって，そのような「看板」

---

13 ここではあえて1つとしてカウントしないが，実験実施上，他の要因を適切にコントロールすることは，極めて重要となる。つまり，自主規制（私的懲罰制度）と第三者規制（第三者懲罰制度）を比べるとしても，それらの前提となる要因を等しくしておく必要がある。たとえば，一口に第三者規制といえども，さまざまなやり方があると考えられるので，どのようなものを第三者規制として念頭に置くのかを，自主規制の場合と合わせる（比較軸を上手く合わせる）ようなモデルおよび実験上のコントロールが求められる。

14 このほか，自主規制の外観性については，社会契約論的立場からゲーム理論を用いた分析を行っている Gaa（1994）Chapter 3 などもあわせて参照。

的な制度に,「看板」以外の役割を期待してはいけないし,「看板」以外の側面を定量化し測定しても,実はあまり意味がないといえる。

これに対して,第三者規制は,監査の実質面の手続的な話(実際上の議論)であり,自主規制のような「看板」的な意味合いではなく,もっぱら実効性や有用性のみが積極的に問われるしくみと位置づけることができる。

そしてそうであるとすれば,米国において,歴史的に「看板」(AICPAによる自主規制)が揺らいだことに対する改善措置として,第三者規制を強化した(PCAOBを設立した)ことは,実は政策的には適切な対応ではなかったといえる。むしろ,必要であったのは,自主規制の強化だったのではないだろうか。

そして,この問題を敷衍すると,「もっぱら監査の品質向上のために,それを第三者がチェックするしくみが必要」とする第三者規制の発想(PCAOB)では,以下のような無限連鎖に陥ることが予想される。つまり,監査のチェックのためには,監査の監査が必要とされ,そのチェックのためには,監査の監査の監査が必要になる,という監査の無限後退である[15]。

| 財務諸表 | ⇐ | 監査 | ⇐ | 監査の監査 | ⇐ | 監査の監査の監査 | ⇐ | ⋯ |

つまり,PCAOBが監査の品質をチェックするが(監査の監査),しかし,そのPCAOBのチェックの品質管理のために,それをさらにチェックするしくみが必要となり(監査の監査の監査),それをさらにチェックする…,と考えると,無限後退に陥ることになる。

そしてもし,このようなチェック機構の無限後退を想定するならば,これを止めるための,何らかのしくみが必要となるが,もしかすると,これこそが自主規制なのかもしれない。すなわち,自主規制が,社会に対するプロフェッションとしての「看板」,つまり,「プロフェッションの監査だから,もうこれから先は安心できる(信頼できる)」と社会にシグナルを発する外観的装置であるとすると,自主規制は,このような無限後退の停止を社会に宣誓する手段となり得る。このように,無限後退を止めるための「看板」という役割を,自主規制は担っている可能性があり[16],単純に有用性だけでは分析できない存在意義を有

---

15 このような無限後退問題を含んだ監査の問題については,たとえばPower (1997) を参照。

している可能性がある。

そしてそうであれば、単に「結果」（品質や効率性が実際に向上したか）だけを同一ディメンジョンで比較するのは意味がないことがわかる。特に自主規制については、結果に至るプロセスや、もしくは、そのような体制をとっていることそのものに対する社会からの評判や信頼度をみることがむしろ重要になるだろう[17]。

6.2　規制の歴史性の考慮

また第2は、規制の歴史性の考慮である。特に、どのような経緯で当該規制が社会的に選ばれたのか、誰がそのしくみを欲したのかという点は、現実的な問題としては極めて重要である[18]。社会がこれまで歩んできた歴史が、その後の経済システムに大きな影響を及ぼすということは、現実世界でもしばしば観察されている。そうであれば、制度生成プロセスの違いは現在の制度に対して大きな影響を及ぼす可能性があるだろうし、一見すると同じに見える制度があったとしても、歩んできた歴史の違いがその実態や中身を大きく変えている可能性もある。このように考えると、制度が歩んできた歴史、ないし生成されていくプロセスの理解なしに、その制度の本質を知ることはできない[19]。よって、監査の品質管理体制のあり方を論じるにあたっては、そもそもどのような経路で体制が社会的に選択され、生成されてきたのか、また、誰がそれを必要としていたのか（いるのか）検討することは重要であるといえる。

以上のような問題意識からすると、たとえば自主規制の発生や変容の分析にあたり、我々が特に注意すべきことは、「自主規制」といった場合の「自主」の

16　ただし、このように述べるからといって、「自主規制の場合には、事後的な結果としてパフォーマンス低下（貢献度や効率性低下）という意味での2次的・3次的なジレンマ問題が生じない」といっているわけではない。あくまで、ここで焦点を当てているのは、自主規制のもつ事前的な意味での社会の（プロフェッションへの）期待であり、無限後退が停止するのは、この社会の事前の期待によるものである。

17　そうであれば、アーカイバル分析でなされているような有用性比較は、実はあまり意味がないことになる。それに対して、実験によれば、結果に至るプロセスや、社会からの評判や信頼度を計測することも可能であり、この点に則した分析が可能となる。

18　この点は、第I部「制度を選ぶ」という問題意識とも関連する重要なポイントである。

19　制度研究における歴史の重要性については、Grief (2006) や Pierson (2004) などを参照。

意味である。これは、実は「自主的に始めた」という意味ではなく、自分（自分たち）の品質を自主的に管理・監視しているという意味である。そしてこのように考えるならば、この論点は、①誰が監査人に当該オプションを付与したのか（誰が社会的選択をしたのか）、という点と、②誰が監査人を監視・管理するのか（実際の品質管理をおこなう者は誰か）、という点の2つに分解することができる。これを2×2のマトリクスに描くと、**図表7.10**のようになる。

図表7.10 監査人の自主規制に関する歴史性（誰が選び、誰が担当するか）

		②品質管理担当者	
		監査人	第三者
①オプション付与者	監査人	A：自主選択型自主規制	B：自主選択型第三者規制
	第三者	C：第三者付与型自主規制	D：第三者選択型第三者規制

　図表7.10に示されるとおり、自主規制に関する歴史性（誰が選び、誰が担当するか）については、純理論的には4つのパターンが考えられる。すなわち、A：自主選択型自主規制、B：自主選択型第三者規制、C：第三者付与型自主規制、D：第三者選択型第三者規制である。つまり、歴史性を踏まえると（①のオプション付与者を踏まえると）、自主規制と第三者規制とは、そもそも二者択一の問題で･･･はないという点が決定的に重要である。すなわち、一見すると、まず一方、自主規制は監査人自身が選びとった結果であり（A）、他方、第三者規制は第三者が選択した結果（D）であるかのように錯覚しがちであるが（つまり、社会的決定をおこなった主体と、実際の管理担当者が同じであるかのように捉えてしまいがちであるが）、実は、これは正しい理解ではないことがわかる。つまり、結果として自主規制になる（もしくは第三者規制になる）としても、そのスタートラインがどこなのか、どこを起源として当該しくみが生成されていくのかに注意を払うことは、自主規制や第三者規制の本質を捉えるうえで、重要なポイントとなる[20]。

20　なお、図表7.10では、オプション付与者として「監査人」と「第三者」の2主体が示されているが、この第三者をどのように捉えるか（利害関係者、政府機関等）も重要な問題である。また、「誰かが付与する」のではなく、複数の主体の相互作用や合意により決定される可能性もあるし、またそもそも誰にも選択されていない（いわば、全体の「空気感」で自然に決まる）可能性すらあるといえる。

184　第II部　こころと制度

図表7.11　規制の歴史性と規制の次元の違いの整理

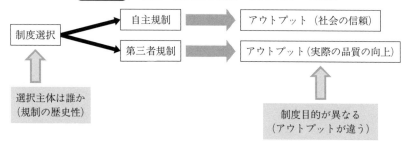

ここで，これまでの流れを整理すると**図表7.11**のようになる。

規制の歴史性ということについては，実は，実験経済学においても分析がなされてきている。たとえば，Sutter, Haigner, and Kocher（2010）や上條・竹内（2007）は，公共財供給ゲームの実施前に，「制度選択ステージ」を作り，プレイヤーの自主的な制度選択とその後のプレイヤーの行動の違いを分析している。なお，これらの研究は，自主規制と第三者規制の選択問題ではないが，これらを基礎にして，図表7.11のような制度選択ステージを接続した公共財供給ゲーム実験も可能といえる。

またアウトプットに関して，自主規制の場合は，単にプレイヤーの実際の貢献度（監査の品質の努力水準）ではなく，それを社会（第三者）がどのように捉え，ゲームのプレイヤーをどれだけ信頼するのか，という分析が必要になる。実験においては，私的（もしくは第三者）懲罰制度付き公共財供給ゲームに対して，そのゲームを観察する「社会の眼」プレイヤーを想定し，その「社会の眼」プレイヤーからみた信頼を測定するという設定[21]での実験が考えられる。

21　なお，ここでは，「社会の眼」からどのように評価されるかということが問題になっているが，逆に，「社会の眼」や「他者の眼」があったとき，見られている側の行動がどう変わるのか，という効果も気になるところである。この点について，たとえば，Bateson, Nettle and Roberts（2006）は，フィールド実験により，人々は，「他者の眼」の有無により，誠実に行動するかどうかが変わる（具体的には，セルフ式の喫茶コーナーで，「他者の眼」のポスターがある場合とない場合とで，正しい料金を箱に入れるかどうかの行動が有意に変わる）ことが明らかにされている。つまり，人間は他者の眼に敏感に反応する心のメカニズムを有していることが，実験から示唆される。このように，「社会からの眼」があるときに（現実的には，「社会からの眼」を，いま以上に監査人が意識しなければならないような何らかの「しくみ」を構築した時に），監査人の行動がどう変わるのかも，本章の問題の「裏」の課題として興味深い。

7 本章のまとめと次章に向けて

　本章では，規制の運用の問題，特に会計不正の問題と大きく関連する監査の品質管理体制を運用していくために，監査人自らが主導権を握るのがよいのか（自主規制），それとも第三者が主導権を握るのがよいのか（第三者規制）という問題について検討をおこなった。

　本章で得られるインプリケーションは，次の3つである。

（1）　監査の品質管理の問題（監査人自らによる「意図的無効化」）は，実は，ゲーム理論でいう公共財供給ゲームの社会的ジレンマ問題と類似した構造を有すること。

（2）　品質管理のための規制を「誰が質の低い監査人を罰するのか」という問題として捉えるならば，「私的懲罰制度」（自主規制）と「第三者懲罰制度」（第三者規制）との比較という，社会心理学や実験経済学でなされてきた議論に行き着くこと。

（3）　ただし，監査の品質管理体制という文脈でいうと，実はそもそも両者は次元が異なる可能性があるし，誰がその制度を付与したのかという歴史性も考慮に入れる必要があること。

　以上のように，本章では，監査人自らによる「意図的無効化」に関して，品質管理体制の運用主体のあり方という観点から検討をおこなったが，長期的には，監査人そのものの品質を向上させていくようなしくみづくりも他方で求められる。つまり，監査の品質管理のための「しくみ」を整備すると同時に，そのような「しくみ」に携わるプレイヤーの質自体を向上させるような何らかの教育の「しくみ」を整備することも，長期的な視野からすると重要となろう。しかし，現状を見ると，このような教育の「しくみ」は，必ずしも成功しているとはいえない。そこで次章では，本章の「しくみ」を背後から支える監査人（職業的会計士）の教育の「しくみ」の問題について検討することにしよう。

補論1　共同規制の可能性 ―― 現実的な解決策をめぐって（その1）

6で述べたように，監査の品質管理体制の構築という文脈を考えると，自主規制か第三者規制かという問題は一筋縄ではいかないし，単純な二者択一の問題ではないことがわかるが，ここで，現実的な解決策としては，一体どうしたらよいのだろうか。

特にここで考えたいのは，両者の「いいとこ取り」はできないのかということである。つまり，（当面，歴史性はおいておくとしても，両者の次元の違いの問題に関連して）社会に対する「看板」と実効性の両立を図ることのできる新たなしくみが構築し得ないかが問題となる。この点に対して，結論的には筆者は，共同規制という新しいしくみが，1つの方向性としてあり得るのではないかと考えている。以下，そのアイディアの一端を提示することにしよう。

共同規制は，現在，インターネット政策における新たな規制のかたちとして注目されているスキームである（池貝 2011）。具体的には，インターネットの世界では，第三者規制のような強い規制は，利用者の利便性確保の観点からあまり望ましくないが，他方，自主規制は，参入企業の流動性や分散性が高いためそのエンフォースメントに失敗してしまったり，もしくはそもそも団体形成が難しいという場合もある。そこで注目されているのが共同規制である。これは，自主規制と第三者規制の両方により構成されるスキームであり，公的機関と産業界が，特定の問題に対する解決策を共同で管理するものである（池貝 2011, p.25）。その形態は多様だが，インターネットの世界では，通常，「政府による規制を受ける自主規制」というスキームがとられる（池貝 2011, p.44）。つまり，以下のような形態である（ここでは便宜上，「共同規制タイプ1」とよぶ）。

　　 自主規制 ⇐ 第三者規制 　…　（共同規制タイプ1）[22]

しかし，このような形態は，先に見たように，第三者規制の実効性を担保するための「第三者規制の規制」が必要になるという無限後退に陥ってしまうと

---

[22] このようなスキームは，実はまさに現在の日本がとっている形態であるし，従来のAICPAとPOBがとっていたスキームであるといえる。

いう問題点を有するし、さらには、自主規制が、監査人を監査人たらしめる「看板」を担っているということを無視したしくみになってしまっている。

ここで、我々には、次のような発想の転換が求められる。すなわち、同じ共同規制といっても、第三者規制を自主規制が支えるような新たなスキームである（これを便宜上、「共同規制タイプ2」とよぶ）。

この「共同規制タイプ2」は、監査の品質管理の文脈でいえば、PCAOBの検査を、AICPAが支えるような形態であり、これなら「看板」と実効性の両立を図ることができ、かつ無限後退の問題に陥ることもないといえる。

もしくは、品質管理の対象ごとに（規制対象となる法人・事務所の規模や、監査対象となる企業の規模により）、自主規制と第三者規制を使い分けるというスキームもあり得るかもしれない。たとえば、社会からの信頼や社会的責任も大きい大規模監査事務所の品質管理には自主規制を、相対的に重要性の低いところには第三者規制を、というかたちで併用するならば、以下のようになる（便宜上、これを「共同規制タイプ3」とよぶ）。

もちろん、上記の共同規制については、その意味や有効性、ひいては、社会からの信頼についても、さらなる検証が必要となるのはいうまでもないが、このように、現実的な解決策を考えるうえでも、単なる二者択一の問題で考えるのではなく、さまざまな選択肢があり得ることを念頭に置きながら、制度設計をおこなう必要があろう。

補論2　「リワード」の可能性——現実的な解決策をめぐって（その2）

　なお，5ではとり上げなかったが，社会的ジレンマ問題の解決方法としては，実は，「懲罰（パニッシュメント）」だけでなく，「リワード」（reward）も有効であることが広く知られている（渡部・森本 2008）。たとえば，Walker and Halloran (2004) は，コストをかけて相手の利得を増やすことのできる「リワード」を導入した公共財供給ゲームにおいて，その効果は，私的懲罰制度の場合と変わりないことが明らかにされている。また，Sutter et al. (2010) では，懲罰制度とリワード制度のどちらか一方を選ぶことができる制度選択ステージつきの公共財供給ゲームをおこない，多くのケースで，被験者は自主的にリワード制度を選択し，またその際の貢献度は，外生的に制度が与えられた場合に比して高いということが明らかにされている。

　よって，現実的な解決策としては，「パニッシュメント」だけでなく，「リワード」も併用することで，より適切な品質管理体制の運用ができるものと考えられる。もちろん，この点の具体的な方策は，今後いろいろな角度から検討を重ねる必要があるが[23]，たとえば，その際には，注21で述べたような「他者の眼」効果を上手く併用すると，このリワード制度の効果もより高まるかもしれない。そして，このリワード制度が上手く機能するようになれば，もしかすると，（自主規制が目指すところの）監査人の「社会からのプロフェッションに対する期待」に応えることになるという「よい循環関係」も構築されていくように思われる。

23　たとえば，企業からの投票による高品質な監査を提供した監査人に対する表彰制度や，何らかのリワードを付与するための品質認証・品質の格付制度などが考えられるかもしれない。

第8章 会計専門職教育制度のデザインとジレンマ
―― 優秀な人材の公認会計士試験離れを解消するには？

> **Summary**
>
> 本章では，職業的会計士の教育問題について考えることにする。この問題は，第Ⅰ部と第Ⅱ部の両方に関係する論点である。まず一方，第Ⅱ部では，会計不正や制度の失敗への対処を，「人間のこころ」から考えてきたが，特に「監査人のこころ」の質向上のために，教育制度の安定化とその質の向上は重要な鍵となる。また他方，第Ⅰ部に関連して，制度選択のためには，制度的補完性とエンフォースメントの問題をあわせて考えていくことが必要不可欠となる。そして，職業的会計士の教育制度は，この両者のいずれとも密接に関連している。
>
> このように，職業的会計士の教育制度の問題は，本書の検討課題のいずれにおいても重要な鍵となる。しかし，現実世界をみると，「優秀な人材の公認会計士試験離れ」が懸念されるところであるため，この問題は，早急に解決すべき喫緊の課題であるといえる。
>
> 以上の問題意識から，本章では，まず職業的会計士に関する教育制度の論点整理を，特に日本の現状を踏まえながら行う。その結果，会計教育の制度的な違いは，教育タイミングと教育主体との組み合わせを用いることで，いくつかのカテゴリーに類型化でき，またそれらのポートフォリオをどのように戦略的に設計するかが重要であることが明らかにされる。
>
> また，資格試験制度について，アメリカ型制度と欧州型制度の比較分析を行い，その結果，アメリカ型はあいまいさ回避問題が，欧州型はホールドアップ問題とモラルハザード問題が，それぞれ生じやすい構造にあり，それらの弊害に柔軟に対応するための鍵として，アカウンティング・スクールの有効活用が考えられることが明らかにされる。

Keyword 教育制度，アメリカ型，欧州型，あいまいさ回避，ホールドアップ問題，モラルハザード問題，アカウンティング・スクール

1 はじめに

　本章では，職業的会計士の教育問題について考えることにする。この問題は，実は，第Ⅱ部だけではなく第Ⅰ部の問題とも大きく関係するため，本書の「アンカー（最終ランナー）」に相応しい論点であるといえる。

　まず職業的会計士の教育問題は，第Ⅱ部の根幹をなす。すなわち，第Ⅱ部の大きな問題意識は，会計不正に対処するための「こころの問題」の解明であった。それは，会計不正防止の要となるはずの監査人が，意図的に制度を無効化してしまうという現実問題を踏まえてのものであるが，これまでの章では，人間の信頼や互恵，そして規制のあり方について考えてきた。そして，特に，監査の品質を支える長期的なインフラとして，監査人の教育の質向上と教育・資格試験制度の安定化は重要な鍵になるといえる。

　また他方，職業的会計士の教育問題は，実は第Ⅰ部とも大きく関係する。すなわち，第3章では，グローバルな会計基準のコンバージェンスを安定的に進めていくための条件（要検討課題）を3つ挙げたが，教育問題は，これらのうち，特に制度的補完性，および，エンフォースメントの問題と大きく関係する。たとえば，制度的補完性の観点からすると，会計基準選択の問題は，単に会計基準だけの問題ではなく，他の関連する諸制度との関連性をどう考えるかといった問題に繋がる。そして職業的会計士に係る教育制度は，このときの「他の関連する諸制度」の根幹部分といえる。なぜなら，特に長期的・安定的にコンバージェンスを達成するためには，会計基準をどのように各国内の企業に遵守させるかというエンフォースメントに関するしくみが重要になるが，ここで，エンフォースメントのキー・プレイヤーの1人としては，職業的会計士の存在が欠かせないからである。つまり，この職業的会計士をどのように育てるか，どのように戦略的に教育を展開していくかが，エンフォースメントをより効率的かつ効果的に進めていくための，ひいてはグローバルな会計基準のコンバージェンスを長期的・安定的に進めていくことへの大きな鍵となる。そしてそうであれば，会計基準のコンバージェンスを進めていくための職業的会計士に対する戦略的な会計教育のあり方を分析することは，重要な作業といえよう[1]。

　このように，職業的会計士ひいてはその教育の問題は，第Ⅰ部と第Ⅱ部の両

方に関係する極めて重要な問題であるが，たとえば現在の日本においては，公認会計士試験に合格しても就職できないという事態が生じてしまっており[2]，制度的な不安定性から，「優秀な人材の公認会計士試験離れ」(試験の難易度に比べて就職が難しいこと（や，就職に関する諸制度が不安定であること）を嫌い，優秀な人材が，そもそも公認会計士試験を受験しなくなってしまうような状況)が懸念されるところである。その意味でも，この職業的会計士の資格試験制度も含めた広い意味での教育問題は，早急に解決すべき喫緊の課題であり，これを本章で取り扱うことは，一定の社会的意義を有するといえる。

上記のような問題意識から，本章は以下のような流れで議論を進める。まず2では，職業的会計士に対する会計教育制度に関する全体の地図を作りつつ，日本の会計教育の現状を相対化する作業をおこなう。そこではいくつかの問題点が洗い出される。そして3では，前節の整理をうけるかたちで，会計教育制度のエッセンスを抽出しモデル化する作業をおこなう。最後に4では，本章のまとめをおこなう。

2 職業的会計士に関する教育制度の論点整理と日本の現状[3]

前節で確認したとおり，①グローバル・コンバージェンスを長期的・安定的に進めていくうえで，1つの大きな鍵となるのは，会計規制や会計実務の主要プレイヤーである職業的会計士に対する[4]教育であり，また②制度の失敗の問題

---

1 柴編(2012；2013)は，同じような問題意識のもと，各国のIFRS教育の比較検討やあり得べきIFRS教育の試案提示をおこなっている。また，高田橋(2011)は，オーストラリアの事例を踏まえ，IFRS教育について分析をおこなっている。本章は，このような先行研究と相互補完の関係にある。
2 日本経済新聞朝刊2011年2月22日付第4面などを参照。
3 以下，本節で日本の会計教育制度に関連する箇所は，主に柴編（2007；2012；2013)，および，町田・松本編（2012）などを参照している。
4 なお，会計教育といえども，その取り扱う範囲は非常に広いが，本章では，その問題意識から，職業的会計士をめぐる会計教育に限定して議論を進めることにする。つまり，「誰に対する教育か（誰に教えるか)」という点に関して，職業的会計士を目指す者ないし職業的会計士に対する教育を前提に，以下議論を進めることにする。よって，いわゆる一般教養としての簿記会計や，職業的会計士を目指すことを企図していない学生への教育については，本章では取り扱わない。この点については，水谷(2013)等を参照。

解決にあたり重要な鍵となるのも，同様に職業的会計士に対する教育であるが，ここで，たとえば日本の状況を眺めてみると，それは必ずしも良好な状態とはいえないかもしれない。そこで本節では，職業的会計士の教育制度をめぐる論点を整理するとともに，日本の現状ないし立ち位置を確認することにする。まず 2.1 では，日本の制度をいったん離れ，そもそも職業的会計士に対する会計教育はどのように整理することができるのか，全体像の確認を行い[5]，2.2 以降で，個々の論点について主に日本の制度を対象にして概観することにする。

2.1 職業的会計士に対する会計教育の全体像

2.1.1 教育のタイミングと教育する主体

そもそも職業的会計士に対する会計教育は，「いつおこなうのか（いつなされるか）」というタイミングの問題を軸にすると，大きく2つに分けることができる。第1は，職業的会計士になる[6]前段階の教育であり，いわば「entry 段階での教育」といえる。これは，主に資格試験制度（会計専門職大学院制度も含む）や試験合格直後・資格登録前の実務補習所での教育を指す。第2は，職業的会計士になった後の継続的な教育であり，いわば「continue 段階での教育」といえる。これは主に，職業的会計士への継続的専門研修制度（日本ではCPE(Continuing Professional Education) とよばれている）などを指す。これらについて，たとえば，IFAC（2009）も，第1の点を IPD (Initial Professional Development)，第2の点を CPD (Continuing Professional Development) とよび，両者をいったん峻別することを推奨している。よって本章でも，このタイミングの問題を1つの鍵として検討を進める。

他方，職業的会計士に対する会計教育は，「誰が職業的会計士（および職業的会計士候補者）に教育するのか」という教育する主体の問題を軸にすると，理論的には大きく3つに分けることができる。第1は，大学や専門職大学院などの高等教育機関である。第2は，職業的会計士の専門職団体（会計士協会などの自主

---

5 ただし，本章は，日本の会計教育の網羅的な「解説」を企図したものではないので，制度や実務の詳細な点に立ち入ることはせず，あくまであとの議論に関係する骨格のみを概略的に論じることにする。
6 なお，重要論点の1つとして，どの段階で職業的会計士に「なる」，「なった」のかという点は，資格の登録制度と関連して重要な問題であるが，当面の問題意識から，ここでは特に厳密な定義を与えず議論を進める。

規制機関）である。第3は，金融庁など資本市場を規制する国家・政府主体（国家・政府規制機関）である。この教育主体と教育タイミングとの関係を図示すると，**図表8.1**のようになる。

図表8.1 職業的会計士に対する会計教育のタイミングと教育主体

		教育のタイミング	
		事前（IPD：Initial Professional Development）	事後（CPD：Continuing Professional Development）
教育する主体	高等教育機関（大学・専門職大学院）	I	II
	専門職団体（会計士協会等の自主規制機関）	III	IV
	国家・政府規制機関（金融庁等）	V	VI

図表8.1のように，理論的には，職業的会計士に対する会計教育は，教育のタイミングと教育する主体とで6つのカテゴリーに分類することができる。

このような整理を前提とすると，日本の職業的会計士に対する会計教育は，マトリクスのI（試験合格前の大学や会計専門職大学院での会計教育）とIII（試験合格直後・資格登録前段階における会計教育研修機構[7]（JFAEL：Japan Foundation for Accounting Education & Learning）による実務補習），および，IV（日本公認会計士協会によるCPE制度）の組み合わせにより制度設計がなされていることが理解できる。

2.1.2　社会的選択 —— 会計教育制度設計の戦略的ポートフォリオ

上記の整理を踏まえると，次に問題となるのは，これら6つのカテゴリーの社会的選択ないしウェイトづけの問題である。すなわち，上記のカテゴリーをどのように選択し，組み合わせ，ウェイトづけしていくのか，という社会全体における政策決定の問題を考える必要がある（会計教育制度設計の戦略的ポート

---

[7] 日本では，従来は日本公認会計士協会が実務補習をおこなっていたが，平成21年に日本公認会計士協会が中心となり教育財団である会計教育研修機構が設立され，以降は当該財団が中心となって実務補習を行っている。このような設立経緯から考えると，会計教育研修機構による実務補習は，大きくは専門職団体のカテゴリーと考えることができる。

フォリオ構築)。また，日本以外の国の会計教育制度では，どのような選択・組み合わせとウェイトづけがなされているのかという素朴な疑問もわいてくる。

ここでは特に，タイミングの問題に焦点を置いてみよう。この点に関連して，たとえば，町田 (2012) は，資格取得前に力点があるのか，それとも資格取得後に力点があるのかという資格取得前後の政策的なウェイトづけについて，以下のような整理をおこなっている。

> 「同図表のような各国の試験・資格制度は，多様な形態をとっているものの，概ね<u>欧州型</u>と<u>アメリカ型</u>に分けて考えることができるように思われる。欧州では，ドイツに典型的なように，<u>会計事務所等での実務経験を経ながら，実務の中で徐々に選別が行われ，試験を受けて資格を取得していくことを想定している</u>と考えられるのに対して，アメリカでは，試験は会計事務所での勤務とは独立に存在しており，比較的，試験も合格率が高い状況にあって，<u>資格を取得した後の競争の中で選別が図られていく</u>ものと解される。」(町田 2012, p.7。ただし，下線は田口)

すなわち，町田 (2012) は，会計教育と資格取得との関係について，資格取得前 (の教育と実務経験) に重きを置く「欧州型」(実務界錬成型)[8]と，資格取得後 (の競争と，それに勝ち抜くための教育) に重きを置いている「アメリカ型」(資格取得後競争型)[9]とにそれぞれタイプ分けしている。このように，会計教育制度のウェイトの置き方は，各国によってそれぞれ異なることが理解できる。タイプごとの特徴や利点・欠点についての詳細な検討は，3 でおこなうことにする。

2.1.3　職業的会計士の養成プロセスと量的問題

上記の教育ポートフォリオの問題と並行して政策的に重要なのは，合格者・採用人数をどうするかという数の問題 (量的問題) である。人数の問題は，会計

---

[8] 「欧州型」でいう会計事務所 (等での事前の実務経験) は，図表8.1でいえばマトリクスⅢ (タイミング：事前，教育主体：職業的団体) に位置づけることができる。
[9] ただし，「アメリカ型」においても，事前の会計教育を完全に無視しているわけではない。たとえば，米国の多くの州は，米国の大学および大学院教育における会計科目等の履修単位の条件 (いわゆる「150単位ルール」) を課すことで，つまり，図表8.1のマトリクスⅠを受験要件 (受験の前提) とすることで，会計士資格試験合格者の質的水準を確保している。ただし，その活用法からは，積極的に事前の会計教育にウェイトを置いているというのではなく，むしろ，業界の品質の最低ラインを確保するためのいわばセーフハーバー的な役割としてマトリクスⅠを用いている，といえるかもしれない。

教育の中身とは直接関係しないが、しかし、職業的会計士養成の現実的な政策上は重要なファクターとなるし、また、職業的会計士を志す側からすると、自身の合格可能性に大きく関連する（よって、そもそも職業的会計士を目指すかどうかという意思決定にも関係する）重要な要因であるため、念のためここで整理しておこう。

この点に関連して、たとえば、橋本編（2009）は、専門職の養成プロセスは、以下の**図表8.2**のような3段階から構成されると述べた上で、それぞれの数のギャップが生じやすいことを指摘している。

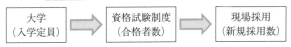

図表8.2　専門職養成プロセスと量的問題

すなわち、本来であれば、入学定員、合格者数、および新規採用数といった量的バランスが均衡した専門職養成プロセスの設計が求められるのであるが、実際には、これらのバランスが崩れてしまう恐れもある。そして橋本編（2009）は、これらの入学定員、合格者数、新規採用数の決定については、「国家・政府」、「市場」（専門職団体・現場）、「高等教育機関」という3つのアクターのパワーバランスが重要となることを指摘している。

これを先の図表8.1に当てはめてみると、まずこの議論は、マトリクスのⅠ（タイミング：事前、教育する主体：高等教育機関）が前提となっていることがわかる。つまり、会計教育制度として、図表8.1のマトリクスⅠを採用している場合（たとえば、後述する日本のように、アカウンティング・スクールが存在し、かつ、その単位や修了学位が資格試験の一部免除に関係するような場合等）には、図表8.2のプロセスがすべて関係してくることになるが、他方、マトリクスⅠを制度として採用していない場合は、図表8.2の最初の「大学（入学定員）→資格試験制度（合格者数）」の関連は薄く、後半の「資格試験制度（合格者数）→現場採用（新規採用数）」のフローのみが重要となる。

2.2 資格取得とアカウンティング・スクール
── 資格試験との接続の問題

2.1 での議論を踏まえて，本項以降では，個別論点のエッセンスを整理しつつ，日本の会計教育をめぐる具体的な状況を概観してみよう。まず，本項では，アカウンティング・スクール（会計大学院，会計専門職大学院）をめぐる問題について概観する。

日本のアカウンティング・スクールは，図表8.1のマトリクスのⅠ（タイミング：事前，教育する主体：高等教育機関）としての役割を担っている。特に現行の公認会計士試験では，アカウンティング・スクールの単位と修了学位が，試験科目の一部免除要件となっているため，資格試験[10]とも接続された制度設計になっている。この意味では，橋本編（2009）の示す専門職の養成プロセス「大学（入学定員）→資格試験制度（合格者数）→現場採用（新規採用数）」という図表8.2の3段階ステップのうち，前半の「大学（入学定員）→資格試験制度（合格者数）」というフローについて検討しておく必要がある。つまり，入学定員（ないし修了者数）と試験合格者数との関係である。

2.2.1 高等教育機関と資格試験との接続問題 ── 第1のスクリーニング

ここで，アカウンティング・スクールと資格試験との接続の問題について考えるために，まずその前提として，アカウンティング・スクールだけでなく大学等も広く含めた高等教育機関と資格試験との接続について整理する。純理論的には，その接続の形態には，**図表8.3**のように，大きく3つのタイプが考えられる。

まずタイプ1は，高等教育機関の単位や学位と資格試験とが特に直接的に連動していない「非連動型」である。これは，高等教育機関での単位や学位取得状況を，試験受験の要件や試験免除要件等に含めないというタイプの制度である。この場合は，先の図表8.1でいうマトリクスⅠを制度的には組み込まない設計になる。これは，極めてシンプルな制度設計であるが，しかし反面，試験受験者ひいては試験合格者の最低限の質を担保することが困難となるという欠点

---

10 なお，日本および他国の資格試験制度の概要については，町田（2012）に詳しい。

第8章 会計専門職教育制度のデザインとジレンマ 197

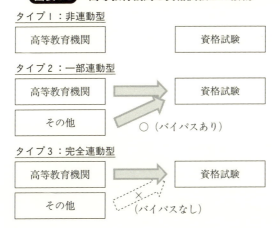

図表8.3 高等教育機関と資格試験との接続

もある。

タイプ2は，高等教育機関の単位や学位が資格試験の受験要件や科目免除と関連しているものの，それは必ずしも必須ではなく，高等教育機関の単位や学位がなくても受験が可能（もしくは科目免除がなされる可能性もある）といういわゆるバイパス部分を残した「一部連動型」である。たとえば，現在の日本はこのタイプに属する。また，ドイツは，（1）大学卒業，（2）税理士等の経験5年以上，（3）監査法人等の経験10年以上のいずれかを満たしていることを受験要件としており，（2）や（3）の余地もあることから，このタイプに分類される。この場合は，先の図表8.1でいうマトリクスⅠを制度的に組み込む形態になるとともに，バイパス部分として，事前教育について他の何らかの段階（たとえばⅢないしⅤ）を別に組み込んでおくことが制度設計上必要になるといえる（たとえばドイツであれば，実務経験ということで図表8.1のⅢを併用している）。

タイプ3は，高等教育機関の単位や学位が資格試験の受験要件や科目免除と連動しており，かつそれが資格試験上必須となる「完全連動型」である。たとえば米国では，多くの州が受験要件として，大学卒業，かつ，150単位以上の履修[11]という条件を設けており，かつ他にバイパスとなるルートがないため，このタイプに分類される。この場合，先の図表8.1でいうマトリクスⅠを制度的に必ず組み込んでおく必要があるが，他の部分（たとえばⅢないしⅤ）は必須ではなくなる可能性がある。なお，タイプ2とタイプ3は，受験者，ひいては，試験

合格者の最低限の質を担保することが可能となるというメリットを有する。特にタイプ3によれば、受験者の全体の質を担保できるという意味で、クオリティ・コントロール上は望ましいといえる。しかし逆に、タイプ3は、その分だけ門戸が狭くなるため、多様な人材の確保という面で、タイプ2にやや劣る可能性もある。

2.2.2 アカウンティング・スクールと資格試験との接続問題
――第2のスクリーニング

次に、アカウンティング・スクールと資格試験との接続の問題について整理する。図表8.3は、大学等をも含む高等教育機関全般を前提とした整理であったが、ここで、高等教育機関の中でもアカウンティング・スクール（会計大学院）に特化して、同じように資格試験との接続問題を考えてみる。純理論的には、その接続の形態には大きく3つのタイプが考えられる（**図表8.4**）。

図表8.4 アカウンティング・スクールと資格試験との接続

タイプa：非連動型

| アカウンティング・スクール | | 資格試験 |

タイプb：一部連動型

アカウンティング・スクール → 資格試験
その他　　　○（バイパスあり）

タイプc：完全連動型

アカウンティング・スクール → 資格試験
その他　　　×（バイパスなし）

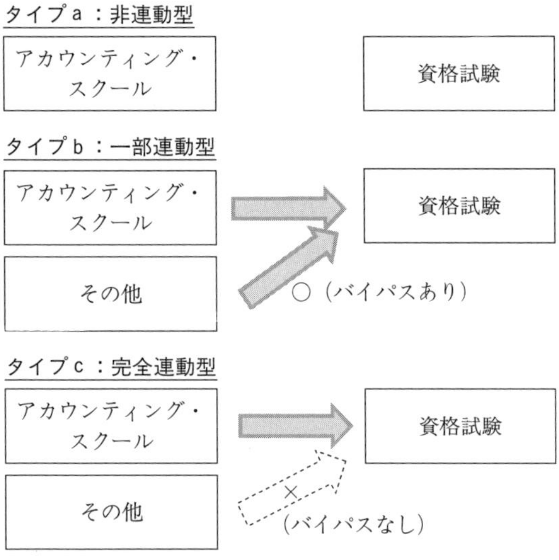

11　米国における150単位ルールがもたらす影響に関する実証研究としては、たとえば、Allen and Woodland（2006）やBoone and Coe（2002）などを参照。特に、Boone and Coe（2002）は自然実験の手法を用いており、筆者の立場からは大変興味深い。

まずタイプaは、アカウンティング・スクールの単位や専門職修了学位と資格試験とが特に直接的に連動していない「非連動型」である。タイプbは、アカウンティング・スクールの単位や学位が資格試験の受験要件や科目免除と連動しているものの、それは必ずしも必須ではなく、アカウンティング・スクールの単位や学位がなくても受験が可能（もしくは科目免除がなされる可能性もある）といういわゆるバイパス部分を残した「一部連動型」である。タイプcは、アカウンティング・スクールの単位や学位が資格試験の受験要件や科目免除と連動しており、かつそれが資格試験上必須となる「完全連動型」である。

このような整理によれば、現在の日本は、タイプbの制度設計をおこなっていることが理解できる。すなわち、現行制度では、アカウンティング・スクールの修了により、公認会計士試験の短答式試験の一部科目免除がなされるが、しかし他方で、アカウンティング・スクールを修了していなくても試験を受験することができるというバイパス部分が残されている。つまり、日本におけるアカウンティング・スクールの存在は、クオリティの最低ラインを担保するセーフハーバー的な意味というよりはむしろ、「行けばメリットが得られる」という、いわばエクストラ・オプションとしての意味を有する。

2.2.3　現行制度設計の整理と問題点の抽出

以上、図表8.3（大学等をも広く含む高等教育機関と資格試験との接続方法）と図表8.4（高等教育機関の中でもアカウンティング・スクールに特化した場合の資格試験との接続方法）に示されるとおり、それぞれの接続形態は3タイプごとに分けることができるが、これらを包括的に整理すると**図表8.5**のようになる。

図表8.5に示されるとおり、大学での単位や学士号を資格試験の受験・科目免除要件とするか（第1のスクリーニング：図表8.3の軸）、それともさらにアカウンティング・スクールでの単位や専門職修士の学位までを要求するか（第2のスクリーニング：図表8.4の軸）で、制度設計のあり方は、純理論的には大きく6パターンが考えられる。日本は、このうち、「制度設計C」型（タイプ2＋タイプb）を採用していることが理解できる。つまり、日本の公認会計士試験制度は、そもそも大学での単位や学士号取得を必ずしも受験要件としていないし（タイプ2）、アカウンティング・スクールでの単位や修士学位も必ずしも受験要件としていない（タイプb）、というデザインがなされている。

図表8.5 マトリクスⅠにおける資格試験との接続方法の態様

	第1のスクリーニング（高等教育機関と資格試験との接続）	第2のスクリーニング（アカウンティング・スクールと資格試験との接続）	コメント
制度設計A	タイプ1：非連動型	タイプa：非連動型	－
制度設計B	タイプ2：一部連動型	タイプa：非連動型	過去の日本
制度設計C	タイプ2：一部連動型	タイプb：一部連動型	現在の日本
制度設計D	タイプ3：完全連動型	タイプa：非連動型	米国の多くの州
制度設計E	タイプ3：完全連動型	タイプb：一部連動型	－
制度設計F	タイプ3：完全連動型	タイプc：完全連動型	－

　ここで，現在の日本の制度設計を考える上で重要なことは2つある。第1は，2つのスクリーニング（大学の単位や学位（タイプ2），アカウンティング・スクールの学位（タイプb））から漏れる人材の品質の最低限を担保する代替的手段の有無である。すなわち，前述のとおり，現行の日本の制度設計のもとでは，大学での単位を取得せずとも受験することができる。これは特に，第1のスクリーニング（図表8.3）において一部連動型（タイプ2）を採用しているからであるが，ここで問題となるのは，このような人材のクオリティ・コントロールを制度設計上どのように担保するのかという点である。たとえば，同じようにタイプ2を採用するドイツなどは，必ずしも大学卒業を必須要件とはしていない代わりに，先に述べたとおり，税理士等の経験5年以上，もしくは，監査法人等の経験10年以上のいずれかを満たしていることを受験要件としている。つまり，図表8.1でいうマトリクスⅠ（事前の高等教育機関での教育）でカバーできない部分を，マトリクスⅢの「事前の専門職団体での教育」でカバーし，クオリティ・コントロールを図っているのである。これに対して，日本では，このようなデザインにはなっていない[12]。

　第2は，アカウンティング・スクールが制度設計上，必要不可欠なものとして位置づけられてはいないという点である。先に述べたとおり，現行制度では，アカウンティング・スクールを修了していなくても受験することができるし，また逆にアカウンティング・スクールを修了したからといって，試験の全科目が免除される（試験合格できる）というわけでもない。つまり，日本のアカウン

ティング・スクールは，あくまで「沢山の選択肢の中の1つ」という位置づけにしかすぎないのである。現在，公認会計士試験におけるアカウンティング・スクール出身者の合格率は思うほど伸びておらず，またそもそもアカウンティング・スクールへの入学者が減少傾向にあるようであるが，これは決してアカウンティング・スクールの自助努力が足らないということではなく，「制度設計C」のようなデザインをしていることからくる構造的な帰結といえる[13]。会計教育により優秀な職業的会計士を育てるためには，そもそも優秀な人材をこの養成プロセスに引き寄せる何らかのしくみが必要となるが，現状では，それが上手くなされていないという問題がある。

なお，以上のような点だけでなく，現行のアカウンティング・スクールには，そもそも2年間で専門職を養成し得るのかという問題もあるようである[14]。たとえば，吉田・橋本（2010）は，アカウンティング・スクールの教育年限について以下のような疑問を呈している。

> 「…公認会計士に合格するためには，専門職大学院の2年間の学習だけではほぼ不可能であるという，専門職を養成に必要な教育期間と大学院の修業年限との齟齬の問題が残っている。
> 　通常の大学・大学院の卒業者・修了者が，学問的な能力を職業的な能力に転換するのが労働市場であるとしたら，専門職大学院の場合は，職業的な能力をもって労働市場に出るという違いがある。専門職の養成とは，いわば完成品を労働市場に送

12　なお，日本では，試験合格後・資格登録前の段階では，図表8.1のマトリクスIII（事前，専門職団体）での教育（実務補習）がなされるが，しかしこれはドイツなどの実務経験要件の年限と比べて極めて短いし，またそもそも試験受験段階（試験合格前）でのクオリティ・コントロールの手段ではないため，ドイツのように十分なカバーができているかは疑問符がつく。

13　アカウンティング・スクールの存在価値を高めるためには，第2のスクリーニングにおいて「タイプc：連動型」を採用する必要があるため（そしてその前提として，第1のスクリーニングにおいて「タイプ3：連動型」），図表8.5でいう「制度設計F」を採用する必要がある。もしくは，事前教育ではなく，事後教育において，図表8.1でいうマトリクスIIの役割を強化する（アカウンティング・スクールが職業的会計士のCPDに積極的に関与する）という方策も有効であるかもしれない。さらには，本章ではその問題意識から触れないが，アカウンティング・スクール修了者が，公認会計士以外の道に進むことを支援するというルートも大いに考えられる。

14　なお，このほかに，アカウンティング・スクールの認証評価の問題（誰がどのように，どのような方法・基準で評価を行うか）も重要な論点であるが，本章では紙面の都合もあるため，この問題については触れないことにする。

り出すことであり，教育と労働市場の緊密な結びつきがあるため，労働市場での評価が大学院における教育の評価に直接に跳ね返ってくるのである。大学と労働市場とをいかに結びつけていくか，その新たな方法を考えることが課題である。」(吉田・橋本 2010, p.172。ただし，下線は田口)

すなわち，吉田・橋本（2010）は，「専門職の養成とは，いわば完成品を労働市場に送り出すこと」という視点から，アカウンティング・スクールでの教育年限の不十分性（現行のアカウンティング・スクールだけでは，時間不足で完成品を労働市場に送り出すことができない状況にあること）を指摘している。これは，恐らくアカウンティング・スクールの年限を単純に延ばすというよりはむしろ，高等教育機関以外の主体による会計教育との組み合わせが必要となることを示唆しているものと考えられる。具体的には，図表8.1のマトリクスⅠ（高等教育機関による事前の会計教育）だけでなく，たとえば，マトリクスⅢ（専門職団体での事前の会計教育），もしくは，場合によってはⅤ（国家・政府規制機関による事前の会計教育）との組み合わせが極めて重要となろう。よって，このアカウンティング・スクールの問題は，単にマトリクスⅠの問題単体で考えるのではなく，**2.1.2で指摘したような全体のポートフォリオ戦略の中で考えていく必要がある**[15]。なお，この点については，町田・松本編（2012）の以下のような指摘がヒントとなるかもしれない。

> 「今や，会計プロフェッションの側から，より積極的に大学等の高等教育機関における資格取得前教育に関与することが求められる。たとえば，インターンシップの活用とそれに対応した採用の実施，大学等との連携による高度な会計教育の実施，会計教育研修機構と会計大学院の連携によって資格取得後教育に連続して繋がっていく教育カリキュラムの実践等を検討する必要があるであろう。」(町田・松本編 2012, p.289。ただし，下線は田口)

---

15 もちろん，資格試験の内容そのもののクオリティ・コントロールも必要であることはいうまでもない。

2.3 日本の公認会計士試験合格者の未就職問題

2.3.1 現状の整理

　ここ数年，日本では，公認会計士試験に合格しても監査法人に就職できないという大きな問題が発生している（町田 2012, p.12）。これは，会計教育の中身そのものの問題ではないが，教育と関連して重要なポイントである資格試験に関することであるし，また，**2.1.3**で示したとおり，量的問題は制度設計上重要となることから，ここでその現状を分析しておくことは有用であろう。

　すなわち，2003年の公認会計士法改正にあたり，公認会計士数の増加が政策目標として掲げられたことから，試験制度改正の2006年度以降の試験では，それまでの試験合格者数の約2～3倍の人数が合格者とされることとなった。具体的には，改正直前の2005年度合格者数が1,308人であるのに対して，改正後の2006年度合格者数は3,108人（現行試験合格者1,372人，旧試験合格者1,736人），2007年度合格者数は4,041人（現行試験合格者2,695人，旧試験合格者1,346人），2008年度合格者数は3,625人（現行試験合格者3,024人，旧試験合格者601人）であった[16]。しかしながら，他方，この受け皿となるべき監査法人や会計事務所では，このような急激に増加した合格者のすべてを吸収することができず，試験に合格したものの就職できないという現象が生じてしまったのである（日本経済新聞朝刊2011年2月22日付第4面，同2011年10月20日付第3面などを参照）。このため，せっかくの難関資格試験に合格しても報われないかもしれないという雰囲気が世間で醸成されてしまい，優秀な若者が公認会計士試験に挑戦することを避けるような傾向が出始めているようである。これはまさに，図表8.2で示した「専門職養成プロセスと量的問題」のうち，後半の『資格試験制度（合格者数）→現場採用（新規採用数）』におけるミスマッチ問題であるといえる。

　このようなミスマッチを解消する方法として，まず直感的に考えられるのは，次の2つであろう。第1は，合格者数を減らすことである。第2は，現場採用を増加させることである。しかし，前者は，資格試験のあり方や制度の安定性，および制度や政策決定に対する社会的信頼性の問題とも深くかかわる重要な課題であるし，また後者は，受け入れる監査法人・会計事務所側の経営（監査報酬

　16　公認会計士・監査審査会公表資料を参照。

の問題等)ともかかわる問題であり、いずれも簡単に解決できるものではなさそうである。

また、このミスマッチの原因を探ってみると、それは決して単純なものではないことが理解できる。たとえば、町田・松本編 (2012) は、以下のように述べている。

> 「未就職者問題は、単純にアメリカとの人口比に基づいて税理士等の存在を十分考慮に入れず日本の公認会計士の総人数を想定したこと、企業社会でのニーズの理解が十分でなかったこと等に原因があると考えられるが、他方、難関とされる公認会計士試験の受験にあたって長期間にわたる受験勉強を強いられることや、公認会計士試験合格後に、実務補習等を経なければ公認会計士資格を取得できず、試験合格だけでは単なる公認会計士試験合格者(無免許者)にすぎないということにも原因があると解される。
> こうした問題を、<u>単に合格者数の減少によって、業界内に新規に参入する公認会計士(試験合格者)の数を制限することで対応すること</u>は、未就職者問題への急場凌ぎとしては致し方ないとしても、<u>未就職者問題の根本的な解決にならないだけでなく、国家試験制度としての社会的な信頼性を損なってしまう</u>ことになろう。」(町田・松本編 2012, p.283。ただし、下線は田口)

つまり、町田・松本編 (2012) は、このミスマッチの問題を単に数量的な調整問題として処理してしまっては、根本的な解決には至らないことを示唆している。

2.3.2 問題解決のための3つの具体的方向性

では、一体どうすれば、この問題を解決することができるのだろうか。現時点では、暫定的ではあるものの、いくつかの方向性を想定することができるかもしれない。ここでは3点を指摘したい。

まず第1は、受け入れる監査法人・会計事務所側の経営(監査報酬の問題等)の問題である。これは重要な問題であるが、本章の趣旨から、ここではこれ以上踏み込まない[17]。

第2は、前述したように、会計教育制度のポートフォリオ(図表8.1)を戦略的に構築することである。すなわち、試験制度の安定のためには、やはりそれ

---

17 詳細な議論については、たとえば、町田・松本編 (2012) pp.283-284を参照。

を包括する会計教育のしくみを適切にデザインし，またそれを安定的に運用していくことが必要となる。そしてそのためには，それぞれの教育制度の特徴や課題，および，組み合わせた際の相乗効果などを慎重に検証していくことが求められるであろう。この点については，さらに3で述べる。

第3に，実は，監査法人への就職活動における制度設計の問題が，隠された重要課題として挙げられるかもしれない。すなわち，現状では，(このように重要な資格試験であるにもかかわらず)試験合格者による監査法人・会計事務所への就職活動については，特に決められた安定的なしくみがあるわけではなく，それぞれの(主に採用する監査法人・会計事務所側の)自治に任されている状態にある[18]。結局のところ，現状では，試験合格者は，特に制度的に守られるわけではなく，不安定で不可逆的ないわば「運任せ」の就職活動をせざるを得ず，そして必ずしも望みどおりの地域や監査法人に就職することができるとはいえない状況を強いられているのである。社会全体でみても，その能力や個性に見合った場所や領域で力を発揮することのできない個人が存在することは決して望ましいことではない。

このように，未就職問題の根本には，就職活動の不安定さないしルールの不存在という問題が存在し，それを抜本的に見直す必要があるといえる[19]。では，一体どのようなルール作りが求められるのかが次に問題となるが，ここでヒントとなるのは，同じく専門職の1つといえる医師の世界における，研修医と病院のマッチング制度(以下，単に「研修医マッチング」という)であるかもしれない。研修医マッチングは，ゲーム理論の応用領域の1つであるマッチング理論から導かれるアルゴリズムを用いて[20]，研修医と病院の間の社会的に最適な組み合わせを計算し，それを現実の就職活動で用いるものである。この研修医マッチングは，現在，海外だけでなく日本でも採用されており，それなりの成果を

---

18 もっとも，ここ数年は，(合格者の未就職問題もあってか)日本公認会計士協会が監査法人や会計事務所に向けて，たとえば就職活動開始時期に関しての要請をすることがあるが，しかし特に何か大枠における方針に沿った政策とはいえず，やや場当たり的な感が否めない。

19 なお，これがまさに，この未就職問題を単に数の問題としない(構造的な問題に置き換えて検討する)ということの本質であると思われる。

20 なお，マッチング理論は，研修医マッチングのほか，学校選択制などでも実際に用いられている。学校選択制については，安田編(2010)が参考になる。

上げている[21]。もちろん,研修医の状況と公認会計士試験合格者の状況との異同を分析し,会計士業界の実情に合ったものにする必要があるが,いずれにせよ,この未就職問題を抜本的に解決するための1つの手段として,このマッチングの考え方は1つ有用である[22]ものと考えられる[23, 24]。

2.4 事後の会計教育制度

図表8.1で確認したとおり,純理論的には,事後の教育制度には,マトリクスⅡ(高等教育機関による教育),Ⅳ(専門職団体による教育)および,Ⅵ(国家政府規制機関による教育)という3つのタイプが存在するが,日本ではこれらのうち,主にⅣ,つまり,専門職団体である日本公認会計士協会による教育がなされてきた。

日本公認会計士協会が職業的会計士に対しておこなってきた教育は,継続的専門研修(CPE: Continuing Professional Education)とよばれ,平成10年から任意参加で開始された後,平成14年には協会の自主規制として会員(公認会計士)に義務づけられ,平成16年には公認会計士法で法定義務化された。具体的には集合研修や学会への参加,研修会講師等によりCPE単位を取得することができ,直近3年間で120単位以上を履修していく必要がある。

このような日本のCPE制度について,町田・松本編(2012)は,以下のような問題提起をしている。

---

21 たとえば,鎌田・小島・和光(2011)等を参照。
22 もちろん,制度の有用性は実証マターであり,データによる検証が必要であるが,たとえば今後,マッチングの実験室実験や社会実験を積み重ねることにより,制度の本格導入前にその有用性を確かめることは,制度設計に対するアカデミズムの貢献として重要であるといえよう。
23 以上の分析については,たとえば廣瀬(2013)が先駆的研究として参考になる。
24 なお,これら3つ以外の解決策として,たとえば,試験合格者について新たな下位資格を創出することを挙げる論者もいるかもしれない(実際に日本でも,最終的には廃案となったものの,「企業財務会計士」という新たな資格が創出される動きがあった)。しかし,筆者は,受け入れ側の企業のニーズが現実にはそれほどないこと,および,このような下位資格がもたらす負のシグナリング効果(中途半端な資格創出が,同じ試験合格者である公認会計士の品質に対して負の社会的イメージをもたらしかねないこと)を考えると,下位資格の創出は問題解決にはならないし,むしろ,現状の職業的会計士の社会的信頼性を低めてしまう逆効果が生じる恐れがあるのではないかと危惧している。

「また，CPEについては，大規模監査法人と中小事務所等との実施状況に大きな差があることや，単年ないし3年ごとの単位取得に焦点が絞られてしまい教育内容やいかなる方法で単位を取得するかといった問題，さらには会計士が関与している業務による差別化等の問題については，必ずしも十分に対応できていないように思われる。公認会計士のあるべき姿を検討する際には，現在，すでに公認会計士として業務を行っている者についても，CPEを通じてヨリ洗練していくこと及びその方策について検討する必要があると考えている。」（町田・松本編 2012，pp.289-290）

すなわち，町田・松本編（2012）によれば，その中身やしくみについて，いくつか改善の余地があるものと考えられる。

以上のように，日本における事後の教育制度としては，図表8.1のⅣを中心としておこなってきている点が大きな特徴である。しかし，先に示したとおり，会計教育制度の戦略的ポートフォリオの発想からすると，Ⅳによる教育だけでなく，たとえばⅡ（高等教育機関による教育）を積極的にとり入れていき，ⅡとⅣとを併用する戦略も考えられるかもしれない。具体的には，特にアカウンティング・スクールが事後の教育制度に携わり，日本公認会計士協会によるCPEと相互補完的に事後の会計教育を展開していくというのも1つの方策として考えられるかもしれない[25]。

---

[25] しかし，アカウンティング・スクールが事後の教育制度に携わることは，実は一筋縄ではいかない可能性もある。たとえば，吉田・橋本（2010）は，「この先には，いったん労働市場に出た者を知識社会の牽引力となるような再教育を専門職大学院が担えるかという問題が残されている。労働市場に出ている者を，再度，大学院が再教育を担うことは，その教育成果の即効性が認められねばならない。」と述べ，専門職大学院が安易に事後教育に携わることに対して警鐘を鳴らしている。
　また，この問題は，社会人に対する職業教育という意味ではいわゆるリカレント教育の論点として考えることができる。一般的なリカレント教育については，たとえば樋口・川出（2003）を参照。我々は，この一般的なリカレント教育と職業的会計士のリカレント教育との異同に気をつけながら，高等教育機関が事後の会計教育に対して何ができるか（またどのような効果があるのか），実証的なデータを集めつつ検討を進める必要があるだろう。

3 会計教育制度のジレンマ
―― アメリカ型制度と欧州型制度の比較制度分析

2では,職業的会計士に対する会計教育制度に関する全体の地図を作りながら,日本の会計教育制度における問題点を洗い出す作業をおこなった。ここでは,会計教育制度におけるいくつかの論点に焦点を絞り,そのエッセンスを抽象化しモデル化する作業をおこなう。

3.1 会計教育制度のモデル分析 ―― 国際比較のために

前述のとおり,会計教育と資格取得との関係については,資格取得前の教育に重きを置く「欧州型」(実務界錬成型)と,資格取得後の競争とそれに勝ち抜くための教育に重きを置く「アメリカ型」(資格取得後競争型)とに分けることができる(町田 2012)。前者はいわば「後にある合格」ないし「じっくり育ててからプロに」という特徴を,後者は「先にある合格」ないし「まずはプロの舞台を踏ませてから」という特徴を,それぞれ有している。

ここで素朴に考えると,究極的には,どちらの制度のほうが社会全体として望ましいのかという疑問がわいてくる。そこで,本章では,それぞれのタイプの特徴を抽象化する作業をおこなうことにする。

ここでは特に,どちらのシステムのほうが,より優秀な人材を逃さず職業的会計士養成のプロセスに取り込めるか(エントリーさせることができるか),という点を考えてみたい。すなわち,前述のとおり,たとえば日本では,公認会計士をめぐるさまざまな「負の要因」を敏感に察知した優秀な若者が,徐々に公認会計士を目指さなくなってしまっているという現状がみられるが,会計教育により優秀な職業的会計士を組織的・体系的に養うためには(教育制度のパフォーマンスを向上させるためには),そもそも優秀な人材を組織的にどう引き寄せるかという点も重要なポイントの1つとなるだろう。「後にある合格」の「欧州型」と,「先にある合格」の「米国型」とでは,どちらがより優秀な人材を引き寄せることができるだろうか。ここでは定性的・感情的な議論ではなく,モデルの力を借りて,上記2つのタイプのしくみのエッセンスを抽出し,比較してみよう。

3.2 関連する先行研究から得られるエッセンス
―― 専門職の社会的収益率

　ここで，そもそもある個人が職業的会計士を目指すか否か（職業的会計士養成プロセスにエントリーするか否か）の判断と意思決定は，一体どのようになされるのだろうか[26]。もちろん，これにはさまざまな要因が考えられるが，結局は目指すことが割に合うかどうかが重要なポイントとなるだろう。では，割に合うかどうかは一体どのように算定できるだろうか。

　この点については，荒井（1995）や八代・伊藤（2003）による専門職の社会的収益率の議論が参考になる。すなわち，荒井（1995）や八代・伊藤（2003）は，専門職を志すかどうかを一種の投資と捉えて，「専門職を志す（そして専門職に就く）」という投資から得られる収益率（生涯所得と生涯コストから算定）と他の投資機会（「専門職を目指さない」という投資）から得られる収益率とを比較して，その差分が，専門職ないし専門職養成教育の社会的な収益率であるとして，実際に日本の医師（医学部卒業）の社会的収益率を計算している[27]。

　ここでは，上述の（いわばマクロ的な）社会的収益率の考え方を（ミクロ的な）個人の意思決定問題へのヒントとする。すなわち，ある個人が職業的会計士を目指すかどうかの意思決定をおこなう際には，それぞれの選択肢を一種の投資と捉えて，そこから得られる期待収益率ないし期待純キャッシュ・フローの大小を比較して，より大きな収益率ないし期待純キャッシュ・フローをもたらす投資（選択肢）を選択しているものと想定することができる。そして，職業的会計士を目指すという選択肢をある個人がとるのは，「職業的会計士を目指す」という投資から得られる期待収益率ないし期待純キャッシュ・フローのほうが，「職業的会計士を目指さない（他の職に就く）」という投資から得られるそれらよりも大きい場合である。いま，ある個人 i （$i=1, 2, \cdots, n$）にとって，初年度に「職業的会計士を目指す」という投資を行うことから得られる期待純キャッ

26　なお，このような問題提起の基本アイディアは，木下（2010）による法科大学院進学を決断させる司法試験合格率の経済分析に一部依拠している。

27　もちろん，同じようにして職業的会計士の社会的収益率も計算することが可能であるし，職業的会計士の社会的収益率の各国比較をすることにも大きな意義があるといえる。

シュ・フローを π_{CPA}^i，「職業的会計士を目指さない」という投資から得られる期待純キャッシュ・フローを π_{No}^i とする。それぞれの期待純キャッシュ・フローは，ごく簡単に当該投資から得られるキャッシュ・インフロー（職業的会計士として得られる所得 CIF_{CPA}^i，もしくは他の職業から得られる所得 CIF_{No}^i）と投資にかかるコスト（職業的会計士を目指す努力コスト等 C_{CPA}^i，もしくは他の職業を目指す努力コスト等 C_{No}^i）の差分として定義しておく（1，2式）。

$$\pi_{CPA}^i = CIF_{CPA}^i - C_{CPA}^i \quad\cdots\cdots（1式）$$
$$\pi_{No}^i = CIF_{No}^i - C_{No}^i \quad\cdots\cdots（2式）$$

個人 i が職業的会計士を目指す（職業的会計士養成プロセスにエントリーする）のは，以下の3式が充たされるときである。

$$\pi_{CPA}^i \geq \pi_{No}^i \quad\cdots\cdots（3式）$$

そして，ここで重要なのは，上記3式をあらゆる個人 i について充たし得るような（試験制度をも含んだ広い意味での）会計教育制度は一体どのようなものかということである。また，先の問題提起に引き寄せていうならば，アメリカ型と欧州型のどちらのほうが，あらゆる個人 i が3式を充たしやすいしくみなのかということである。ここで鍵となるのは，政策設定主体がどこまで個人の意思決定に影響を及ぼし得るのかという点である。

3.3 「アメリカ型」制度における個人の意思決定
――「先にある合格」タイプで起こり得る個人の「あいまいさ回避」現象

3.3.1 セッティング

ある個人が，「アメリカ型」制度のもとで職業的会計士養成プロセスにエントリーするか否かの意思決定問題に立たされていると仮定しよう。アメリカ型の特徴は「先にある合格」である。これを踏まえて，ある個人のデシジョン・ツリー（decision tree）を描くと**図表8.6**のようになる。

ここで，f_j^i は，個人 i の第 j 年度（$j=1, 2, \cdots, n$）の合格確率とする。合格確率は，第 j 年度の制度的合格確率（何人（ないし何％）を合格者とするかの政策）p_j，個人 i の第 j 年度の試験に対する努力水準 e_{ij}，個人 i の第 j 年度試験受験時点における能力 a_{ij}，および，個人 i の第 j 年度試験受験時点における運 L_{ij}

図表8.6 「アメリカ型」のもとでのデシジョン・ツリー

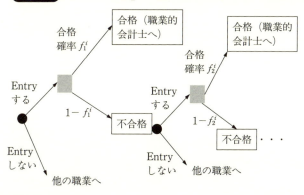

に依存すると仮定する（4式）。

$$f_j^i = f_j^i(p_j, e_{ij}, \alpha_{ij}, L_{ij}) \cdots\cdots\cdots\cdots\cdots\cdots\cdots\cdots\cdots\cdots\cdots\cdots\cdots\cdots\cdots(4式)$$

ここでのポイントは3つある。第1は，アメリカ型のもとでの個人の意思決定は，「先にある合格」という特徴から，エントリー後資格合格までは，合格確率 f_j^i の大小の影響を直接的に受けやすい構造になっているという点である。すなわち，図表8.6をみると，個人のデシジョン・ツリーは，自身の意思決定と合格確率しか存在しない構造になっているが，これはまさに「先にある合格」という性質を示している。つまり，個人が初年度で職業的会計士を目指すかどうか（3式を充たすかどうか）は，この合格確率の大小に大きく依存している。

第2は，初年度にエントリーをするという意思決定をすることから得られる期待純キャッシュ・フロー π_{CPA}^i は，自分自身が何年目に合格できそうかという自分自身による予想により影響を受けるということである。たとえば，個人 i が，自分自身の合格達成を第1年度である（第2年度から専門職として所得を得ることができる）と予想している場合のキャッシュ・フローのスケジュールは**図表8.7**のようになり，第3年度である（第4年度から専門職として所得を得ることができる）と予想している場合のキャッシュ・フローのスケジュールは**図表8.8**のようになる[28]。

---

28 なお，実際には合格後資格登録までの間にはタイムラグがあるし，現実の未就職問題などを考慮する必要もあるが，ここではモデルの簡便化の観点から，合格の翌年にすぐさま所得を得られる（就職し労働により収入を得られる）と仮定する。

図表8.7 アメリカ型において個人 i が自分自身の合格達成を第1年度であると予想している場合のキャッシュ・フローのスケジュール

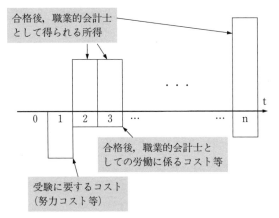

図表8.8 アメリカ型において個人 i が自分自身の合格達成を第3年度であると予想している場合のキャッシュ・フローのスケジュール

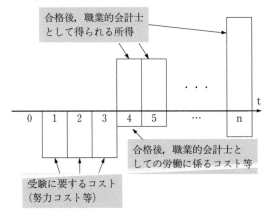

　いま，職業的会計士として労働し得る最終年度を第 n 年度で固定すると，図表8.7と図表8.8を比較してわかるとおり，π^i_{CPA} は，自分自身が早く合格できると予想するならば大きくなるし，他方，合格年度が遅れると予想するならば小さくなる[29]。このように，自身が何年目に合格できそうかという予想は，π^i_{CPA} に影響し，よって初年度に職業的会計士を目指すかどうかの意思決定に大きく影響する。そして，ここで「自分がいつ合格できそうか」という予想は，各年度

の合格確率の予想に依存している。

　第3は，合格確率 f_j^i は，4式で示したとおり，自分の能力や努力水準，運のほか，制度的合格確率（何人ないし何％を合格者とするかの政策）p_j に依存する関数となっている点である。ここで，制度的合格確率は，個人 i が内生的に決定し得る変数ではなく，具体的には「第 j 年度は合格者数を600人とする」，「合格率を10％とする」（たとえば前年と同じ割合にする，もしくは前年より高める等）といったかたちで資格試験に関する政策決定主体というプレイヤー（たとえば，日本であれば金融庁や公認会計士・監査審査会等）がおこなう意思決定変数である。つまり，個人 i の合格確率は，自分自身だけでは決定されず，政策決定主体というプレイヤーの決定にも依存しているということがわかる。ここで，政策決定主体が何らかの効用関数を有して戦略的に行動していると考えるならば，個人 i は，実はゲーム理論的状況のもとでの意思決定問題に立たされていることになる。ここで，第1・2のポイントで見たとおり，アメリカ型では，合格確率が π_{CPA}^i に，そして職業的会計士を目指すかどうかに直接かつ唯一関係する構造となっていることから，個人の意思決定は，政策決定主体の意思決定に直接的に影響を受けやすい構造になっていることが理解できる。

事実1：アメリカ型の構造

> アメリカ型（「先にある合格」タイプ）においては，個人が職業的会計士を目指すかどうかの意思決定が，政策決定主体の定める制度的合格確率に直接的に影響を受けやすい構造になっている。

3.3.2　分析——政策決定の不安定性がもたらす帰結とあいまいさ回避

　上記のように，アメリカ型は，個人が職業的会計士を目指すかどうかについて政策決定主体が定める制度的合格確率の影響を受けやすい構造になっている。このような構造のもとではどのようなことが起こりやすいか考えてみよう。

　まず単純に単年度ベースで考えれば，政策決定主体が，制度的合格確率を上昇させれば，職業的会計士を目指す個人が多くなり，逆に制度的合格確率を低

29　なお，厳密には時間価値を考慮に入れて割引計算をする必要があり，その場合は，各個人の想定する割引率にも影響を受けることになるが，ここでは議論の簡単化のため，割引率は考慮せず議論を進めることにする。

下させれば，職業的会計士を目指す個人が少なくなるということである。そしてそうであれば，政策決定主体が，前年度の実際合格者数や労働市場での需要・供給状況を観察し，その都度この数値を上げ下げすれば上手く制度を運用できるように思われる。しかし，ここで考えたいのは，このようないわば場当たり的な，不安定な制度的合格確率の決定が，長期的に見て個人の意思決定に何らかの影響を与えないのかということである。結論的には，個人は意思決定においてあいまいさを回避するという心理バイアスを有しているため，不安定な制度的合格確率の決定が，人々に職業的会計士を目指すことを回避させてしまう恐れがあるものと考えられる。

あいまいさとは，不確実性とは異なり，ある事象が起こる確率が不明である，もしくは確率分布に幅がある状態をいう(Knight 1921)。そして，Ellsberg(1961)によれば，個人の意思決定においては，「あいまいさ回避」(ambiguity aversion)という心理バイアスが働くという。たとえば，2つの壺があり，どちらかの壺を選んでその中から色玉を引き，それが赤であれば金銭を得られるという意思決定問題を考える。1つは不確実性の壺(赤玉が2個，青玉が2個)，もう1つはあいまいさの壺(赤玉と青玉の両方が必ず入っていることはわかっているが，その割合は不明)であるとすると，個人は後者のあいまいさの壺を回避し，もっぱら前者の不確実性の壺を選ぶ傾向にあるという。すなわち，あいまいさの壺は，赤玉が入っている割合は最大で3/4，最小で1/4となる。つまり，割合に「範囲(幅)」がある。ここで，個人は，このような確率の「幅」に直面した際には，あいまいさの壺に赤玉が入っている割合を最悪のケースである1/4に設定し，意思決定をおこなう心理バイアスを有する[30]。

この心理バイアスを，職業的会計士を目指すかどうかという意思決定問題の中で考えてみよう。図表8.6をみてもわかるとおり，初年度において職業的会計士を目指すというデシジョン・ツリーには，各年度の合格確率が関係している。先に述べたとおり，それぞれの年度の合格確率は，各年度における制度的合格

---

[30] このようなあいまいさ回避の心理バイアスは，実際の経済実験によっても明らかにされているし（たとえば，和田 2005)，また，第5章でもみたとおり，近年はさらに神経経済学の視点から，不確実性に直面する場合とあいまいさに直面する場合では，人間の脳の賦活する部位が異なる（特にあいまいさに直面する場合は，感情や嫌悪感を司る扁桃体が賦活する）との研究もある（Camerer et al. 2007)。

確率に依存する。ここで，個人iは，各年度の制度的合格確率を，過去の実際の全体の合格確率のトレンドや，政策決定者が公にする方針により推定する。このとき，もし政策決定者が決定する制度的合格確率が場当たり的で不安定なものであったとしたら，個人iは，自らのデシジョン・ツリーにおける各年度の制度的合格確率を見積もることができなくなり（もしくは，ある程度「幅」のあるものとして推定せざるを得なくなり），その結果として，各年度の合格確率を見積もることができなくなる（もしくは，ある程度「範囲（幅）」のあるものとしてしか推定せざるを得なくなる）。このように，各年度の合格確率にあいまいさが存在する場合，個人iは，各年度の合格確率を最悪のケースに設定して意思決定する傾向を有する。そしてそうであれば，初年度に「職業的会計士を目指す」というデシジョン・ツリーにおいては，（各年度の合格確率について最悪のシナリオが想定される結果）各年度の「不合格」の部分のウェイトが相対的に高くなり（つまり，個人iは自らの合格がかなり先に延びてしまうと見積もってしまい[31]），結局はπ^i_{CPA}が大きく低下してしまうことになる。よって，3式を充たさない可能性が高まる。つまり，「職業的会計士を目指す」という選択肢をとらない可能性が高まる。

以上をまとめると，仮説1のようになる。

仮説1：アメリカ型において陥りやすい帰結（特に，制度的合格確率が不安定な場合）

> アメリカ型の試験制度においては，政策決定の不安定さが，ダイレクトに個人の合格確率のあいまいさを導きやすい構造（「職業的会計士を目指さない」方向を直接後押ししやすい構造）になっている。このため，制度的合格確率が不安定な状況下では，特に職業的会計士試験離れを誘発してしまう傾向が強い。

なお，ここで決定的に重要なのは，現実の数値そのものではなく，政策決定者が場当たり的な対応をしていること自体があいまいさをもたらす（職業的会計士試験離れを誘発してしまう）ということである。このように，アメリカ型の資格制度を採用する場合は，制度的合格確率に受験生の意思決定がダイレクトに左右されやすいという性質を認識した上で，試験合格者数の計画について，何

---

31 図表8.7および図表8.8のようなキャッシュ・フローのスケジュールを描くとすると，かなり後半まで合格できない状況（コストだけがかかり，なかなか所得が得られないスケジュール）が想定される。

らかの長期的・安定的なポリシーを政策決定者が提示することが必要不可欠になる。

3.4 「欧州型」制度における個人の意思決定
――「後にある合格」制度で起こり得るホールドアップ問題

3.4.1 セッティング

ある個人が,「欧州型」制度のもとで職業的会計士養成プロセスにエントリーするか否かの意思決定問題に立たされていると仮定しよう。欧州型の特徴は「後にある合格」である。これを踏まえて, ある個人のデシジョン・ツリーを描くと**図表8.9**のようになる。

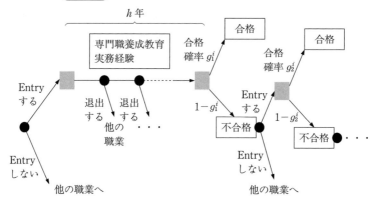

図表8.9 「欧州型」のもとでのデシジョン・ツリー

ここで, h は専門職養成のための必要教育期間として法定されている年数であり, 政策決定主体が決めるものとする(よって, 個人 i にとっては外生的に決まるとする)。先に述べたとおり, たとえばドイツは, (高等教育機関卒業のほか)税理士等の経験5年以上, もしくは, 監査法人等の経験10年以上を受験要件としており, $h=5$ もしくは $h=10$ と表現できる。

ここで, g_k^i は, 個人 i にとっての k 回目に受験する試験 ($k=1, 2, \cdots$) の合格確率とする。この合格確率は, k 回目試験の制度的合格確率(政策決定者の政策変数) p_k, 個人 i の k 回目の試験までに費やした努力水準の累積 e_{ik} (これには, h 年に及ぶ実務経験においてどれだけ努力したかということも含まれると仮定す

る), 個人 i の k 回目試験時点における能力 a_{ik}, 個人 i の k 回目試験時点における運 L_{ik} のほかに, 個人 i の k 回目の試験までに培ってきた経験(これは主に h 年に及ぶ実務経験において培われると仮定する)の累積 ex_{ik} に依存すると仮定する (5式)。

$$g_k^i = g_k^i(p_k, e_{ik}, a_{ik}, L_{ik}, ex_{ik}) \cdots\cdots\cdots\cdots\cdots\cdots\cdots\cdots\cdots\cdots\cdots\cdots (5式)$$

もし政策決定主体が, 何らかの効用関数を有し戦略的に行動すると仮定すると, 個人 i はゲーム理論的状況のもとでの意思決定問題に立たされていることになる。この発想は, 後の分析で重要になる。

ここで, たとえば, 個人 i が, 10年の必要教育期間の後, 2回目の試験で合格できる(その翌年から専門職として所得を得ることができる)と予想している場合のキャッシュ・フローのスケジュールは, **図表8.10**のようになる。

図表8.10　「欧州型」において個人 i が10年の必要教育期間の後, 2回目の試験で合格すると予想している場合のキャッシュ・フローのスケジュール

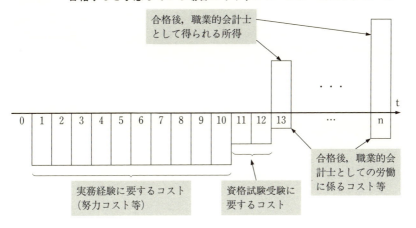

以上を踏まえた上で, 欧州型の図表8.9(および図表8.10)を, アメリカ型の図表8.6(および図表8.7や図表8.8)と比較すると, そのポイントは3つある。まず第1は, アメリカ型に比べて, 欧州型は試験合格がかなり後になってしまうという構造になっているということである。それは, 図表8.9と図表8.6を比較すると一目瞭然である。

第2は, 欧州型における個人は, 政策決定主体の意思決定の影響を, 制度的

合格確率 p_h をとおしてだけでなく，専門職養成の法定必要教育期間 h をとおしても受けてしまうという点である。つまり，より多くの経路から，政策決定主体の影響を受けることになるのが，この欧州型の構造であるといえる。逆にいえば，政策決定主体の意向が，2つの経路から試験制度の良否に影響を及ぼす可能性があるのが欧州型の特徴といえる。

また第3は，欧州型制度は，職業的会計士を志す個人に対して，資格取得までにかなりのコスト負担を強いるという点である。これは，図表8.10と図表8.7および図表8.8とを比較すると理解できるが，図表8.10に示されているとおり，欧州型のもとでは，個人 i に h 年だけ「耐えさせる」（耐えることを強いる）しくみになっている[32]。よって，逆に，個人に対してこのコストに耐えてでもエントリーしようとさせるには，耐えた人に適切に報いるしくみにしておく必要があるといえる。

事実2　欧州型の構造

> 「後にある合格」タイプの欧州型においては，政策決定主体の意向が，制度的合格確率と専門職養成の法定必要教育期間という2つの経路から，個人の意思決定，ひいては試験制度の良否に影響を及ぼす構造になっている。また，個人に多くのコスト負担を強いるしくみになっている点も特徴的である。逆に，「耐えた人に報いる」しくみづくりが，制度の実効性を高めるために必要不可欠となる。

3.4.2　分析（1）──「後にある合格」がもたらす帰結とホールドアップ問題

上記のように，「後にある合格」タイプである欧州型の本質は，個人に耐えることを強いるシステムであるという点にある。逆にいえば，「耐えた人に報いるしくみである」ことが求められるのである。そこで次に問題となるのは，そもそも「耐えた人に報いる」とは，一体どういうことなのか，逆に「耐えた人に報いない」とは一体どういうことなのか，ということである。前者の「耐えた人に報いる」とは，端的にいえば，事前の会計教育や実務経験の法定年数の間，耐えた（努力した）人材を，適切に試験に合格させることであろう。逆に後者の

---

[32] 友岡（2010）によれば，たとえば英国では，勅許団体が他と差別化するための手段として，このような「年季奉公」を課したという（p.210, 215）。つまり，このように「耐えることを強いるしくみ」は，意図的に作りあげられたものであるといえる。

「耐えた人に報いない」とは，そのような人材を適切に試験に合格させることに失敗してしまうこと（もしくは意図的に合格させないこと）であろう。しかし，ここで素直に考えると，特に問題がない限りは前者が生じて，後者のようなことはあまり起こらないように思われる。そもそも後者のような事態は起こり得るのだろうか。

　ここまでの議論を踏まえて，この問題をさらに深く考えるヒントとして，ここで組織の経済学におけるホールドアップ問題をとり上げる[33,34]。伊藤（2010）によれば，契約の不完備性（incomplete contract）が存在する状況での重要なインセンティブ問題として，ホールドアップ問題があるという。ホールドアップ問題には，事前の問題と事後の問題があるが（伊藤 2010, p.140），ここでは，本節の議論に関連する事前の問題にのみ焦点を絞る。事前のホールドアップ問題とは，あるプレイヤーが，取引から生じる価値を大きくするための関係特殊性の高い（relation-specific）投資をしたとしても，事後の再交渉の過程で相手プレイヤーにその成果を無効にされてしまう危険性が予測される場合，当該プレイヤーが事前の投資を控えたり，努力水準を引き下げてしまうことで，非効率性が発生することをいう[35]。つまり，契約の不完備性ゆえに，せっかく投資しても「将来報われない」可能性が存在する場合，プレイヤーは事前の行動を変えて，「将来報われない」危険をできるだけ回避する（もしくは危険から生じる損失をできるだけ軽減する）行動をとるというのが，この事前のホールドアップ問題のエッセンスである。

　ここで我々の問題意識に引き寄せて考えると，欧州型のプロセスは，この事前のホールドアップ問題が起こる余地があるのか，またそもそも事前のホールドアップ問題が適用され得る状況なのかがポイントになるが，結論的にいえば，欧州型のプロセスは，事前のホールドアップ問題が適用され得る状況であり，かつ，事前のホールドアップ問題が起こりやすい構造を有しているといえる。すなわち，まず，①欧州型の職業的会計士養成プロセスは，契約の不完備性の

---

[33] 職業的会計士業界やそこにエントリーしようとする者の全体をある種の組織として捉えるならば，この問題を組織の経済学により分析することは決して不自然なことではない。

[34] 以下の議論は，主に，伊藤（2010），および，柳川（2000）を参考にしている。

[35] モデルによる証明は，たとえば伊藤（2010）pp.140-148等を参照。

状況下にあるといえる。すなわち，資格試験を司る政策決定主体と職業的会計士を志す個人 i との間には，将来の試験受験へのコミットや制度的合格確率に関する契約の不完備性が存在する。つまり，事前に起こりうるすべてのパターンを予測し明文化したうえで，それらについての立証可能な約束を取り交わすことは現実には不可能である。また，②個人 i の専門職養成プロセスへのエントリー（法定年数期間，会計教育や実務に従事すること）は，専ら職業的会計士になるためのものであるから，関係特殊性の高い「投資」といえる。また，③欧州型システムは，実務経験というレールに長期間個人を載せることで，政策決定主体の長期的な影響下に個人を置くしくみになっており，この点，個人の努力が報われるかどうかは政策決定主体の意向に大きく左右されるといえる。そのうえで，④将来時点において，相手プレイヤーたる政策決定主体が，自らの効用をより高める（もしくは低めない）ために（具体的には，世間や職業的団体からの非難やバッシングを避けるために），制度的合格確率を操作して場当たり的な合格人数調整を行ったり，監査法人の労働需要を最優先し，法定の実務経験年数を延長する，または短縮することなどにより，専門職養成プロセスにエントリーし「耐えている」個人 i の投資をないがしろにするような事態は十分に考えられる。

　以上①②③④を踏まえると，欧州型システムのもとでは，個人のホールドアップ問題が起こる余地があるし，むしろ起こりやすいしくみ（①②③）になっているといえる。すなわち，欧州型は，①②③を内包したシステムであるから，もし④が予見されるのであれば，個人 i は，そもそも専門職養成プロセスにエントリーしないか，もしくは，たとえエントリーしたとしても，努力水準 e_{ik} をできるだけ低くする戦略を採用する。つまり，ホールドアップ問題が生じてしまう。ここで，個人に④を予見させてしまういわば「情況証拠」になってしまっているのが，③のしくみである。つまり，欧州型の大きな特徴は，「合格前に手厚く育てる」ことであるが，そのことが逆に，（実際はどうあれ）個人に④のような予見を誘発させてしまうのである。この意味では，欧州型システムは，「耐えた人に報いる」のではなく「耐えた人に報いない」（と個人に思われてしまう）傾向を構造的に有する。ここでのポイントは，実際に報いるか否かではなく，個人が，このシステムをどう評価し，かつ，自らの行動をどう事前に変更するかということである。

第 8 章　会計専門職教育制度のデザインとジレンマ　　221

仮説 2　欧州型において陥りやすい帰結(1)：ホールドアップ問題

> 欧州型においては，制度における①契約の不完備性，②関係特殊性の高さ，③政策決定主体の個人に対する影響度の高さを前提として，④将来時点において個人の投資を無効化する政策が採用される可能性が予見される場合，事前のホールドアップ問題が生じてしまう恐れがある。つまり，欧州型システムは，実は，(実際はどうあれ)「耐えた人に報いない」システムであると個人に思われやすい傾向を構造的に有する。

3.4.3　分析(2)——「後にある合格」がもたらす帰結(その2)とモラルハザード

　上記のように，「後にある合格」タイプである欧州型では，事前のホールドアップ問題が生じやすい構造を有するといえるが，このような問題を解消するには，どのようにすればよいだろうか。

　1つ直感的に思いつくのは，④について，将来時点において個人の投資を無効化する政策が採用される可能性を個人に予見させないことである。具体的には，長期的な視点から，制度的合格確率や法定実務経験年数を安定的に定めることである。ここで，そのような長期的方策として，もし仮に，「耐えた人に報いる」という発想から，制度的合格確率を最大限高める (たとえば100％) としたら，次にどのようなことが起こるかを考えてみる。

　結論的には，ホールドアップ問題は解消されるものの，新たに個人のモラルハザードが生じてしまう恐れがあるといえる。

　すなわち，制度的合格確率を最大限高め，100％で安定させるとすると，個人は，努力しなくてもただh年を耐えるだけで職業的会計士になれると考え，努力水準 e_{ik} をできるだけ低くする戦略をとる。つまり，「エントリーしない」という個人はいなくなるという意味でのホールドアップ問題は解消されるが，今度は「エントリーする」ものの努力をしないことが，専門職養成プロセスにおける最適戦略となってしまうというモラルハザードの問題が生じてしまうのである。そして，低い努力水準戦略をとり続ける個人がそのまま職業的会計士になってしまえば，今度は，職業的会計士の品質水準が社会的に低下してしまう。

　このようにホールドアップ問題の解消策として，制度的合格確率を高値安定させることは，逆に，新たなモラルハザード問題を生じさせてしまう可能性があるという点で，望ましいとはいえない。

仮説 3　欧州型において陥りやすい帰結(2)：モラルハザード問題

> 欧州型におけるホールドアップ問題を解消し，「耐えた人に報いる」ために，制度的合格確率を高値安定させる戦略を採用してしまう場合，逆に個人のモラルハザードという新たな問題を発生させてしまう可能性がある。

3.5　小括 —— 会計教育制度のジレンマとその解決の方向性

　以上，本節では，資格試験制度設計についての各国間の違いに焦点を当て，「先にある合格」タイプのアメリカ型と「後にある合格」タイプの欧州型を，特に，職業的会計士を目指すかどうかという個人の意思決定問題との関連でモデル化し分析をおこなった。

　分析の結果から，まず，アメリカ型では，制度的合格確率が個人の意思決定にダイレクトに影響を与える構造になっていることから，特に制度的合格確率が不安定な場合には，個人のあいまいさ回避を誘発しやすい（職業的会計士離れが起こりやすい）ということが明らかになった。また，他方，欧州型では，個人を長期間，政策決定主体の影響下に置くしくみになっていることから，構造的にホールドアップ問題やモラルハザード問題が起こりやすいことが明らかになった。よって，もし仮に我々が，アメリカ型を制度として用いるか，それとも欧州型を制度として用いるかという社会的選択に立たされるとするならば，このままでは結局どちらを選択したとしても大きな問題を抱えてしまうというジレンマに直面してしまうということが理解できる。

　このように考えると，まずアメリカ型を用いる場合には，制度的合格確率を安定化させる政策的ポリシーの提示が必要となる。また，欧州型を用いる際は，ホールドアップ問題とモラルハザード問題の両方が発生しない，もしくは，両方を緩和し得る適切な対策を施す必要がある。具体的には，政策決定主体は，（ホールドアップ問題の元凶となりやすい制度的合格確率ではなく）法定実務経験年数 h を調整することで個人を過度に長期間自らの影響下におかないようにしつつ（ホールドアップ問題対策），他方で，（最後の試験の段階ではなく，そこに至る途中段階の）必要教育期間中に，個人の努力や能力を用いた何らかのセレクションを定期的に組み込むことが求められる（モラルハザード問題対策）。

　そして，このようなジレンマ問題に上手く対処していくために現段階で最も

効果的なものは何かが次に問題となるが，結論的には筆者は，アカウンティング・スクールを有効活用することが，この突破口となるものと考えている。たとえば，先に述べたとおり，アカウンティング・スクールと資格試験との接続方法にはいくつかのタイプがあるが，これをバイパスなしで資格試験と直結することで(図表8.5の制度設計F)，制度的合格確率を安定させることができる(アメリカ型のあいまいさ回避対策)。また，実務経験とみなすことができるような教育内容をとり入れることで，法定実務経験年数にカウントし，この年数hを体系的に引き下げることもできる($h = 2$年) (欧州型のホールドアップ問題対策)。さらには，アカウンティング・スクール在学中に定期的かつ適切なセレクションを行う (能力や努力に応じて留年・進級を的確に管理する) ことも容易である (欧州型のモラルハザード問題対策)。

このように，アカウンティング・スクールは，あらゆる制度に対して，ある程度「軟着陸」することのできる応用力の高いしくみであると考えられる。もちろん，上記の各種対策のためには，現行のままのアカウンティング・スクールでは不十分で，さまざまな視点からの制度改革が必要となるが，しかしながら，あらゆるタイプの制度に柔軟な対応ができ，国ごとの制度の違いに関係なく有効な運用ができるならば，アカウンティング・スクールは，会計教育制度の問題を考える上で，重要なファクターの1つとなり得るかもしれない。

4　本章のまとめ

本章で得られるインプリケーションは，以下の2つである。
(1)　会計教育のさまざまな制度的違いは，教育タイミングと教育主体との組み合わせを用いることで，いくつかのカテゴリーに類型化できること。また，それらのポートフォリオをどのように戦略的に設計するかが重要であること。
(2)　資格試験制度についての各国の違いに注目すると，アメリカ型はあいまいさ回避問題が，欧州型はホールドアップ問題とモラルハザード問題が，それぞれ生じやすい構造にあること。そしてそのような問題に柔軟に対応するための1つの鍵として，アカウンティング・スクールの有効活用が考えられること。

また，今後の展望は，以下の4つである。

第1は，グローバル・コンバージェンス問題との接点という意味で，国際教育基準審議会（IAESB：International Accounting Education Standards Board）の国際教育基準（IES：International Education Standards）を分析していくことの必要性である。すなわち，本章では紙面の都合から多くをとり上げなかったが，今後の会計教育制度を考える上では，IESがどのような体系であり，本章で分析した全体の地図の中でどのように位置づけられるのかを明らかにしていく必要がある。

第2は，会計教育[36]の中身の問題に踏み込んだ分析の必要性である。本章では，会計教育を1つの制度として捉え，大きな枠組の中での分析を行った。しかしながら，会計教育の中身が各国ごとにどのような関係にあり，また，どのように全体的に位置づけられるのかは重要な問題である。この点については，多くの先行研究[37,38,39,40,41]を踏まえつつ，それらを体系化するような研究をおこなっていきたい。

---

[36] この点に関連して，そもそも会計教育と会計研究がどのような関係になっているのかを検討することも重要である。これについては，たとえば，Demski and Zimmerman（2000）などを参照。

[37] たとえば，会計教育の中身については，柴編（2007；2012；2013）の試みが大いに参考になる。

[38] また，会計教育の問題は，教育一般で生じている問題との対比の中で分析することが有効であるかもしれない。教育一般での問題やその分析については，たとえば，山田編（2009）などを参照。また同時に，教育心理学的知見も重要である。この点については，たとえば，安藤・鹿毛編（2013）を参照。

[39] 会計教育の中身の分析には，特にフィールドワークやアクションリサーチなどが有用であると考えられる。会計教育ではないが，教育一般でのフィールドワークやアクションリサーチについては，秋田・恒吉・佐藤編（2005）や，矢守（2010），もしくは，山田・井上編（2012）などを参照。

[40] 教育の中身の分析には，教育効果の測定問題が不可欠である。この点については，堤編（2007；2012），坂元・岡本・永野編（2012），永岡・植野・山内編（2012），中原（2012）などを参照。

[41] 教育の中身の問題に関連していえば，新たな会計教育方法の提示ということも求められるかもしれない。そのためには，現在，教育一般で起こっている新たな教育デザインの議論を深めておく必要がある。この点については，たとえば，美馬・山内（2005），苅宿・佐伯・髙木編（2012a，b，c），井庭・井庭研究室（2013），田中・鶴田・橋本・藤村（2012）などを参照。特に，井庭・井庭研究室（2013）は，近年注目を集めているパターンランゲージによるプレゼンテーションの方法を分析しているが，ここから派生して，会計教育のパターンランゲージを構築することが可能となるかもしれない。

第3は，モデル分析の精緻化の必要性である。たとえば，本章でおこなったアメリカ型と欧州型の対比は，あくまで職業的会計士を目指す個人の意思決定問題という視点から捉えた部分的なものにすぎないし，そもそもここでのアメリカ型と欧州型というものは，会計教育制度の中の資格制度というほんの一部分を捉えたものにすぎないことから，より包括的なモデルを構築し，より説明力の高い分析を行っていく必要がある。なお，その際は，教育の経済学や教育の社会学，または労働経済学などの知見やモデルを上手く用いることで，より包括的な分析が可能となるかもしれない。

　第4は，実証データの蓄積である。すなわち，モデルによる予測や説明を，実証データで裏づける作業ももちろん重要である[42]。特に，実験研究によれば，モデルによる予測や説明をより高い内的妥当性のもとで検証することができる。たとえば，本章でのアメリカ型と欧州型の分析は，経済実験により直接比較検証することで，モデルの予測が正しいかどうかをデータで裏づける必要がある。アメリカ型については，制度的合格確率が安定的な場合と不安定な場合とで，あいまいさ回避現象が起こる頻度や割合が変わるかどうかを実験で確かめる必要がある。また，欧州型については，どのような条件で特にホールドアップ問題やモラルハザード問題が生じるかを確かめる必要がある。より具体的には，制度的合格確率の操作と法定必要教育期間の操作とでは，どちらがよりホールドアップ問題を引き起こすか（もしくは解消することができるか）なども検証する余地があるだろう。もしくは，より大きな視野での検証として，もしある個人が，アメリカ型制度と欧州型制度とを自由に選択できるとするならば，どちらのほうがより多く選択されるか（選択されないか），という社会的選択実験も可能である。このように，実験によれば，実際には検証が難しい社会的選択の問題もデータで検証することができるし，上記アメリカ型・欧州型以外の架空の（理想の）制度を作って，そのパフォーマンスを検証したり，比較することもできる。また，より大きな視点で，教育制度と会計制度との制度的補完性[43]を踏まえ

---

[42] 実験以外のアーカイバルデータを用いた実証分析の1つとして，たとえば，DEA (Developed Environment Analysis) を用いたアカウンティング・スクールの効率性分析およびその国際比較などは面白いかもしれない。アカウンティング・スクールではないが，大学経営の効率性をDEAを用いて検証している研究としては，たとえば，山﨑（2012）を参照。

た実験(たとえば,自国の教育制度選択と会計制度選択とを同時に意思決定するような問題に直面する政策決定主体が,他国の政策決定主体との相互作用の中で,どのような振る舞いを見せるか)なども,将来的には取り組むべき課題である。このような実験の強みを活かして,今後,モデルと実験の合わせ技で,現実の問題のエッセンスを分析していくことにしたい。

---

43 会計教育の問題ではないが,管理会計チェンジを題材に制度的補完性の問題をモデル化し実験で検証した研究としては,たとえば田口(2012d)を参照。

終章

未来の会計をデザインする
―― 会計を超えて会計を考えることの意義

> **Summary**
> 本章は，第Ⅰ部および第Ⅱ部のまとめをおこない，本研究の貢献と限界を述べた上で，今後の実験制度会計論の展望について述べる。そこでは，実験制度会計論が，未来の会計をデザインする役割を担う一翼となる可能性が示唆される。

Keyword 実験制度会計論，未来の会計，フューチャー・デザイン

1 はじめに

本章では，ここまでの議論のまとめをおこなうとともに，実験制度会計論の今後の展望について述べる。特に，未来の会計制度をデザインする強みや，「会計を超えて会計を考える」ことの重要性が明らかにされる。

まず，2および3では，ここまでの議論のまとめをおこなう。4では，本研究の貢献と限界について述べる。5では，今後の実験制度会計論の展望について述べる。最後に6では，会計を超えて会計を考えることの意義と重要性について述べる。

2　第Ⅰ部の要旨──「制度を選ぶ」

　第Ⅰ部では，会計制度選択（「制度を選ぶ」）をキーワードに，会計基準のコンバージェンスの問題について，理論と実験により分析をおこなった。その全体像を図示すると，**図表終.1**のようになる。

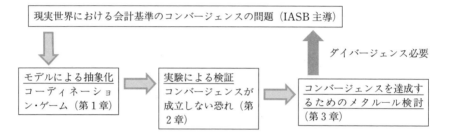

図表終.1　第Ⅰ部の全体像

　コンバージェンスをめぐる問題は，現代の制度会計論が解決すべき喫緊の課題の1つであるが，これまでのアーカイバル分析を中心とする先行研究では，データ入手上の制約から，「世界に1セットだけの会計基準が存在する（存在し得る）状態」を前提にした分析がなし得なかった。このため，そもそもコンバージェンスが今後どうなるのか，またコンバージェンスを安定化させるにはどうしたらよいのかという会計戦略についての実証的な議論をするのが難しい状況にあった。

　このような状況の中で，第Ⅰ部では，コンバージェンスをめぐる問題をゲーム理論のモデルに抽象化し，また，経済実験で「世界に1セットだけの会計基準が存在する（存在しうる）状態」を創りあげることで，各国がどのような振る舞いを見せるか，また，コンバージェンスは本当に成立するのか，また今後どうしたらよいのかについて，ゲーム理論と実験により検証をおこなうこととした。

　まず第1章では，コンバージェンス問題のエッセンスを抽出し，その本質部分をゲーム理論により分析している。具体的には，各国の会計基準選択の問題をシンプルなコーディネーション・ゲームとして捉えることで，①最もシンプ

ルな基本モデルにおいて，コンバージェンス自体は成り立つものの，必ずしもIFRS に収斂するとはいえず，さらには，「IFRS のジレンマ」に陥ること，また，②IFRS のみを高品質な会計基準とする方策をもってしても，IFRS へのコンバージェンスが成立しない恐れがあることが明らかにされた。

続く第2章では，上記の理論予想を経済実験により検証しているが，実験結果の多くは理論に反する「意図せざる帰結」となり，まず①最もシンプルな設定では，多くの国が「自国基準を採用し続ける」戦略をとってしまうこと，また，②IFRS のみを唯一高品質な会計基準とする設定でも，コンバージェンス自体が成立しない可能性が高いことが明らかにされた。

このように，ごくプリミティブな設定においてすら，コンバージェンスを進めることが極めて困難であるということが理解できるが，逆に，コンバージェンスを安定的に進めていくにはどうしたらよいのかということが，素朴な疑問としてわいてくる。そして，第3章では，この問題を解き明かす1つの鍵として「基準作りの基準」（メタルール）に着目し，これをゲーム理論における相関均衡によって分析している。つまり，各国が基準選択を行う際の全世界における一定の事前の合意を作ることで，コンバージェンスを進めることができないか検討をおこなっている。結論的には，「基準作りの基準」を上手く構築することで，各国の利得に偏りなく，かつ，パレート改善できるようなコンバージェンスを成立させることは可能である（相関均衡）が，しかしその場合，「基準作りの基準」には，会計基準の多様性を事前に盛り込んでおかなければならないことが示される。つまり，会計基準のコンバージェンスのためには，会計基準のダイバージェンスの可能性を全世界で事前に合意しておく必要があるという逆説的な結論が導かれる。これは，IFRS をアプリオリに唯一の収斂先と考える現在のIASB 主導の流れが，実は内在的な問題点を抱えていることを暗に示唆している。

3 第II部の要旨 ——「こころと制度」

続く第II部では，「こころと制度」をキーワードに，会計不正や制度の失敗の問題について，ゲーム理論と実験により分析を行った。その全体像を図示すると，**図表終.2**のようになる。

図表終.2　第Ⅱ部の全体像

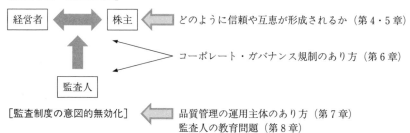

　これまでの「制度会計論」は，制度の失敗に対して，主に「会計の内側」でのみ問題解決を図ろうとしてきた。つまり，制度の失敗の原因を会計情報の精度の低さにあるとして，失敗を解消するために，会計の中身，つまり，会計処理方法や会計測定の精緻化を図る努力を進めてきたといえる。また，これまでの「実験会計学」においても，会計不正の問題は少なからず取り扱われてきたものの，個人単体の意思決定問題に着目したものがほとんどであった。しかしながら，これらの方向性は，序章で述べた現状を踏まえると，必ずしも的を射たものではない。

　これに対して，第Ⅱ部では，制度の失敗の原因を，複数人の間の相互依存的な意思決定環境における人間の「意図」にあると捉え，その意図や行動をゲーム理論と実験で分析することを試みた。

　まず第4章では，会計不正の源流を探る試みとして，情報開示制度の背後にある経営者・株主間の信頼と互恵がどのように生成されるのか（されないのか）について，モデルと実験で分析をおこなった。具体的には，ゲーム理論の「信頼ゲーム」に情報開示を組み込み，企業の収益獲得能力ないし企業業績を示す「パラメータe」を私的情報とし，eの開示オプションを導入した上で，経営者自らがオプション行使しeを自発的に開示できる場合（Voluntary条件）と，株主がオプション行使し，それに応じて経営者がeを開示する場合（Compelled条件）とを実験で比較している。両条件の均衡に差はないはずだが，実験結果は均衡と異なり，特にVoluntary条件のもとで，「株主の信頼に対する経営者の裏切り」が生じ，経営者の自発的開示に株主は反応し経営者への信頼を高めるが，肝心の経営者はそれを裏切るという状況が観察された。このように，情報開示

の主導権を誰が握るかにより，利害関係者間の信頼や互恵の形成度合いが異なること，そして，一般的には望ましいとされる情報開示が，ある条件では，かえって「報われない」信頼を生み出してしまう恐れがあることが明らかにされた。

　そして，このような帰結からすると，逆に企業会計の制度が株主と経営者の間の「報われる」信頼関係（株主は経営者を信頼し，経営者はそれに誠実に応えるという関係）を創りあげることはできないのだろうか，という素朴な疑問がわいてくる。そこで，第5章では，神経経済学などの新しい研究動向を踏まえつつ，会計制度が「報われる」信頼を創りあげることの可能性について考えることとした。結論的には，会計制度の根本部分といえる記録行為が，脳の記憶を補完するかたちで，人間同士の信頼関係を構築し得る可能性が示唆されるとともに，企業会計の2つの役割のうち，特に契約支援機能の重要性が明らかにされた。

　また，ここでもし，会計の記録行為により，そのような信頼が生まれるのであれば，会計不正を防止するための大掛かりな会計規制などは，そもそもいらないのではないか，という素朴な疑問もわいてくる。そこで第6章では，規制のあり方，具体的には，会計不正に対処するためのコーポレート・ガバナンス規制の意味やそのあり方について検討をおこなった。具体的には，会計倫理に関する規制と内部統制監査制度について，モデルと実験により検討をおこない，①ガバナンス規制については，単に一律強制するのではなく何らかの「ひとひねり」が必要となること，および，②規制対象となる要因が，規制前にどのような機能を有していたのかをきちんと見極めたうえで制度設計する必要があることが，実験結果から明らかにされるとともに，さらに，会計不正に適切に対処し得るガバナンス規制を作るためには，研究と実務との間の「距離感」を埋める必要があり，そのために，実験研究が両者の橋渡し役を担い得ることが明らかにされた。

　しかし，規制が本当にうまくいくかどうかは，実は，規制をどう運用するかという点にも大きくかかわってくる。特に，誰が規制を運用するのかという問題は極めて重要である。そこで，第7章では，この運用主体の問題について，監査の品質管理体制に焦点を絞り分析をおこなった。まず，そもそも監査の品質管理の問題は，実は，ゲーム理論でいう公共財供給ゲームの社会的ジレンマ問題と類似した構造を有しており，何も規制がない状態では，監査の品質管理

が適切になされない状態（本書でいう「監査人自らによる制度の意図的無効化」状態）に陥ってしまう。よって，それを防止する何らかのしくみが必要となるが，ここで，品質管理の体制を，「誰が質の低い監査人を罰するのか」という問題として捉えるならば，「質の低い監査人を自分たちの手で罰する」という「私的懲罰制度」（自主規制）と「質の低い監査人を第三者が罰する」という「第三者懲罰制度」（第三者規制）との比較問題という，社会心理学や実験経済学でなされてきた議論に行き着くこととなる。

ただし，実はそもそも両者は，次元が異なる（監査人の自主規制は，プロフェッションとしての社会の期待を得ることを，第三者規制はもっぱら実効性を追求することを，それぞれの制度目標としている）可能性があるし，また，どのようにその制度が選ばれたのかという歴史性も重要となることから，両者の比較衡量は，単に各制度のパフォーマンス（貢献度や効率性）だけではなく，当該制度が社会からどのように見られているのか（信頼されているのか），という点も考慮に入れなければならないことが，同時に明らかにされた。

ここで，監査人自らによる制度の「意図的無効化」に対して，品質管理体制の適切な整備と運用だけではなく，それを背後から支える職業的会計士の教育の「しくみ」の問題が長期的には重要になる。そこで，第8章では，職業的会計士の教育問題について検討をおこなった。まず職業的会計士に関する教育制度の論点整理を，日本の現状を踏まえながらおこない，会計教育の制度的違いは，教育タイミングと教育主体との組み合わせにより，いくつかのカテゴリーに類型化でき，またそれらのポートフォリオをどのように戦略的に設計するかが重要であることが明らかにされた。また，特に資格試験制度について，アメリカ型制度と欧州型制度の比較制度分析により，「先にある合格」タイプのアメリカ型では曖昧さ回避問題が，「後にある合格」タイプの欧州型ではホールドアップ問題とモラルハザード問題が，それぞれ生じやすい構造にあり，それらの弊害に柔軟に対応するための1つの鍵として，アカウンティング・スクールの有効活用が考えられることが示唆された。

4　本研究の貢献と「限界」

以上のように，本研究では，現代の制度会計において解決すべき喫緊の課題

終章　未来の会計をデザインする　233

図表終.3　本研究の貢献

| 貢献1 | 会計基準設定をめぐる議論に対して，既存の議論とは異なるルートで接近 |

| 貢献2 | 制度の失敗の原因やその対処の方向性を，人間心理に即して解明 |

| 貢献3 | 新しい制度環境に対応する新しい制度会計論の構築 |

といえるコンバージェンスの問題と会計不正の問題を，主に，人間の意図や選択，ひいては，「こころ」を捉えることで分析をおこなった。本研究の貢献は，**図表終.3**に示されるとおり，大きく3つである。

　まず第1は，第Ⅰ部に関連して，会計基準設定をめぐる議論に対して，既存の議論とは異なるルートで接近している点で大きな貢献を有している。すなわち，これまでの規範的研究やアーカイバル分析では明らかにできなかったコンバージェンスの顛末や，起こりうる「意図せざる帰結」を明らかにするとともに，コンバージェンスを安定的に進めていくために必要な方策を明らかにした点が，本研究の貢献の1つといえる。より具体的には，①IFRSのみを唯一高品質な会計基準とする状況でも，コンバージェンス自体が成立しない可能性が高いこと，②コンバージェンスを安定的に進めていくには，逆説的であるが（事前の合意としての）会計基準のダイバージェンスが求められることなどが明らかにされた。これらの知見は，これまでの既存研究では明らかにされてこなかったところである。特に，コンバージェンスの将来のあり方について，既存の議論とは異なるルートで接近している点で，本研究は，会計基準設定をめぐる現在および将来のグローバルな会計戦略，および，それを取り扱う既存研究に対して，一石を投じるものであるといえる。

　第2は，第Ⅱ部に関連して，制度の失敗の原因やその対処の方向性を，人間心理に即して明らかにしたことである。すなわち，既存研究では，制度の失敗に対して，会計処理方法や会計測定の精度を上げることで，「会計の内側」に向かっていき問題解決しようとしてきたが，これは，現在の制度の失敗の主原因からすると，的を射た解決ではない。これに対して，本研究では，制度の失敗

の原因はむしろ人間の意図や行動にあると捉えたうえで，そのような人間心理に着目して解決の方向性を探ろうとしている点が大きな特徴といえる。より具体的には，(a)株主と経営者の間の信頼と互恵に関して，開示制度の逆効果や記録行為の重要性を明らかにしたこと，(b)ガバナンス規制のあり方について，内部統制監査制度の逆効果や，倫理規制の「ひとひねり」の重要性を明らかにしたこと，(c)監査の品質管理体制の運用主体のあり方や会計教育制度についての分析の方向性を明らかにしたことなどが挙げられる。

　第3は，第1および第2の貢献を踏まえて，他の方法論では描くことのできなかった新しい制度会計論の構築を目指したことである。特に，序章で述べたとおり，会計制度の性質や位置づけが従来とは大きく変容してきている中で，これまでの既存研究では見落とされてしまいがちであった「会計制度は人間の営みである」という視点（「会計制度は人間が構築（選択）し，また人間行動に影響を与える」という側面）に着目し，人間心理と制度との関係性を主要な研究対象としている点が，本研究の大きな特徴であるといえる。つまり，人間心理を制度との関係性のもとにどのように相対化し，こころと制度の相互作用の中から，どのように制度を設計したら人間の心理を変え，行動を変え，そのことにより，問題を解決することができるのか（基準設定をめぐるよりよい会計戦略を構築できるのか，会計不正を防止できるのか等）を考察している本研究は，今後の「新しい制度環境に対応する新しい制度研究」に対して，1つのロール・モデルとして，一定の方向性を示すものとなり得る可能性を秘めているといえる。

　以上のように，本研究が提示する新しい制度会計論を，他の方法論との関係で相対的に（そしてイメージ的・キャッチフレーズ的に）位置づけるならば，まず，①「制度がないと検証できない」アーカイバル分析と異なり，本研究は，「制度がなくても検証できる」し，②「定性的分析が中心」である規範研究と異なり，本研究は「定量的分析が中心」であり，③「モデルにより仮説を提示する」分析的会計研究と（一部は重なるが，全体として）異なり，本研究は「モデル化し実証する」という視点が，それぞれ重要となる。

　以上のように，本研究の貢献は大きく3つあるが，他方，本研究の「限界」は2つある。

　第1は，会計処理方法や会計測定など「会計の中身の話」には触れていない

点である。これは本研究の問題意識(「会計の内側」に向かって解決する既存研究とは異なる方向性へ向かって解決を図ること)からくる当然の帰結でもあり，もしかしたら一定の「限界」といえるかもしれない。

しかし，この点は，限界というよりは，むしろ今後の大きな「伸びしろ」と前向きに捉えることができるかもしれない。すなわち，まず①先に述べたとおり，近年の新しい制度環境のもとでの会計制度に関する諸問題は，「会計の内側」以外のところが実は重要であることが多いため，優先順位からすると，本研究の方向性は決して的外れなものとはいえないし，また，今後もちろん「会計の中身の問題」を取り扱っていくとしても，②5で述べるような他の方法論とのコラボレーション（補いあい）によりそれは克服できると考えている。たとえば，分析的会計研究においては，会計処理方法の中身をめぐるモデル分析についても多くの蓄積があるため[1]，それらをベースにした制度実験を行っていくことで，この問題は克服可能である。また，さらにいえば，③実験研究自体でもこの点は克服でき，たとえば，本研究における経済実験を，心理実験と上手く接続ないし融合させることで解決できると筆者は考えている。すなわち，(本研究では，特に心理実験については大きくとり上げてこなかったが)「会計の中身の話」は，実は心理実験が得意とするところである[2]。これはもちろん今後の課題であるが，経済実験と心理実験の融合により，本研究の問題意識をキープしたまま「会計の中身の話」にまで踏み込んだ研究の展開が，今後望まれるところである[3]。

第2は，本研究の外的妥当性についてである。本研究では，もちろん，現実の制度を対象にした研究をしているので，現実を常に意識したかたちでなされているが，しかしながら，ゲーム理論のモデルにより現実の抽象化を図ったり，実際のコンテクストを排除した実験をおこなっているため，本研究のインプリケーションには，外的妥当性の面で自ずと一定の「限界」があるといえるかも

---

[1] 具体的には，たとえば，太田編 (2010)，ないし，佐藤・鈴木編 (2013) などを参照。
[2] この点については，たとえば Bonner (2008) などでみられるような，「会計の中身」の議論にかかわる膨大な心理実験を参照されたい。
[3] たとえば，本研究の第Ⅰ部との関連でいうと，のれんの減損をめぐるIFRSと日本基準の対応の違いなどは，この「経済実験と心理実験の融合」をおこなう場合の興味深い研究対象となり得ると考えられる。この点のアイデアについては，別稿を期したい。

しれない。

　しかしながら，この点も，限界というよりは，むしろ今後の大きな「伸びしろ」と前向きに捉えることができるかもしれない。すなわち，まず①本研究の分析のあり方は，トータルでいえば，（抽象化による外的妥当性の低下という）「限界」を超えるだけの（内的妥当性の確保という）「便益」があると考えられるからである。すなわち，本研究では，「現実世界」をゲーム理論のモデルに抽象化し，そこでのモデルの仮説を経済実験により検証するというスタイルをとっているが，まず現実世界を抽象化しているのは，現実世界の混沌を解きほぐし，現象のドライビング・フォースを特定化するためである。現象のエッセンスを捉えることは，内的妥当性を高めることに繋がる。また，経済実験は，コンテクストをできるだけ排除したかたちでなされているが，これは，経済実験のねらいが，「現実そのものを実験室で検証すること」ではないからである。つまり，経済実験がおこなっているのは，「現実の検証」ではなく，あくまで「（現実のエッセンス部分だけを抽象化した）モデルの検証」であり，それゆえ，（モデルでは想定されていない）コンテクストを排除することが，逆に実験の内的妥当性を高めることに繋がる。以上のように，確かに，本研究は「抽象的なモデルを作り，その検証を実験でおこなう」という意味では，外的妥当性は相対的に高くはないかもしれないが，しかし，それに勝る「内的妥当性の確保」を図ることに注力しているため，研究トータルではプラスの効果が多いと考えている。また，②現実の制度が人間心理の集積でできているという意味では，人間心理を直接捉えることのできる実験は，実は，既存研究よりも現実を見据えたものであるし，（人間心理を直接捉えることができるという点では）外的妥当性はむしろ高いといってよいかもしれない。そして，③この外的妥当性の問題は，第1の点と同様，他の方法論とのコラボレーション（補いあい）により克服できると考えている。④さらには，実験研究それ自体でもこの点は克服できる可能性があり，たとえば，近年注目を集めているフィールド実験[4]などによれば，今後内的妥当性を確保したうえで，外的妥当性を高めていくことも十分可能である。

　以上のように，本研究には，2つの「限界」はあるものの，それは，むしろ

4　フィールド実験については，たとえば，Harrison and List（2004）やCard, DelaVigna, and Malmendier（2011）などを参照されたい。

今後の大きな「伸びしろ」と考えられるところである。次節ではこれらの議論を踏まえて，今後の実験制度会計論の可能性と方向性について述べる。

5 今後の実験制度会計論の可能性と方向性
―― 未来の会計をデザインする

　ここでは，全体の総括という意味で，今後の実験制度会計論の可能性と方向性について述べる。ここでの重要なキーワードは2つある。
　第1のキーワードは，「フューチャー・デザイン」である。西條（2014）は，実験研究が，将来の社会を創りあげることができる未来志向性を有することを指摘するとともに，たとえば仮想将来世代を現世代に創ることを通じて両世代が交渉することにより，未来の社会を構築するという「フューチャー・デザイン」という新しい領域が立ち上がり始めていることを示唆している。
　そしてこれは，実験研究のもつ「事前検証性」という強みと関係している。すなわち，実験によれば，現実にはない制度の有用性も事前に検証できるし，たとえ同じ条件・次元でのアーカイバル・データが入手できない場合であっても，代理変数の妥当性の問題に直面することなく分析を進めることができる。
　そして，このような未来志向性を有するという特徴を活かすことにより，新しい制度会計論である実験制度会計論は，「未来の会計をデザインする」，ひいては「未来の社会をデザインする」一翼を担うのではないかと考えられる。
　会計は社会の大切なインフラであり，会計が社会に与えるインパクトは極めて大きいといえる。そして実験制度会計論は，その会計の将来が，間違った方向に行かないように，常に進むべき道を示唆する「羅針盤」としての役割を担い得るのではないだろうか。
　ここで，企業会計における（未来志向型という意味での）フューチャー・デザイン研究として，今後有望と考えられる論点を，具体的に2つだけ挙げておこう。
　第1は，会計基準のダイバージェンスのあり方についてのゲーム理論的・実験的研究である。すなわち，本書第3章で指摘したとおり，会計基準のコンバージェンスのためには，逆説的ではあるが会計基準のダイバージェンスが大きな鍵となる。ここで，会計基準のコンバージェンスに注目した理論的・実証的研究は数多く存在するものの，他方，会計基準のダイバージェンスに注目した

研究はほとんど存在しない。その原因は，会計基準を何らかのかたちで収斂させることが暗黙の前提になっているからかもしれないが，しかしながら，実際には，会計基準の多様性は世界から消えずに残っている。たとえば，日本の現状を見ても，新たに登場した「修正国際基準」[5]のほか，IFRS，日本基準，米国基準も含め，全部で4つの会計基準が並存している状況にある。つまり，そもそも「多様性を認める」という前提での研究が喫緊の課題として求められているにもかかわらず，それがなされていないのが現状である。よって，この点に注目し，なぜ，会計基準のダイバージェンスが未だに存在し続けるのか，そもそも，コンバージェンスとダイバージェンスのどちらの道をとるのが望ましいのかを理論と実験で明らかにすることで，未来の会計基準のあり方を考えるということが，実験制度会計論における重要な研究テーマの1つとなろう。単なる規範論や感情的な議論ではなく，「事前検証性」という強みを活かし，いまは存在しない制度についても客観的なデータを用いた証拠を提示することができるという実験制度会計論は，未来の会計制度のあり方を考えるうえで，大きな社会的意義を有するといえる。

　第2は，監査法人（会計事務所）のマネジメントに関する研究である。マネジメントの問題は，制度設計には一切関係がないようにも思われるが，しかし，未来の会計をデザインするためには，実は，監査法人のマネジメントについてのゲーム理論的・実験的研究が欠かせない。なぜなら，第II部でとり上げた近年の「監査人による制度の意図的無効化」の問題は，実は監査法人（会計事務所）のマネジメントとも密接に関連しているからである。たとえば，エンロン事件などでも，巨大会計事務所であったアーサー・アンダーセンの監査とコンサルティングとの関係がクローズアップされたが，結局，監査法人がそもそもどのようなインセンティブで動いているのかを明らかにしなければ，最適な規制のあり方というのは見いだせないはずであるし，また監査法人のインセンティブを明らかにするためには，監査法人という組織が，一体どのような制度環境の中で，どのような意図で，どのようなマネジメントをおこなっているのかについて明らかにすることが極めて重要となるはずである[6]。

5　詳細は，たとえば，杉本（2014b）を参照。
6　もちろん，この流れには，本書第8章で検討した職業的会計士の教育問題も大きく関係してくることはいうまでもない。

本書で確認した種々の「規制の逆効果」を考えると，これまでのような「規制ありき」のスタンスでの制度設計では，監査業界全体に過度な脅威を与えることになりかねないし，また，そのような過度な脅威は，優秀な人材のさらなる流出を招きかねないし，結局は，監査市場ひいては証券市場自体がシュリンクしてしまいかねない。よって，今後の制度設計のあり方としては，そもそも「規制ありき」というスタンスをまず捨てて，監査法人のマネジメントやその意図を十分に理解したうえで，そのマネジメントを逆に利用して，規制がなくても監査法人や個々の監査人が制度の意図的無効化に走らないようなインセンティブづけをすることができるような方向性に向かうべきである。

そしてここでも，ゲーム理論的・実験的研究が有効となる。たとえば，戦略の経済学や産業組織論などの領域には，経営戦略やマネジメントに関するゲーム理論的な研究の蓄積があることから[7]，これらを上手く監査法人のマネジメントの問題に援用し，経済実験と接続することで，業界全体を単に苦しめるだけの「誰のための規制かわからない規制」を作るのではなく，すべてのプレイヤーが良好な関係を生み出すことができるような，より実りある「未来の会計のデザイン」をおこなっていく必要があろう。

もちろん，この2つ以外にも，実験制度会計論が取り組むべき論点は多数あるが，いずれにせよ，実験制度会計論として，会計の「羅針盤」としての役割を十分に果たせるような，今後の研究の蓄積が望まれる。

また，第2のキーワードは，「補いあい」である。つまり，他の方法論とのコラボレーションは，今後の実験制度会計論を考えるうえで重要なポイントとなろう。この「補いあい」のイメージを図にすると，**図表終.4**のようになる。

図表終.4に示されるような他の方法論との関係性については，前章まででも述べてきたところであるが，極めて重要な点であるので，重複を恐れずここでも整理しておこう。

まず，実験制度会計論においては，モデル（分析的研究）と実験の「補いあい」が必要不可欠である。すなわち，経済実験が検証すべきは，現実世界そのもの

---

[7] たとえば，御立・柳川（2014）や浅羽（2004），Besanko, Dranove, and Shanley（2013）などを参照。

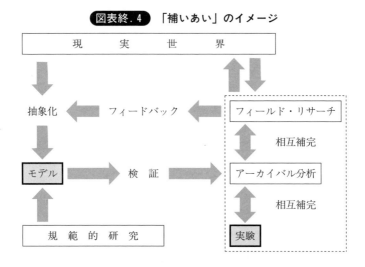

図表終.4 「補いあい」のイメージ

ではなく，あくまで現実を抽象化したモデルであるし，また，実験によって，モデルでは予期し得なかった「意図せざる帰結」が発見された場合，それをモデルにフィードバックすることで，モデルの現実的説明力と予測可能性を高めることができる。

また，実験制度会計論は，アーカイバル分析との「補いあい」も必要不可欠である。これまで述べてきたとおり，特に実験とアーカイバル分析とは，モデルの検証手段という意味で同じ役割を担っているし，また，内的妥当性と外的妥当性のトレードオフにおいて相互補完の関係にある。よって外的妥当性が高いアーカイバル分析と内的妥当性が高い実験研究とが上手く「補いあう」ことで，モデルの検証能力を高めていくことが求められる。特に現状では，アーカイバル分析には膨大な研究の蓄積があるので，これらの研究と上手く「補いあう」(特に，これまでアーカイバル分析が上手く踏み込めなかったような領域に実験が踏み込んでいく) ことが求められるといえる。

また，実験制度会計論は，フィールド・リサーチとの「補いあい」も必要不可欠である。たとえば，第Ⅰ部のコンバージェンス研究は，現実のコンバージェンスの事例を捉えた研究と今後融合していくことで，より実りある大きな研究へとつながる可能性を秘めている。たとえば，現実の会計基準選択においては，単にある基準を採用するか否かという選択肢以外にも，実に多くの選択肢が存在する。よって，第Ⅰ部の議論は，現実のIFRS導入に関する個別的・具体的研

究[8]と補完しあい,かつ,そこでのアイディアや知見をとり入れていくことで,より精緻化を図るとともに,現実的な問題へアタックしていくことが求められよう[9]。

6　会計を超えて会計を考える意義

最後に,会計を超えて会計を考える意義について述べる。

本研究では,現実の会計制度のエッセンスを抽出し,そのエッセンスをモデル(ゲーム理論)と実験で考えていくというスタイルで分析をおこなってきた。ここで,ゲーム理論と実験は,近年の社会科学において大きな注目を集めている。たとえば,近年のノーベル経済学賞では,人間の心理や行動をゲーム理論と経済実験で分析する研究が高く評価されているし,その中で,「実験社会科学」という学際領域が注目されている(西條監修・西條・清水編 2014)。そこでは,経済学,政治学,心理学,生物学や神経科学等領域を超えたメンバーが集まり,「総力戦」でゲーム理論と実験を共通言語にしつつ,人のこころと制度との関係について分析を進めている。筆者もその輪の中で,会計制度の奥底にある人のこころに挑んでいる。たとえば,第4・5章でとり上げた信頼と互恵の問題は,情報開示や記録という会計制度の奥底に潜む人のこころの問題であるし,第7章でとり上げた社会的ジレンマと懲罰制度の問題は,会計士という職業集団の奥底に潜む人のこころの問題であるといえる。

ゲーム理論と実験のよいところは,たとえ会計学者でも,他の領域の研究者と一緒に話ができることである。会計制度と人間のエッセンスを取り出しモデル化すると,実は,かなりシンプルな構造が見えてくる。そしてそのモデルを実験で検証すると,人間特有の興味深い現象が浮き彫りになる。そうすると,会計を知らない他領域の研究者とも,会計の本質を一緒に考えることができる。実はこれは,会計の本質を「総力戦」で考えることに繋がる。人間の本質に迫ることで,翻って会計の本質に迫る。会計を知らない他領域の研究者との対話

8　たとえば,Irvine (2008), Kholeif (2010), 杉本 (2009;2014a), 仲尾次 (2012), 平賀 (2013), 岡田(博)(2014) などを参照。

9　第Ⅱ部におけるフィールド・リサーチとの「補いあい」については,たとえば第6章注20を参照。

は,一見遠回りのようで,しかし実は近道といえる。つまり,会計を超えて会計を考えることの意義は,「会計を超えることで,「総力戦」で会計の本質に迫ることができる」ということにある。ここで「会計を超える」とは,会計が会計ではなくなるかもしれないギリギリのところ,会計の骨格ギリギリのところまで贅肉をそぎ落としたうえで,人間の本質とのかかわりを考えることである。そのギリギリの抽象化の中から,会計と人間との本当のかかわりあいが見えてくる[10,11]。

　序章補論でも述べたとおり,(実験を使った会計研究という意味での)「実験会計学」には2タイプあり,人間の心理バイアスやヒューリスティックス等を扱う心理学ベースの「心理実験」は,欧米ではむしろ飽和状態にある[12]。逆に,本書において中心的に取り扱ってきた経済学ベースの「経済実験」は,会計においてはまだ研究の蓄積は少ないが,他領域における盛り上がりをみると,今後,その重要性は高まっていくといえる。

　現実の企業会計は,コンバージェンスの問題や会計不正の問題だけではなく,多くの解決すべき課題を抱えている。いまこそ会計学者と会計実務家は,この「ルビコン川」[13]を渡る勇気を持たねばならない。こころの準備はできているだ

10　その意味で,現在,筆者が1つの模範として念頭に置いている研究としては,たとえば,Horan, Bulte, and Shogren (2005) がある。Horan et al. (2005) は,取引というものがいかにして人間とネアンデルタール人の進化の過程を決定的に分岐させたか(なぜ人間は進化の過程で生き残り,他方,ネアンデルタール人は絶滅したか)ということをモデルを使って説明している。取引概念は,会計においても重要な概念であるため,今後,Horan et al. (2005) の研究を会計の問題に引き寄せて,モデルと実験での分析をおこなうことにより,会計の本質に迫っていきたいと考えている。この点は,別稿を期したい。

11　また,同様に,現在筆者が構想しているのは,協力行動と会計との関係を捉えた研究である。これは第7章でとり上げた社会的ジレンマの問題とも関係するが,そもそも人類が協力行動をおこなうようになり,集団として行動するようになったからこそ,資金の委託と受託の関係が発生し,会計(ないし会計責任)が重要となってきたと考えることができる。このようなストーリーを鑑みると,会計と人間の協力行動とは,実は根底で繋がっている。そして,人間の協力行動については,たとえば数理生物学などでも,進化ゲーム理論を用いた分析等が数多くなされているところであるから(たとえば,Ohtsuki, Iwasa, and Nowak 2009など),これらの研究をベースにしたうえで,会計の本質に迫ることができるのではないかと筆者は考えている。もちろん,協力行動の問題の背後には,第4・5章でとり上げた信頼や互恵の問題が存在するので,これらの問題も含めて取り扱う必要がある。これらについても別稿を期したい。

12　心理実験研究の膨大さは,たとえばBonner (2008) で確かめることができる。

終章　未来の会計をデザインする　243

ろうか。向こう岸には，きっと沢山の仲間と，そしてエキサイティングな研究が待ち受けている。

補論　本研究の相対化

　ここで，補論として，本研究の相対化について，若干の補足をしておくことにする。ここでの「表のねらい」は本研究の相対化であるが，「裏のねらい」は，日本に膨大な研究蓄積のある会計構造論ないし計算構造論に対する制度との関係に関する「誤解」を解くことである[14]。

　本書では，会計や監査のルールをめぐる人間行動に注目して分析を進めてきたが，これは，企業会計の全体像の中で，どのように位置づけられるのだろうか。

1　相対化

　笠井 (2005)，青柳編 (1972)，および田口 (2009d) によれば，企業会計をどのように捉えるか (説明するか) については，大きく 2 つの立場に整理できるという（**図表終.5**）。

図表終.5　企業会計に係る説明をめぐる 2 つの立場

　まず第 1 は，財務諸表と情報利用者との関係を重視する立場である。つまり，

13　「経済実験＝ルビコン川を渡る」という表現は，西條 (2007) による。
14　その意味では，本書と筆者の前著 (田口 2005) との関係を考える作業でもある。なお，田口 (2009a) 補論では，ゲーム理論分析と会計構造論との関係について，ここでの分析とは別の視点から検討を加えている。

できあがったものとしての財務諸表（アウトプット情報）を前提として，それと投資家等の情報利用者との関係を重視して，企業会計の問題を分析するアプローチがまず考えられる。これは，会計の役立ちを重視する立場であることから機能的会計観，ないし，財務諸表中心観とよばれる[15]。

また第2は，会計情報を産出するプロセスを重視する立場である。つまり，複式簿記機構を重視して，企業会計の問題を分析するアプローチであるが，これは，会計の構造ないし記録を重視する立場であることから構造的会計観，ないし，記録中心観とよばれる。

このうち，本書の議論は[16]，前者の機能的会計観に依拠したものといえる。すなわち，アウトプット情報たる財務諸表と情報利用者との関係を前提として，特に情報利用者の相互依存的な意思決定に注目したうえで，企業会計制度というものを分析した。

しかしながら，これで企業会計のすべてをいい尽くし得たかというと，上記のフレームワークからすると，実はそうではないことが理解できる。つまり，後者の構造的会計観の視点からも会計基準を考える必要があり，この点も踏まえた会計基準の分析（および，モデルと実験への融合のさせ方）を検討していく必要があろう。この点はすでに4および5で述べたとおりであるが，ここでも「補いあい」が重要となるのである。

2 「会計処理や仕訳を考える」研究の3つのタイプ

なお，ここで注意したいのは，「会計処理や仕訳を考える」研究には，大きく3つのタイプがある点である。図示すると**図表終.6**のようになる。

まずタイプ1は，会計処理を考えるとしても，もっぱら財務諸表の上での会計処理を念頭に置き（複式簿記の仕訳自体はあまり念頭に置かず，ある特定の借方項目ないし貸方項目のみに着目し），それを利用者の有用性の観点から考えるという研究である。これは，まさにここでいう機能的会計観に依拠した研究である。たとえば，会計処理方法やある項目の情報有用性を扱うようなタイプのアーカ

---

15 笠井（2005）p.46，および，青柳編（1972）p.97参照。なお，このような分類の背後には，語用論（機能論），構文論（構造論），意味論（測定論）という会計の3つの峻別がある（笠井 2000）。

16 第5章では，記録行為の重要性を述べており，その意味で，本書の一部では，記録中心観的な捉え方が含まれてはいるものの，その基本的立場は，機能的会計観である。

終章　未来の会計をデザインする　　245

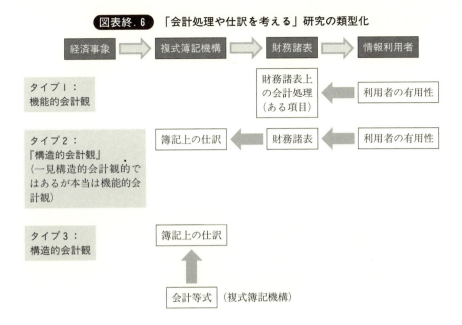

図表終.6　「会計処理や仕訳を考える」研究の類型化

イバル分析（たとえば、繰延税金資産の有用性を扱うアーカイバル分析）などは、まさにこれに該当する。

　また、タイプ2は、会計処理を考える際に、財務諸表上の特定の項目だけではなく、一応はある取引における複式簿記を念頭に置いた仕訳を考えるのであるが、しかし、その妥当性を決するのに、結局、利用者の有用性の観点から考えるという研究である。これが一番気をつけなければならないタイプである。というのは、これは、仕訳を用いている点で、一見すると構造的会計観的ではあるのだが、利用者の有用性の観点からその仕訳を考えるという点では、実は機能的会計観になっているからである（よって、これをカギ括弧『　』つきの『構造的会計観』とよぶ）。たとえば、「投資家の意思決定有用性の観点からすると、Aという仕訳ではなくBという仕訳が正しい」[17]というような『研究』（あえてカギ括弧『　』をつけることにする）である。筆者の見るかぎり、このようなタイプの『研究』は極めて多いし、またこれが、いわゆるこれまで「規範論」とか「制度会計論」といわれてきていたものの「正体」であると考えられる。

　17　筆者の見るところ、このタイプの研究は、意思決定有用性の観点からなぜAなのか（Bなのか）、という論証はあまり的確になされていない場合が多いように思われる。

最後にタイプ3は，ある取引における複式簿記を念頭に置いた仕訳を考える際に，利用者の有用性などは一切切り離して，もっぱら会計等式との関係性から妥当性を検討する研究である。これが日本において多くの研究蓄積のある，いわゆる計算構造論や会計構造論とよばれる領域であり，また，ここでいう構造的会計観である。現実の会計制度や会計実践は，さまざまなプレイヤーの意図や現実的・経済的な簡便性なども入り混じったまさにカオスといえるが，このようなカオスから，さまざまな「混ざり物」を濾過していくことで，水の元素記号たる H_2O のような存在として，企業会計の計算構造が浮き上がってくる。たとえば，笠井（2000）は，このような H_2O をあるはずの会計とよんでいる(pp.156-158, 注6)[18]が，このような会計の H_2O を仮説演繹法で考えようというのが，この立場である。

3　会計構造論に「情報利用者の有用性」の視点は不要

　ここで，タイプ2とタイプ3はまったくの別物であり，両者は峻別される必要があるのだが，しばしば両者は混同されることがある。特にタイプ3に対しても，情報利用者の有用性の視点を加味する必要があるとされることがないわけではない[19]。

18　会計構造論は，あるべき会計を目指す規範論とは異なり，あくまである会計を計算構造的に純化したあるはずの会計を説明する（構築する）という意味で，説明理論としての体系を有している。笠井（2000；2014）を参照。
19　たとえば藤井（2002）は，我が国には会計構造論の膨大な蓄積があることを指摘したうえで，しかしこれが科学（ポパー流の反証可能性を有する科学）たり得るかという問題提起の中で，以下のように述べている。「一般論としては，計算構造論の閉じた世界では，暫定的仮説を設定しにくいという問題点を指摘することができるであろう。すなわち，計算構造論の内在的論理（たとえば実現や対応等）から，資本利益計算の簿記処理技術にかかわる仮説を導出することは比較的容易であるが，会計機能や会計選択にかかわる仮説を導出することは極めて困難であり，事実上それは不可能とも言えるのである。黒澤教授が指摘された会計学の「実用性」と会計研究者の味わう「ある種のいやな経験」は，計算構造論のこうした本源的特質に由来するものであると考えられる。会計機能や会計選択にかかわる仮説を設定するためには，会計が行われる経済社会の制度的特徴や会計にかかわる経済主体の性向に関する洞察が不可欠となる。……(中略)……こうした洞察の基礎となるのが，広い意味での行動学とりわけ経済学であることは，改めて指摘するまでもないであろう。つまり，計算構造論が科学であるかどうかという問題は基本的には，暫定的仮説の設定にあたって，こうした行動学的洞察がどれだけなされているかにかかっているのである」(p.117。ただし，下線は田口)。しかし，後述するように，計算構造論に行動学的洞察はそもそも不要である。

終章 未来の会計をデザインする 247

しかし，これは，(タイプ2に対しての(その論証プロセスが中途半端であるという)指摘としては妥当かもしれないが)タイプ3に対しての指摘としては，必ずしも的を射たものではない。すなわち，会計構造論があえて「情報利用者の有用性」という制度的視点（会計機能論）から距離をとっていることそのこと自体が，会計構造論のアイデンティティであるからである。

4 会計処理や仕訳をめぐる望ましい「補いあい」のかたち

上記を踏まえて，会計処理や仕訳をめぐる望ましい「補いあい」のかたちを考えてみると，図表終.7のようになる。

図表終.7で特に注目したいのは，本書の実験制度会計論が取り扱ってきた人間の情報認知と，そのもとでの（かつ，人間の相互依存的環境下での）意思決定の問題とは全く別個のところで，会計構造論が，制度上の仕訳や会計処理を律する（大枠を決める）立場にあるという点である。ここで，会計構造論は，あくまで会計の H_2O として，混沌の産物である制度とは一定の距離感を保っては

図表終.7 将来的に望ましい「補いあい」のかたち―計算構造論を入れて考える

経済事象 → 複式簿記機構 → 財務諸表 → 情報利用者

実 験 制 度 会 計 論

情報産出者の相互依存的意思決定 ⇔ 情報 ⇔ 利用者の相互依存的意思決定

制度上の仕訳 ← 財務諸表上の会計処理 — 利用者の有用性

アーカイバル分析

あるはずの仕訳（H_2O）

会計構造論

会計等式（複式簿記機構）

いるものの、しかし、現実の制度上の会計処理ひいては仕訳に対して、会計等式を背景としたかたちで、一定の指針を指し示すものとなる[20]。つまり、実験制度会計論（およびそれと相互補完関係にあるアーカイバル分析）と会計構造論は、実は、制度設計上の「車の両輪」の関係にあり、かつ、それぞれ独立しているといえる[21]。

このような意味において、本研究は、会計構造論研究[22]を何ら否定するものではない。むしろ、お互いが制度を介して「よい距離感」を保ち、役割分担をすることで、「車の両輪」になる必要がある。つまり、実験制度会計論は、自らが得意とする人間心理の観点から制度を捉え、会計構造論は自らが得意とする（その人間心理の前提となる）会計等式ないし複式簿記機構の観点から（一定の距離を保ちつつ）制度（の会計処理や仕訳）を捉える。両者はむしろ融合する必要はなく、ほどよい距離を保ったうえで、両立すればよいのではないだろうか。

---

20 会計構造論がもつこのような性質（「本来はこうあるはずであろう」という範囲内においての一定の規範性）を、「説明理論の規範性」という。なお、この性質の背景としては、「あるはずの会計」という考え方が重要であるが、この点については、笠井（2000）、および、田口（2005）を参照。

21 誤解のないように、重複を恐れず付け加えておくとするならば、制度設計上の両輪としても、構造的会計観は、あくまで制度設計とは距離を置いたものと位置づけられるのが望ましいように思われる。すなわち、現実にある会計制度そのものの分析とは別に、あるはずの会計を分析・構築するのが構造的会計観であるとしたら、構造的会計観による分析は、「現実の水」そのものの説明に目を向けるのではなく、あくまで「H_2O」の精緻化に力を注ぐ必要があるだろう。つまり、①一応は、制度設計を視野には入れるものの、②しかしながら、そこからは一定の距離をとった存在として、構造的会計観を位置づけることが重要であろう。

22 ここでも誤解のないように、重複を恐れず付け加えておくとするならば、ここでの会計構造論研究とは、あくまでタイプ3の研究を指し、よくみられるような（かつてよくみられたような）タイプ2の『構造的会計観』研究は含んでいないことには、くれぐれも留意されたい。タイプ2と実験制度会計論とは車の両輪の関係にはないし、むしろ筆者はタイプ2の『研究』に対しては否定的である。

＜参考文献＞

秋田喜代美・恒吉僚子・佐藤学編（2005）『教育研究のメソドロジー』東京大学出版会。
Allen, A., and A.M. Woodland (2006) "The 150-Hour Requirement and the Number of CPA Exam Candidates, Pass Rates, and the Number Passing," *Issues in Accounting Education*, 21(3): 173-193.
Allport, G.W., and L. Postman (1947) *The psychology of rumor*, Henry Holt.（南博（1952）『デマの心理学』岩波書店）
Ambrus, A., and B. Greiner (2012) Imperfect Public Monitoring with Costly Punishment: An Experimental Study, *American Economic Review*, 102(7): 3317-3332.
安藤寿康・鹿毛雅治編（2013）『教育心理学―教育の科学的解明をめざして』東京大学出版会。
Aoki, M. (2001) *Towards a Comparative Institutional Analysis*, MIT Press.（瀧澤弘和・谷口和弘訳（2003）『比較制度分析に向けて』NTT出版）
Aoki, M. (2010) *Corporations in Evolving Diversity : Cognition, Governance and Institutions*, Oxford University Press.（谷口和弘訳（2011）『コーポレーションの進化多元性：認知・ガバナンス・制度』NTT出版）
青木昌彦・奥野正寛編（1996）『経済システムの比較制度分析』東京大学出版会。
青木昌彦（2014）『青木昌彦の経済学入門―制度論の地平を広げる』ちくま新書。
青柳文司編（1972）『会計情報の一般理論』中央経済社。
荒井一博（1995）『教育の経済学』有斐閣。
淺羽茂（2004）『経営戦略の経済学』日本評論社。
Aumann, R.J. (1974) Subjectivity and Correlation in Randomizing Strategies. *Journal of Mathematical Economics*, 1: 67-96.
Barth. M.E. (2006) Standard setting, and global financial reporting. *Foundations and trends in Accounting*, 1(2): 71-165.
Basu, S., and G. Waymire (2006) Recordkeeping and human evolution. *Accounting Horizons*, 20(3): 1-29.
Basu, J. Dickhaut, G. Hecht, K. Towry, and G. Waymire (2009a) Recordkeeping alters economic history by promoting reciprocity. *Proceedings of the National Academy of Sciences USA*, 106(4): 1009-1014.
Basu, S., M. Kirk, and G. Waymire (2009b) Memory, Transaction records, and the Wealth of Nations. *Accounting, Organization and Society*, 34: 895-917.
Bateson, M., D. Nettle, and G. Roberts (2006) Cues of being watched enhance cooperation in a real-world setting. *Biology Letters*, 11(2): 412-414.
Bazerman, M., K. Morgan, and G. Loewenstein (1997) The impossibility of auditor independence. *Sloan Management Review*, 38(4): 89-94.
Benston, G., M. Bromwich, E. Litan, and A. Wagenhofer (2003) *Following the Money : The Enron Failure and the State of Corporate Disclosure*, The Brookings Institution.

(田代樹彦・石井康彦・中山重穂訳（2005）『会計制度改革への挑戦－フォローイング・ザ・マネー』税務経理協会）

Berg, J., J. Dickhaut, and K. McCabe (1995) Trust, Reciprocity and Social History. *Games and Economic Behavior*, 10(1): 122-142.

Bertomeu. J., and E. Cheynel (2013) Toward a Positive Theory of Disclosure Regulation: In Search of Institutional Foundations. *The Accounting Review*, 88(3): 789-824.

Besanko, D., D. Dranove, and M. Shanley (2013) *Economics of Strategy (6th edition)*, John Wiley & Sons Inc.（奥村昭博・大林厚臣訳（2002）『戦略の経済学（2版）』ダイヤモンド社）

Binmore, K. (2007) *Does game theory work? The Bargaining challenge*, The MIT Press.

Bohnet, I. (2010) trust in experiments. In S.N. Durlauf and L.E. Blume. (Eds.) *Behavioral and experimental economics*, Palgrave Macmillan: 253-257.

Bommel, J.V. (2003) Rumors. *Journal of Finance*, 58(4): 1499-1519.

Bonner, S.H. (2008) *Judgment and decision making in accounting*, Prentice Hall.（田口聡志監訳・上枝正幸・水谷覚・三輪一統・嶋津邦洋訳（2012）『心理会計学－会計における判断と意思決定』中央経済社）

Boone, J.P., and T.L. Coe (2002) The 150-Hour Requirement and Changes in Supply of Accounting Undergraduates: Evidence from a Quasi-Experiment. *Issues in Accounting Education*, 17(3): 253-268.

Brewster, M. (2003) *Unaccountable : How the Accounting Profession Forfeited a Public Trust*, John Wiley & Sons.（友岡賛監訳（2004）『会計破綻－会計プロフェッションの背信』税務経理協会）

Callahan, C.M., E.A. Gabriel. And B.J. Sainty (2006) A review and classification of experimental economics research in accounting. *Journal of Accounting Literature*, 25: 59-126.

Camerer, C.F. (2003) *Behavioral Game Theory*, Princeton University Press.

Camerer, C.F., G. Loewenstein, and D. Prelec (2005) Neuroeconomics: How Neuroscience Can Inform Economics. *Journal of Economic Literature*, 43(1): 9-64.

Camerer, C.F., M. Bhatt, and M. Hsu (2007) Neuroeconomics: Illustrated by the study of ambiguity aversion. in edited by B.S. Frey and A. Stutzer, *Economics and Psychology*, The MIT press.

Carcello, J.V., D.R. Hermanson, and Z. Ye (2011) Corporate Governance Research in Accounting and Auditing: Insights, Practice Implications, and Future Research Directions. *Auditing : A Journal of Practice & Theory*, 30(3): 1-31.

Card, D., S. DellaVigna, and U. Malmendier (2011) The Role of Theory in Field Experiments. *Journal of Economic Perspectives*, 25(3): 39-62.

Carpenter, J.P., and P.H. Matthews (2004) Social reciprocity. *IZA Discussion paper series*, 1347.

Cason, T.N., and T. Sherma (2007) Recommended play and correlated equilibria: an experimental study. *Economic Theory*, 33(1): 11-27.

Charness, G., U. Gneezy, and M.A. Kuhn (2012) Experimental methods : Between-subject and within-subject design. *Journal of Economic Behavior & Organization*, 81(1) : 1-8.

Christensen, H.B., L. Hail, and C. Leuz (2013) Mandatory IFRS reporting and changes in enforcement. *Journal of Accounting and Economics*, 56(2-3) : 147-177.

Cinyabuguma, M., T. Page, and L. Putterman (2006) Can second-order punishment deter perverse punishment? *Experimental Economics*, 9 : 265-279.

Croson, R. (2010) Public goods experiments. In S.N. Durlauf and L.E. Blume. (Eds.) *Behavioral and experimental economics*, Palgrave Macmillan : 221-233.

Daske, H., L. Hail, C. Leuz, and R. Verdi (2008) Mandatory IFRS reporting around the world : Early evidence on the economic consequences. *Journal of Accounting Research*, 46(5) : 1085-1142.

Daske, H., L. Hail, C. Leuz, and R. Verdi (2013) Adopting a label : Heterogeneity in the economic consequences around IAS/IFRS adoptions. *Journal of Accounting Research*, 51(3) : 495-547.

Davidson, B.I., and D.E. Stevens (2013) Can a Code of Ethics Improve Manager Behavior and Investor Confidence? An Experimental Study. *The Accounting Review*, 88(1) : 51-74.

DeFond, M.L. (2010) How should the auditors be audited? Comparing the PCAOB Inspections with the AICPA Peer Reviews. *Journal of Accounting and Economics*, 49(1-2), 104-108.

De Franco, G., S. Kothari, and R. Verdi (2011) The Benefits of Financial Statement Comparability. *Journal of Accounting Research*, 49(4) : 895-931.

Demski, J.S., and J.L. Zimmerman (2000) On "research vs. Teaching" : A long-term perspective. *Accounting Horizons*, 14(3) : 343-352.

Dickhaut, J. (2009) The Brain as the Original Accounting Institution. *The Accounting Review*, 84(6) : 1703-1712.

Duffy, J., and N. Feltovich (2010) Correlated Equilibiria, Good And Bad : An Experimental Study. *International Economic Review*, 51(3) : 701-721.

Dye, R.A., and S. Sunder (2001) Why Not Allow FASB and IASB Standards to Compete in the U.S.? *Accounting Horizons*, 15(3) : 257-271.

Edwards, J.D. (1978) *History of Public Accounting in the United States*, The University of Alabama Press.

Ellsberg, D. (1961) Risk, Ambiguity and the Savage Axioms. *Quarterly Journal of Economics*, 75 : 643-669.

Fehr, E., and Schmidt, K.M. (1999) A theory of fairness, competition, and cooperation. *Quarterly Journal of Economics*, 114 : 817-868.

Fehr, E., and S. Gächter (2000) Cooperation and Punishment in Public Goods Experiments, *American Economic Review*, 90(4) : 980-994.

Fehr, E., and S. Gächter (2003) Altruistic punishment in humans. *Nature*, 415 : 137-140.

Fehr, E., and U. Fischbacher (2004) Third-party punishment and social norms. *Evolution and Human behavior*, 25 : 63-87.

Fischbacher, U. (2007) Z-tree : Zurich Toolbox for Ready-made Economic Experiments. *Experimental Economics*, 10(2) : 171-178.

藤井秀樹（2002）「会計時評　会計研究の役割と方法③・科学としての会計学」『企業会計』54(9)：1348-1349。

藤井秀樹（2007）『制度変化の会計学－会計基準のコンバージェンスを見すえて』中央経済社。

藤井秀樹編（2014）『国際財務報告の基礎概念』中央経済社。

Fujiwara. J., P.N. Tobler, M. Taira, T. Iijima, and K. Tsutsui (2008) Personality-dependent dissociation of absolute and relative loss processing in orbitofrontal cortex, *European Journal of Neuroscience*, 27 : 1547-1552.

深尾光洋・森田泰子（1997）『企業ガバナンス構造の国際比較』日本経済新聞社。

福井義高（2008）『会計測定の再評価』中央経済社。

福川裕徳（2012）『監査判断の実証分析』国元書房。

Gaa, J.C. (1994) *The ethical foundations of public accounting*, CGA Canada Research foundation.（瀧田輝己訳（2005）『会計倫理』同文舘出版）

Gächter, S., E. Renner, and M. Sefton (2008) The Long-Run Benefits of Punishment. *Science*, 322 : 1510.

Gintis, H. (2009) *The Bound of Reason : Game theory and the Unification of the Behavioral Sciences*, Princeton University Press.（成田悠輔・小川一仁・川越敏司・佐々木俊一郎訳（2011）『ゲーム理論による社会科学の統合』NTT 出版）

Glimcher, T. (2003) *Decisions, Uncertainty, And The Brain : The Science Of Neuroeconomics*, A Bradford Book.

Glimcher, T., and A. Rustichini (2004) Neuroeconomics : The Consilience of Brain and Decision, *Science*, 306(15) : 447-452.

Glimcher, T., C.F. Camerer, E. Fehr, and R.A. Poldrack (2009) *Neuroeconomics*, Academic Press.

Grant, J., R. Bricker, and R. Shiptsova (1996) Audit Quality and Professional Self-Regulation : A Social Dilemma Perspective and Laboratory Investigation. *Auditing : A Journal of Practice & Theory*, 15(1) : 142-156.

グレーヴァ香子（2011）『非協力ゲーム理論』知泉書館。

Grief, A. (2006) *Institutions and the path to the modern economy : Lessons from medieval trade*, Cambridge University Press.（岡崎哲二・神取道宏監訳（2010）『比較歴史制度分析』NTT 出版）

Guala, F. (2005) *The Methodology of Experimental Economics*. Cambridge University Press.（川越敏司訳（2013）『科学哲学から見た実験経済学』日本経済評論社）

Hail, L., C. Leuz, and P. Wysocki (2010a) Global Accounting Convergence and the potential Adoption of IFRS by the U.S. (part 1). *Accounting Horizons*, 24(3) : 355-394.

Hail, L., C. Leuz, and P. Wysocki (2010b) Global Accounting Convergence and the

potential Adoption of IFRS by the U.S. (part 2). *Accounting Horizons*, 24(4) : 567-588.
原田保秀（2012）『会計倫理の視座』千倉書房。
Harrison, G.W., and J.A. List (2004) Field experiments. *Journal of Economic Literature*, 42(4) : 1009-1055.
橋本紘市編（2009）『専門職養成の日本的構造』玉川大学出版部。
Herrmann, B., C. Thoni, and S. Gächter (2008) Antisocial punishment across societies. *Science*, 319 : 1362-1367.
樋口美雄・川出真清（2003）「個人のキャリア支援とリカレント教育」伊藤隆敏・西村和雄編『教育改革の経済学』日本経済新聞社，第8章，189-239。
Hilary, G., and C. Lennox (2005) The Credibility of self-regulation : Evidence from the accounting profession's peer review program. *Journal of Accounting and Economics*, 40 : 211-229.
平賀正剛（2013）「会計基準の国際的統一への戦略的対応－マレーシアを事例に」『経営管理研究所紀要』20：153-167。
開一夫・長谷川寿一編（2009）『ソーシャルブレインズ－自己と他者を認知する脳』東京大学出版会。
平松一夫（2009）「コンバージェンス後のわが国会計基準の展望」『企業会計』61(1)：25-31。
平松一夫・辻山栄子編（2014）『会計基準のコンバージェンス　体系現代会計学第4巻』中央経済社。
廣瀬喜貴（2013）「公認会計士試験受験者の就職活動問題－マッチング理論の応用に向けて」『同志社大学大学院商学論集』43(2)：143-172。
Hirshleifer, D. (2001) Investor Psychology and Asset Pricing. *The Journal of Finance*, 56(4) : 1533-1597.
広田真一（2012）『株主主権を超えて』東洋経済新報社。
Horan, R.D., E. Bulte, and J.F. Shogren (2005) How trade saved humanity from biological exclusion : an economic theory of Neanderthal extinction. *Journal of economic behavior and organization*, 58 : 1-29.
Hsu, M., M. Bhatt, R. Adolphs, D. Tranel, and C.F. Camerer (2005) Neural Systems Responding to Degrees of Uncertainty in Human Decision-Making. *Science*, 310 : 1680-1683.
IASC : International Accounting Standard Committee (1989) *Framework for the Preparation and Presentation of Financial Statements*.
井庭崇・井庭研究室（2013）『プレゼンテーション・パターン－創発を誘発する表現のヒント』慶應義塾大学出版会。
依田高典（2007）『ブロードバンド・エコノミクス』日本経済新聞出版社。
依田高典・後藤励・西村周三（2009）『行動健康経済学－人はなぜ判断を誤るのか』日本評論社。
IFAC : International Federation of Accountants (2009) *Framework for international education standards for professional accountants*.
異島須賀子（2011）「会計士監査の社会的役割－会計士監査のシグナリング機能の検証」『経済

学研究』77(5 & 6)：151-160。
井尻雄士（1976）『会計測定の理論』東洋経済新報社。
池貝直人（2011）『情報社会と共同規制－インターネット政策の国際比較制度研究』勁草書房。
井上由美子・山田和男・神庭重信（2009）「社会脳（social brain）と心の理論（theory of mind；ToM）」『精神医学』51(3)：243-249。
Irvine, H.J. (2008) The global institutionalization of financial reporting: The case of the United Arab Emirates. *Accounting Forum*, 32(2): 125-142.
石黒広昭・亀田達也編（2010）『文化と実践－心の本質的社会性を問う』新曜社。
石川純治（1988）『情報評価の基礎理論』中央経済社。
磯山友幸（2010）『国際会計基準戦争　完結編』日経BP社。
伊藤秀史（2005）「企業とガバナンス」伊丹敬之・藤本隆宏・岡崎哲二・伊藤秀史・沼上幹編『企業とガバナンス（リーディングス　日本の企業システム第II期第2巻)』有斐閣。
伊藤秀史（2010）「契約の経済理論(2)」中林真幸・石黒真吾編『比較制度分析・入門』有斐閣，第6章，138-167。
伊藤邦雄（1996）『会計制度のダイナミズム』岩波書店。
岩田誠・河村満編（2008）『社会活動と脳－行動の原点を探る』医学書院。
Kagel, J., and A.E. Roth (1995) *The Handbook of Experimental Economics*, Princeton, NJ: Princeton University Press.
Kahneman, D. (2011) *Thinking, Fast and Slow*, Farrar, Straus and Giroux.（村井章子訳（2012）『ファスト＆スロー（上）（下）：あなたの意思はどのように決まるか？』早川書房）
Kahneman, D. and Tversky, A. (1979) "Prospect theory: An analysis of decisions under risk." *Econometrica*, 47: 263-291.
加護野忠男・砂川伸幸・吉村典久（2010）『コーポレート・ガバナンスの経営学－企業統治の新しいパラダイム』有斐閣。
鎌田雄一郎・小島武仁・和光純（2011）「マッチング理論とその応用：研修医の地域偏在とその解決策」『医療経済研究』23(1)：5-20。
上條良夫・竹内あい（2007）「公共財供給ゲームと内生的制度選択－選択手続きとタイミングの影響に関する実験分析」『早稲田政治経済学雑誌』368：21-40。
神田秀樹・小野傑・石田晋也編（2011）『コーポレート・ガバナンスの展望』中央経済社。
金子晃（2009）『会計監査をめぐる国際的動向』同文舘出版。
苅宿俊文・佐伯胖・高木孝太郎編（2012a）『まなびを学ぶ　ワークショップと学び1』東京大学出版会。
苅宿俊文・佐伯胖・高木孝太郎編（2012b）『場作りとしてのまなび　ワークショップと学び2』東京大学出版会。
苅宿俊文・佐伯胖・高木孝太郎編（2012c）『まなびほぐしのデザイン　ワークショップと学び3』東京大学出版会。
笠井昭次（2000）『会計の論理』税務経理協会。
笠井昭次（2005）『現代会計論』慶應義塾大学出版会。
笠井昭次（2014）「会計実践の実相」『三田商学研究』57(3)：1-15。

加藤達彦（2005）『監査制度デザイン論』森山書店。

Katz, M.L., and C. Shapiro (1994) Systems Competition and Network Effects. *Journal of Economic Perspectives*, 8(2): 93-115.

川越敏司（2007）『実験経済学』東京大学出版会。

川越敏司（2010）『行動ゲーム理論』NTT出版。

川越敏司編（2013）『経済学に脳と心は必要か』河出書房新社。

河合香吏編（2013）『制度－人類社会の進化』京都大学学術出版会。

川上善郎（1997）『うわさが走る－情報伝播の社会心理』サイエンス社。

Kholeif, A. (2010) A new institutional analysis of IFRS, In M. Tsamenyi, and S. Uddin (Eds.) *Research in Accounting in Emerging Economies*, Emerald Group Publishing Limited, 29-55.

菊澤研宗（2004）『比較コーポレート・ガバナンス論』有斐閣。

King, R.R. (2002) An Experimental Investigation of Self-Serving Biases in an Auditing Trust Game: The Effect of Group Affiliation. *The Accounting Review*, 77(2): 265-284.

木下富夫（2010）「法曹養成メカニズムの問題点について」『日本労働研究雑誌』594：53-69。

岸田雅雄（2012）『ゼミナール会社法入門（第7版）』日本経済新聞出版社。

Knight, H.F. (1921) *Risk, Uncertainty and the Profit*, Boston and New York, Houghton Miffin Company.

小林秀之・高橋均編（2013）『コーポレート・ガバナンスにおけるソフトローの役割』中央経済社。

高田橋範充（2011）「IFRS教育と会計制度の再設計」『會計』180(3)：18-31。

河野勝（2002）『制度』東京大学出版会。

河野勝編（2006）『制度からガヴァナンスへ－社会科学における知の交差』東京大学出版会。

河野勝・西條辰義編（2007）『社会科学の実験アプローチ』勁草書房。

Koonce, L., and M. Mercer (2005) Using psychology theories in archival financial accounting research. *Journal of Accounting Literature*, 24: 175-214.

子安増生・西村和雄編（2007）『経済心理学のすすめ』有斐閣。

Kuang, Xi., and D.V. Moser (2009) Reciprocity and the Effectiveness of Optimal Agency Contracts. *The Accounting Review*, 84(5): 1671-1694.

黒川行治（1999）『合併会計選択論』中央経済社。

黒川行治（2011）「利益情報の変容をもたらした要因は何か」黒川行治・柴健次・内藤文雄・林隆敏・浅野敬志『基盤研究(B)（一般）報告書：利益情報の変容と監査・保証業務のあり方に関する実証的要因分析』中央経済社。

Lennox, C., and J. Pittman (2010) Auditing the auditors: Evidence on the recent reforms to the external monitoring of audit firms. *Journal of Accounting and Economics*, 49: 84-103.

Li, S. (2010) Does mandatory adoption of international financial reporting standards in the European Union reduce the cost of equity capital? *The Accounting Review*, 85(2): 607-636.

Libby, R., R. Bloomfield and M.W. Nelson (2002) Experimental Research in Financial Accounting. *Accounting, Organizations and Society*, 27: 775-810.

Lunawat, R. (2013) An experimental investigation of reputation effects of disclosure in an investment/trust game. *Journal of Economic Behavior and Organization*, 94: 130-144.

町田祥弘（2012）「試験および資格」町田祥弘・松本祥尚編『会計士監査制度の再構築』中央経済社，第1章，1-36。

町田祥弘・松本祥尚編（2012）『会計士監査制度の再構築』中央経済社。

松井彰彦（2002）『慣習と規範の経済学－ゲーム理論からのメッセージ』東洋経済新報社。

松尾貴巳（2014）「管理会計研究におけるアクションリサーチの意義と課題」『管理会計学』22(2)：15-28。

Meeks, G., and G. Swann (2009) Accounting Standards and the Economics of Standards. *Accounting and Business Research*, (39): 191-210.

美馬のゆり・山内祐平（2005）『「未来の学び」をデザインする』東京大学出版会。

御立尚資・柳川範之（2014）『ビジネス・ゲーム・セオリー－経営戦略をゲーム理論で考える』日本評論社。

三輪一統（2012）「取引の意思決定と会計記録－投資ゲーム実験による検証に向けて」『大阪大学経済学』61(4)：57-67。

三矢裕（2002）「管理会計システム導入の研究方法：トライアンギュレーションとアクションリサーチの有効性」『学習院大学経済学論集』39(1)：61-68。

宮島英昭編（2011）『日本の企業統治』東洋経済新報社。

水谷覚（2013）「ビジネス系学部における初年次教育としての基礎簿記教育」『帝塚山経済・経営論集』23：61-72。

森田雅憲（2009）『ハイエクの社会理論－自生的秩序論の構造』日本経済評論社。

村井俊哉（2009）「社会脳の研究動向」『精神医学』51(3)：217-222。

永岡慶三・植野真臣・山内祐平（2012）『教育工学における学習評価』ミネルヴァ書房。

中林真幸・石黒真吾編（2010）『比較制度分析・入門』有斐閣。

中原淳（2012）『経営学習論－人材育成を科学する－』東京大学出版会。

Nakano, M., and P. Nguyen (2012) Board Size and Corporate Risk-Taking: Further Evidence from Japan. *Corporate Governance: An International Review*, 20(4): 369-387.

仲尾次洋子（2012）「台湾におけるIFRSアドプションの課題：台湾企業の事例を手がかりとして」『會計』181(1)：82-92。

日本コーポレート・ガバナンス・フォーラム・パフォーマンス研究会編（2001）『コーポレート・ガバナンスと企業パフォーマンス－変わりつつある日本企業のガバナンス』白桃書房。

Nikiforakis, N. (2008) Punishment and counter-punishment in public good games: Can we really govern ourselves? *Journal of Public Economics*, 92: 91-112.

西谷順平（2007）「会計基準設定の分析－資産負債観へのシフト，コンバージェンス問題の再検討も含めて」『立命館経営学』45(6)：27-39。

North, D. (1990) *Institutions, Institutional Change and Economic Performance*, Cambridge University Press.

小幡績 (2006)「行動ファイナンスの理論的本質－アノマリーの分析でも投資家心理学でない行動ファイナンス：ファイナンス理論の新体系」『証券アナリストジャーナル』44(2)：47-58。

大日方隆編 (2012)『金融危機と会計規制－公正価値測定の誤謬』中央経済社。

大垣昌夫・田中沙織 (2014)『行動経済学－伝統的経済学との統合による新しい経済学を目指して』有斐閣。

小川一仁・川越敏司・佐々木俊一郎 (2012)『実験ミクロ経済学』東洋経済新報社。

岡田章 (2008)『ゲーム理論入門』有斐閣アルマ。

岡田章 (2011)『ゲーム理論』有斐閣。

岡田依里 (1999)『日本の会計と会計環境－国際的調和化の視点から（改訂版）』同文舘出版。

岡田博憲 (2014)「ASEAN 諸国における国際財務報告基準 (IFRS) の導入モデル－新制度論からのアプローチと今後の展望」『企業会計』66(11)：1722-1728。

岡田幸彦 (2014)「管理会計と「前向き」の実証研究に関する一考察」『管理会計学』22(2)：29-37。

Ohtsuki, H., Y. Iwasa, and M.A. Nowak (2009) Indirect reciprocity provides only a narrow margin of efficiency for the costly punishment. *Nature*, 457：179-182.

大石桂一 (2000)『アメリカ会計規制論』白桃書房。

Oler, D.K., M.J. Oler, and C.J. Skousen (2010) Characterizing Accounting research. *Accounting Horizons*, 24(4)：635-670.

太田康広 (2007)「会計基準の競争とコンバージェンス」『企業会計』59(3)：129-141。

太田康広編 (2010)『分析的会計研究－企業会計のモデル分析』中央経済社。

太田康広 (2013)「戦略的監査論における内部統制テスト」日本会計研究学会特別委員会編『監査論における現代的課題に関する多面的な研究方法についての検討（最終報告）』第 3 章, 33-49。

小津稚加子・梅原秀継編 (2011)『IFRS 導入のコスト分析』中央経済社。

Parsons, T. (1937) *The Structure of Social Action*, McGrow-Hill.

Patterson, E.R., and J.R. Smith (2007) The effects of Sarbanes-Oxley on auditing and internal control strength. *The Accounting Review*, 83(2)：427-455.

Pierson, P. (2004) *Politics in time : History, Institutions, and Social Analysis*. Princeton University Press.（粕谷裕子監訳 (2010)『ポリティクス・イン・タイム－歴史・制度・社会分析』勁草書房）

Power, M. (1997) *The audit society : Rituals of Verification*, Oxford University Press.（國部克彦・堀口真司訳 (2003)『監査社会－検証の儀式化』東洋経済新報社）

Public Company Accounting Oversight Board (2008) *2007 Annual Report*. PCAOB, Washington, DC.

Ramanna, K., and E. Sletten (2014) Network effects in countries' adoption of IFRS. *The Accounting Review*, 89(4)：1517-1543.

Rilling, J.K., D.A. Gutman, T.R. Zeh, G. Pagnoni, G.S. Berns, and C.D. Kilt (2002) A Neural Basis for Social Cooperation. *Neuron*, 35：395-405.

Rose, A.M. (1951)Rumor in the stock market. *Public opinion quarterly*, 15(3): 461-486.

Rosnow, W. (1976)（南博訳（1982）『うわさの心理学－流言からゴシップまで』岩波書店）

西條辰義（2007）「経済学はなぜ実験をしてこなかったのか」『経済セミナー』623：24-27。

西條辰義編（2007）『実験経済学への招待』NTT出版。

西條辰義監修・西條辰義・清水和巳編（2014）『実験が切り開く21世紀の社会科学』勁草書房。

西條辰義（2014）「メカニズム・デザインの新たな挑戦」『経済セミナー』680：38-42。

斎藤静樹（2011）「会計基準作りの基準と会計研究－社会規範，概念フレームワーク，コンバージェンス」『會計』179(1)：1-13。

斎藤静樹（2014）「経済制度国際統合のレベルと経路－会社法と会計基準の選択肢」『企業会計』66(1)：17-24。

坂元昂・岡本敏雄・永野和男編（2012）『教育工学とはどんな学問か』ミネルヴァ書房。

佐藤紘光・鈴木孝則編（2013）『会計情報のモデル分析』国元書房。

澤邉紀生（2005）『会計改革とリスク社会』岩波書店。

澤邉紀生（2013）「臨床会計学の構想」『原価計算研究』37(1)：16-28。

Schelling, T.C. (1960) *The Strategy of Conflict*, Oxford University Press.

Schneider, A., A.A. Gramling, D.R. Hermanson, and Z. Ye (2009) A review of academic literature on internal control reporting under SOX. *Journal of Accounting Literature*, 28：1-46.

Scott, W.R. (2006) *Financial Accounting Theory (4th)*, Toronto, Ontario: Pearson Education Canada, Inc.（太田康広・椎葉淳・西谷順平訳（2008）『財務会計の理論と実証』中央経済社）

瀬下博之（2008）「情報の非対称性と自己規制ルール」藤田友敬編『ソフトローの基礎理論』有斐閣，第2部第2章，123-152。

柴健次編（2007）『会計教育方法論』関西大学出版部。

柴健次編（2012）『IFRS教育の基礎研究』創成社。

柴健次編（2013）『IFRS教育の実践研究』創成社。

椎葉淳・高尾裕二・上枝正幸（2010）『会計ディスクロージャーの経済分析』同文舘出版。

清水和巳・河野勝編（2008）『入門政治経済学方法論』東洋経済新報社。

篠田朝也（2002）「会計制度の安定性と変化に関する進化ゲーム理論的検討－カタストロフ的変化のケースを素材として」『経済論叢』京都大学経済学会，169(1)：69-86。

Stigler, G.J. (1987) The Theory of Economic Regulation. *The Bell Journal of Economics and Management Science*, 2(1)：3-21.

Su, T.-C., and X.-M. Guo (2006) An Analysis of Globalization of Accounting Standards based on Game Theory. *Journal of Modern Accounting and Auditing*, 2(10)：15-22.

須田一幸（2000）『財務会計の機能－理論と実証』白桃書房。

菅原智（2013）「会計教育の国際化に関する論点整理」『企業会計』65(7)：91-95。

杉本徳栄（2009）『アメリカSECの会計政策－高品質で国際的な会計基準の構築に向けて』中央経済社。

杉本徳栄（2014a）「IFRSに対する各国の対応－EU，カナダおよび韓国の事例」『証券アナリ

ストジャーナル』52(9):19-27。

杉本徳栄（2014b）「修正国際基準（JMIS）の会計ストラテジーとしての捉え方」『企業会計』66(11):45-54。

Sunder, S. (2002) Regulatory Competition Among Accounting Standards Within and Across International Boundaries. *Journal of Accounting and Public Policy*, 21(3): 219-234.

Sutter, M., S. Haigner, and M.G. Kocher (2010) Choosing the Carrot or the Stick? Endogenous Institutional Choice in Social Dilemma Situations. *Review of Economic Studies*, 77: 1540-1566.

鈴木基史・岡田章編（2013）『国際紛争と協調のゲーム』有斐閣。

多田洋介（2003）『行動経済学入門』日本経済新聞社。

田口聡志（2005）『デリバティブ会計の論理』税務経理協会。

田口聡志（2007a）「証券市場への実験ゲーム理論的接近－非合理的バブルと企業会計のゆくえ」『同志社商学』59(1&2):68-86。

田口聡志（2007b）「会計構造のダイナミズム」『会計史学会年報』25:75-88。

田口聡志（2007c）「デリバティブ会計の基本問題－会計構造の'深化'可能性を巡って」『日本簿記学会年報』22:54-67。

田口聡志（2008a）「会計情報のFair Disclosureと投資家感情の揺らぎ－会計情報を共有化すると投資家の怒りは増幅するか」『同志社商学』60(3&4):170-191。

田口聡志（2008b）「投資家の先読み行動と企業会計－証券市場に係る実験ゲーム理論的分析」『産業経理』68(1):121-133。

田口聡志（2009a）「'国際会計基準へのコンバージェンスの流れ'はいずれ崩壊するか？：企業会計のメカニズム・デザイン研究序説」『同志社商学』61(3):24-46。

田口聡志（2009b）「人間心理と企業会計－会計情報の公的開示が投資家の感情に与える影響に関する実験研究」『会計プログレス』10:54-67。

田口聡志（2009c）「複式簿記機構の存在意義と実験会計学－会計機能と会計構造との接点を求めて」笠井昭次先生古希記念論作集編集委員会編『笠井昭次先生古希記念論文集』慶應義塾大学出版会，101-122。

田口聡志（2009d）「併存会計の論理－二者択一に対する疑問」『會計』175(5):39-51。

田口聡志（2010）「脳と会計制度：神経会計学研究へ向けて」『同志社商学』同志社大学商学部創立六十周年記念論文集:308-322。

田口聡志（2011a）「制度と実験：会計基準のグローバル・コンバージェンス問題を題材として」『社会科学』同志社大学人文科学研究所，41(3):1-29。

田口聡志（2011b）「内部統制監査制度の比較制度分析－内部統制監査制度生成を巡る人間心理とその動態に係る分析的物語アプローチ」『経済論叢』京都大学経済学会，184(3):113-129。

田口聡志（2012a）「グローバル・コンバージェンスにおける「基準作りの基準」検討のヒント：相関均衡と会計制度」『同志社商学』63(6):98-120。

田口聡志（2012b）「監査と実験：心理学の手法の適用」日本会計研究学会特別委員編『監査

論における現代的課題に関する多面的な研究方法についての検討（中間報告）』第7章, 78-94。

田口聡志 (2012c)「こころと制度の実験検証：実験比較制度分析が切り拓く新たな会計研究の地平」『税経通信』67(15)：25-32。

田口聡志 (2012d)「Management Accounting Change の実験比較制度分析に向けて」『社会科学』同志社大学人文科学研究所, 43(2 & 3)：19-51。

田口聡志 (2013a)「管理会計における実験研究の位置付けを巡って」『管理会計学』21(1)：33-48。

田口聡志 (2013b)「会計教育制度のデザインとジレンマ：グローバル・コンバージェンス問題と会計教育の実験比較制度分析に向けて」『同志社商学』65(3)：23-58。

田口聡志 (2013c)「研究ノート　税率に対する期待と課税所得調整行動：税制に関する実験比較制度分析へ向けて」『同志社商学』65(4)：137-150。

田口聡志 (2013d)「内部統制監査制度に関する心理実験の整理」日本会計研究学会特別委員会編『監査論における現代的課題に関する多面的な研究方法についての検討（最終報告）』第9章, 112-124。

田口聡志 (2013e)「監査人の自主規制に関する実験比較制度分析へ向けて」百合野正博編『アカウンティング・プロフェッション論』同文舘出版, 第6章, 119-130。

田口聡志 (2013f)「アメリカのアカウンティング・プロフェッション」百合野正博編『アカウンティング・プロフェッション論』同文舘出版, 第12章, 215-225。

田口聡志 (2014a)「会計基準のコンバージェンスにおける「基準作りの基準」問題の位置づけを巡って：相関均衡モデルの再検討」『同志社商学』65(5)：195-217。

田口聡志 (2014b)「実験会計学が繋ぐコーポレート・ガバナンスの理論と実務：マクロ会計政策の実験比較制度分析に向けて」『同志社商学』66(1)：251-266。

田口聡志 (2015a)「実験比較制度分析：ルビコン川の向こう岸で会計の本質を叫ぶ」『企業会計』67(1)：51-52。

田口聡志 (2015b)「実験制度会計論序説－会計構造論との相対化を中心として－」『同志社商学』66(5)：357-373。

田口聡志 (2015c)「「社会的ジレンマ問題」としての監査の品質管理体制：エッセンスの再吟味」『同志社商学』66(6)：312-328。

田口聡志・上條良夫 (2012)「監査制度の生成に関する実験比較制度分析－米国型監査システムは経営者を誠実にするか」『企業会計』64(1)：140-147。

田口聡志・福川裕徳・上枝正幸 (2013)「内部統制監査制度のパフォーマンスに関する実験研究に向けて：内部統制監査制度は, 監査リスクを低下させるか？」日本会計研究学会特別委員会編『監査論における現代的課題に関する多面的な研究方法についての検討（最終報告）』第11章, 159-190。

Taguchi, S., and Kamijo. Y. (2014) How do the differences in accounting institutions affect on the development of trust and reciprocity?: An experimental study of a modified trust game. *working paper*.

Taguchi, S., M. Ueeda, K. Miwa, and S. Mizutani (2013) Economic Consequences of

Global Accounting Convergence: An Experimental Study of a Coordination Game. *The Japanese Accounting Review*, 3: 103-120.

Taguchi, S., M. Ueeda, and K. Miwa (2014) Unintended Consequences of "only a high-quality accounting standard": An Experimental Study. *working paper*.

武井一浩（2013）『対談集　企業法制改革論Ⅱ　コーポレート・ガバナンス編』中央経済社。

田村威文（2001）「会計基準の調和化に関するモデル分析」『會計』159(6): 56-69。

田村威文（2011）『ゲーム理論で考える企業会計－会計操作・会計規制・会計制度』中央経済社。

田中耕治・鶴田清司・橋本美保・藤村宣之（2012）『新しい時代の教育方法』有斐閣アルマ。

徳賀芳弘（2001）『国際会計論－相違と調和』中央経済社。

徳賀芳弘・大日方隆編（2013）『財務会計研究の回顧と展望』中央経済社。

冨塚嘉一（2007）「進化論的アプローチにもとづく会計研究のフレームワーク－会計基準の国際的コンバージェンスへの対応」『CGSAフォーラム』中央大学大学院国際会計研究科，6: 77-90。

冨塚嘉一（2008）「会計コンバージェンスに直面して－研究者の役割」『企業会計』60(8): 4-11。

友岡賛（1995）『近代会計制度の成立』有斐閣。

友岡賛（2010）『会計士の誕生－プロフェッションとは何か』税務経理協会。

辻山栄子（2011）「会計基準の国際化と会計基準のメタ・ルール」『會計』179(1): 52-67。

堤宇一編（2007）『はじめての教育効果測定－教育研修の質を高めるために』日科技連出版社。

堤宇一編（2012）『教育効果測定の実践－企業の実例をひも解く』日科技連出版社。

上枝正幸（2007）「会計学における実験研究－財務会計における行動科学研究の近年の動向」『追手門経済・経営研究』14: 191-242。

上枝正幸（2012）「監査と実験：実験経済学の手法の適用」日本会計研究学会特別委員会編『監査論における現代的課題に関する多面的な研究方法についての検討（中間報告）』第6章, 95-119。

上枝正幸（2013）「会計基準の国際的な統一の経済分析－ゲーム理論を援用した先行研究の再検討とモデルの将来的帰結－」『青山経営論集』48(2): 221-246。

上枝正幸・田口聡志（2012）「監査と実験：総論」日本会計研究学会特別委員会編『監査論における現代的課題に関する多面的な研究方法についての検討（中間報告）』第6章, 70-77。

和田良子（2005）「あいまいさ回避についての動学的実験」『敬愛大学研究論集』69: 283-301。

Walker, J.M., and M.A. Halloran (2004) Rewards and Sanctions and the Provision of Public Goods in One-Shot Settings. *Experimental Economics*, 7: 235-247.

Wallace, W.A. (1986) *The Economic Role of the Audit in Free and Regulated Markets*, PWS-Kent Publishing Company.（千代田邦夫・盛田良久・百合野正博・朴大栄・伊豫田隆俊訳（1991）『ウォーレスの監査論－自由市場と規制市場における監査の経済的役割』同文舘出版）

渡部幹・仲間大輔（2006）「制度の変容と共有された期待：ガヴァナンスへの実験社会心理学的アプローチ」河野勝編『制度からガヴァナンスへ：社会科学における知の交差』東京大学出版会, 第3章, 93-120。

渡部幹・船木由喜彦（2008）「実験：それは比較すること」清水和巳・河野勝編『入門　政治経済学方法論』東洋経済新報社，第3章，93-117。

渡部幹・森本裕子（2008）「信頼と規範の社会心理学」藤田友敬編『ソフトローの基礎理論』有斐閣，第1部第2章，43-66。

Watts, R.L., and J.L. Zimmerman (1983) Agency problems, auditing and the theory of the firm: Some evidence. *Journal of Law and Economics*, 26: 613-634.

Waymire, G.B., and S. Basu (2007) Accounting is an evolved economic institution. *Foundation and Trends in Accounting*, 2(1-2): 1-173.

Weber, Kopelman, and Messick (2004) A conceptual review of decision making in social dilemmas: Applying a logic of appropriateness. *Personality and Social Psychology Review*, 8(3): 281-307.

Wysocki, P. (2011) New Institutional Accounting and IFRS. *Accounting and Business Research*, 41: 309-328.

山田礼子編（2009）『大学教育を科学する－学生の教育評価の国際比較』東信堂。

山田辰己（2009）「会計基準の国際的統一の意義と課題」『企業会計』61(8)：26-32。

山田剛史・井上俊哉編（2012）『メタ分析入門－心理・教育研究の系統的レビューのために』東京大学出版会。

山田康裕（2010）「グローバル・ガバナンスとしての会計基準設定」『會計』178(2)：80-94。

山岸俊男（1989）「社会的ジレンマ解決の意図せざる結果」『理論と方法』 4(1)：21-37。

山岸俊男（1998）『信頼の構造－心と社会の進化ゲーム』東京大学出版社。

山岸俊男（2002）「社会的ジレンマ研究の新しい動向」今井晴雄・岡田章編『ゲーム理論の新展開』勁草書房，第7章，175-204。

山岸俊男編（2014）『文化を実験する－社会行動の文化・制度的基盤』勁草書房。

山地秀俊編（2002）『マクロ会計政策の評価』神戸大学経済経営研究所研究叢書 No. 58。

山地秀俊（2008）「実験会計学」『産業経理』68(2)：42-52。

山地秀俊（2009）「実験会計学の意義と限界」『會計』175(1)：47-61。

山地秀俊・後藤雅敏・山川義徳（2014）「IFRS導入時の経営者の公正価値評価に関する脳実験研究」『国民経済雑誌』210(2)：1-23。

山﨑その（2012）『大学経営の評価システム』晃洋書房。

矢守克也（2010）『アクションリサーチ』新曜社。

柳川範之（2000）『契約と組織の経済学』東洋経済新報社。

柳川範之（2006）『法と企業行動の経済分析』日本経済新聞社。

八代尚宏・伊藤由樹子（2003）「専門職大学院の経済分析」伊藤隆敏・西村和雄編『教育改革の経済学』日本経済新聞社，第6章，123-150。

安田洋祐編（2010）『学校選択制のデザイン－ゲーム理論アプローチ』NTT出版。

吉田文・橋本紘市（2010）『航行をはじめた専門職大学院』東信堂。

Zak, P.J. (2012) *The moral molecule－The source of love and prosperity*. Dutton.（柴田裕之訳（2013）『経済は「競争」では繁栄しない』ダイヤモンド社）

Zeff, S.A., and C.W. Nobes (2011) Commentary: Has Australia (or any other jurisdiction)

'Adopted' IFRS? *Australian Accounting Review*, 53(20-2): 178-184.

Zhang, T.C., and G. Katherine (2007) The Association between Earnings Quality and Regulatory Report Opinions in the Accounting Industry - Evidence from AICPA Peer Review and PCAOB Inspection. *American Accounting Association Annual Meeting, Art. 1226.*

索 引

欧 文

AICPA ······················· 165
Compelled 条件 ··············· 109
CPD ························· 192
CPE ························· 206
f-MRI ······················· 129
GAAP ························ 81
IASB ·························· 4
IFRS ·························· 3
IFRS のジレンマ ··············· 44
IPD ························· 192
NIA ·························· 73
PCAOB ··················· 165, 166
Voluntary 条件 ··············· 109
z-Tree ················· 54, 114, 154

あ 行

アーカイバル分析 ················ 9
あいまいさ ··················· 214
あいまいさ回避 ················ 214
あいまい性 ··················· 135
アカウンティング・スクール ····· 196
アクション・リサーチ ··········· 160
新しい制度会計論 ··············· 18
アメリカ型 ··················· 208
あるはずの会計 ················ 246
意思決定支援機能 ·············· 130
意図 ·························· 5
意図ある「失敗」 ················ 7
意図せざる帰結 ······ 19, 59, 123, 156, 233
うわさ ······················· 134
エンフォースメント ············· 73
欧州型 ······················· 208
補いあい ················· 239, 247

か 行

会計基準多様性 ················ 92
会計構造論 ··················· 243
会計不正 ······················ 5
会計倫理 ····················· 146

外的妥当性 ···················· 21
監査人自らによる意図的無効化 ··· 164
監査の品質管理体制 ············ 164
看板 ························· 180
記憶 ························· 137
基準間競争 ····················· 31
基準作りの基準 ··············· 72, 80
規制の歴史性 ················· 182
機能的会計観 ················· 244
基本モデル ··················· 42, 53
共同規制 ····················· 186
距離感 ······················· 158
記録 ························· 137
グローバル・コンバージェンス・モデル
 ···························· 38
グローバル・コンバージェンス問題 ··· 3, 28
経済実験 ··················· 22, 242
計算構造論 ··················· 243
契約支援機能 ················· 135
契約の不完備性 ················ 219
ゲーム理論 ····················· 8
公共財供給ゲーム ·············· 170
構造的会計観 ················· 244
コーディネーション・ゲーム ······ 32
コーポレート・ガバナンス ······· 144
互恵性 ··················· 107, 137
混合戦略 ······················ 75
コンテクスト ·············· 23, 235
コンバージェンス ··············· 28

さ 行

自己拘束性 ···················· 97
自主規制 ····················· 168
事前検証 ······················ 21
実験 ······················· 10, 19
実験制度会計論 ············ 18, 227
私的選択 ····················· 16
私的懲罰制度 ················· 177
社会規範 ····················· 149
社会的収益率 ················· 209
社会的ジレンマ ················ 171

社会的選択 …………………………… 16
社会脳 ………………………………… 136
社会の眼 ……………………………… 184
修正国際基準 ………………………… 94
純戦略 ………………………………… 75
情報の非対称性 ……………………… 108
職業的会計士の教育制度 …………… 192
神経経済学 …………………………… 128
信頼 …………………………… 107, 137
信頼ゲーム ……………… 106, 138, 147
心理実験 ……………………………… 22
制度会計論 …………………………… 1
制度選択 ……………………………… 5
制度的補完性 ………………………… 72
制度の失敗 …………………………… 6
世界に1つ（1セット）だけの会計基準
　………………………………… 43, 59
絶対的損得 …………………………… 133
相関均衡 ………………………… 71, 74
相関戦略 ……………………………… 76
相対的損得 …………………………… 133

た 行

第三者規制 …………………………… 168
第三者懲罰制度 ……………………… 177
ダイバージェンス …………… 92, 237
調整の失敗 …………………………… 76
ディスクロージャー ………………… 113
同等性評価 …………………………… 42

な 行

内的妥当性 …………………………… 21
内部統制監査制度 …………………… 151
ナッシュ均衡 ………………………… 35

ネットワーク外部性 ……………… 30, 34

は 行

派生モデル ……………………… 44, 61
パレート効率性 ……………………… 78
比較可能性 …………………………… 30
比較制度分析 ………………………… 20
美人投票ゲーム ……………………… 97
ひとひねり …………………………… 149
フィールド実験 ……………………… 236
フィールド・リサーチ ……………… 240
複式簿記機構 ………………………… 140
複数均衡 ………………………… 20, 49, 52
部分ゲーム完全均衡 ………………… 108
フューチャー・デザイン …………… 237
ホールドアップ問題 ………………… 219

ま 行

マッチング制度 ……………………… 205
未就職問題 …………………………… 205
ミニマックス定理 ……………… 60, 67
「報われない」信頼 ………………… 123
「報われる」信頼 …………………… 137
無限後退 ………………………… 95, 181
メカニズム …………………………… 80
メカニズムのジレンマ ……………… 80
メタルール ……………………… 72, 80
モラルハザード ……………………… 221

ら 行

リワード ……………………………… 188
臨床会計学 …………………………… 160
倫理規程 ……………………………… 146
ルビコン川 …………………………… 242

〈著者紹介〉

田口　聡志（たぐち　さとし）

同志社大学商学部教授，博士（商学，慶應義塾大学）。㈱GTM総研取締役業務監理部長，㈱スペース社外監査役（独立役員）。

慶應義塾大学商学部助手（有期），新日本監査法人（現：新日本有限責任監査法人），財団法人地球産業文化研究所客員研究員，多摩大学経営情報学部助教授などを経て現職。

<主な業績>
『デリバティブ会計の論理』税務経理協会，2005年（単著）
『会計学を学ぶ』税務経理協会，2008年（共著）
『国際会計基準を学ぶ』税務経理協会，2011年（共著）
『監査役のための早わかりシリーズ　国際会計基準』税務経理協会，2013年（共著）
『心理会計学－会計における判断と意思決定』中央経済社，2012年（監訳書）
「人間心理と企業会計－会計情報の共有化が投資家の感情に与える影響に関する実験研究－」『会計プログレス』第10号，2009年（単著）
Economic Consequences of Global Accounting Convergence: An Experimental Study of a Coordination Game, *The Japanese Accounting Review*, 3：103-120, 2013（共著）
ほか多数

実験制度会計論－未来の会計をデザインする

2015年3月31日　第1版第1刷発行

著　者　田　口　聡　志
発行者　山　本　憲　央
発行所　㈱中央経済社

〒101-0051　東京都千代田区神田神保町1-31-2
電　話　03（3293）3371（編集部）
　　　　03（3293）3381（営業部）
http://www.chuokeizai.co.jp/
振替口座　　00100-8-8432
© 2015　　　　　　　　　　　　印刷／昭和情報プロセス㈱
Printed in Japan　　　　　　　　製本／誠　製　本　㈱

＊頁の「欠落」や「順序違い」などがありましたらお取り替えいたしますので小社営業部までご送付ください。（送料小社負担）
ISBN978-4-502-13731-0　C3034

JCOPY〈出版者著作権管理機構委託出版物〉本書を無断で複写複製（コピー）することは，著作権法上の例外を除き，禁じられています。本書をコピーされる場合は事前に出版者著作権管理機構（JCOPY）の許諾をうけてください。
JCOPY〈http://www.jcopy.or.jp　eメール：info@jcopy.or.jp　電話：03-3513-6969〉

おすすめします

心理会計学
―― 会計における判断と意思決定 ――

サラ・E・ボナー〔著〕
田口聡志（監訳）
上枝正幸・水谷覚・三輪一統・
嶋津邦洋（訳）
＜A5判・410頁＞

近年多発する大型会計不正事件には会計における人間心理が大きく作用している。
本書は，心理学をベースに会計・監査における判断と意思決定（JDM）を体系的に解説。

◆Contents
第1章　JDM研究のイントロダクション
第2章　JDMの質
第3章　知識と個人的関与
第4章　能力，内発的動機づけ，その他の個人変数
第5章　認知プロセス
第6章　タスク変数
第7章　結論

中央経済社